即学即用·写作速成·内容全面·绝妙经典

通讯员写作精要与范例实用全书

TONGXUNYUAN XIEZUO JINGYAO YU FANLI SHIYONG QUANSHU

肖文键◎编著

[写作精要] [常用文体] [最新范例]

本书从通讯员写稿入门的基本知识出发，就如何写好各类消息、通讯、新闻专访、新闻特写、新闻述评、调查报告、现场短新闻、专业新闻、事件新闻、非事件新闻、广播新闻、电视新闻、网络新闻等内容作了详细介绍，并对通讯员在写作各类文体时可能遇到的问题作了具体解答，理论全面，内容丰富。在介绍理论知识的同时还配以详细的写作范例，使理论与实际紧密结合。本书语言通俗易懂，讲解翔实，针对性强，在内容上讲求实用性，相信对提高通讯员的写作水平具有很好的借鉴作用。

中国华侨出版社

图书在版编目（CIP）数据

通讯员写作精要与范例实用全书 / 肖文键编著. — 北京：中国华侨出版社，2011. 12

ISBN 978-7-5113-1839-8

I. ①通… II. ①肖… III. ①新闻通讯 - 新闻写作 IV. ①G212.2

中国版本图书馆CIP数据核字（2011）第221621号

•通讯员写作精要与范例实用全书

编　　著 / 肖文键

责任编辑 / 棠　静

责任校对 / 李江亭

经　　销 / 新华书店

开　　本 / 787×1092毫米　1/16开　印张 / 20　字数 / 350千

印　　刷 / 衡水泰源印刷有限公司

版　　次 / 2012年1月第1版　2018年12月第7次印刷

书　　号 / ISBN 978-7-5113-1839-8

定　　价 / 35.00元

中国华侨出版社　北京市朝阳区静安里26号通成达大厦3层　邮　编：100028

法律顾问：陈鹰律师事务所

编辑部：（010）64443056　传真：（010）64439708

发行部：（010）64443051

网　址：www.oveaschin.com

E-mail：oveaschin@sina.com

前言

随着科学技术的进步，新闻媒介日益发达，关注新闻报道已经成为广大受众生活中的重要内容。作为新闻信息的传播者，记者、编辑和遍布于社会各界的通讯员，便共同承担着向社会公众传播新闻信息的重任。

在新闻竞争日趋激烈的时代，媒体中谁能抢先或独家获取新闻线索，谁能深入新闻事件的现场抓“活鱼”，谁就能以其报道的高时效性取胜。而通讯员正是遍布于社会各行各业、各个领域，熟悉本地区、本系统和本单位的情况，能够在第一时间抓到“活鱼”的新闻主力军。

在广大的通讯员队伍中，有些人没有受到过正规的新闻专业教育，他们工作热情高涨，但对新闻理论和新闻报道采访写作规范缺乏系统的学习，对我国的新闻纪律和新闻职业道德也缺乏深入的了解。因此，加强对新闻通讯员的正确引导，通讯员有意识地自学，对于提高新闻通讯员的思想政治素质、新闻理论素质和采写业务水平，显得十分重要且紧迫。在这种形势下，《通讯员写作精要与范例实用全书》的出现，就显得十分及时。

本书从通讯员写稿入门的基本知识出发，内容包括通讯员应具备的素质、通讯员应具备的新闻常识、通讯员应具备的新闻采访知识以及通讯员应具备的新闻写作基础知识，就如何写好各类消息、通讯、新闻专访、新闻特写、新闻述评、调查报告、现场短新闻、专业新闻、事件新闻、非事件新闻、广播新闻、电视新闻、网络新闻等内容作了详细介绍，并对通讯员在写作各类新闻体裁时可能遇到的问题作了具体解答，理论全面，内容丰富。在介绍理论知识的同时还配以详细的写作范例，使理论与实际紧密结合。本书语言通俗易懂，讲解翔实，针对性强，在内容上讲求实用性，相信对提高通讯员的写作水平具有很好的借鉴作用。

目录 CONTENTS

通讯员写作精要与范例实用全书

第三章 通讯员应具备的新闻采访知识

第四章 通讯员应具备的新闻写作基础知识

第十章 调查报告的写作

第十一章 现场短新闻的写作

第十二章 专业新闻的写作

第一章

通讯员应具备的素质

第一节 通讯员概述

通讯员的概念

通讯员，职业名，本指部队、机关中担任递送公文等联络工作的人员。现在用以指通讯社、报社、电台、电视台、网络媒体等新闻出版单位聘请的非专职新闻工作人员，任务是经常为其反映情况、提供线索、撰写通讯报道等。

在报纸、电台、电视等新闻媒体中，通讯员队伍最为庞大的是报纸。我国报纸最早的通讯员系统是由上海的《申报》建立的，此报于1872年创立后不久，在杭州设立了第一个外埠通讯员联系站，1875年已扩展到北京、南京、杭州、苏州、宁波等26处。

第二节 通讯员应具备的素质

一、通讯员应具备的基本素质

通讯员的基本素质应包括以下几方面：

1. 良好的职业道德

通讯员是一种职业，更是一种事业。通讯员是一个特殊的社会角色，担负着传播思想和信息的重任，因此除了遵守普遍性的职业守则以外，主要还在于“公正”和“尽职”。

公正，就是要求通讯员坚持真实性、客观性，这是新闻的生命。违背了公正，就会因为一己之利昧着良心说话，以稿谋私，所以说公正是新闻职业道德的基石。

尽职，就是“做好分内事”、“要做就要做好”。通讯员工作的特点具有独创性、艰难性和复杂性，从某种意义来说，它是社会实践的精神探险，不肯吃苦、不肯冒险、不肯钻研是干不好这一职业的。

2. 新闻工作者专家化

新闻工作者必须认识到，向专业化发展是时代进步的结果和需要，应自觉地树立起当专家型新闻工作者的思想。新闻工作者必须走出办公室，多搞调查研究，在自己所报道的范围内刻苦钻研，早日实现从外行到内行的转变。

3. 良好的心理素质

通讯员要及时、准确地报道新闻，而有新闻的地方未必都是安全的，尤其面对天灾人祸的新闻现场，通讯员的人身安全也会受到威胁，所以说新闻工作又是一项充满危险的工作。这种职业特点也要求通讯员具有较强的适应能力，而要提高自身的适应能力，首先应具备良好的心理素质。

通讯员要始终保持头脑的冷静，也需要具备良好的心理素质。一个遇事过于急躁、情绪化的人，很难做到“理智、全面、客观、公正”。因此，新闻界有句名言：新闻工作者“心要热，头脑要冷”。只有保持稳定的情绪状态，才能保证报道的客观和公正。

通讯员要做到洁身自好，也需要具备良好的心理素质。面对诸多复杂的社会问题和自身的使命，通讯员应该始终保持清醒的头脑。要做到这点，除了要有外部制度上的一些措施来保证外，具备良好的心理素质，拥有一个健康而又积极向上的心态也是重要的保证。

二、通讯员要具有献身精神

不少通讯员把为报纸写稿想象得过于美妙，殊不知写稿不仅是艰苦的劳动，还有一定的风险。中央一位领导同志曾说：“新闻工作是世界上最艰苦的劳动之一，新闻工作者终年不能休息，每天都要遇到新的问题或精神上没有准备的东西，每天都要做多种性质的工作。”正如这位领导所说，通讯员要写出好的报道，就要经常动脑筋研究新情况、新问题，还要去了解、寻求、挖掘，有时写了批评不正之风之类的稿子，难免遇到一些不公正的对待。小则冷嘲热讽，大则打击报复，甚至危及人身安全。在这种情况下，通讯员就需要有为维护党和人民利益而忘我斗争的献身精神。

三、通讯员如何提高自身素质

由于通讯员所处的特定位置和环境，导致了其在文化素质、政治素养、采写业务水平等方面存在这样或那样的不足，如果单位不加以训练，个人不刻苦学习，撰写的新闻稿件就很难适应媒体的需求。所以，通讯员必须全面提高自身素质，练就过硬本领。

基层通讯员如何尽快提高自身素质？笔者认为应该从以下几方面下工夫：

1. 要具有强烈的政治意识和创新意识，提高对新闻写作严肃性的认识

通讯员首先要认真学习，深刻理解党的各项方针、政策、法律法规，提高自己的政治意识，来指导新闻采写的全过程。要经常和编辑沟通，明白当前报道的重点和自己文章的不足并加以注意。通讯员要紧紧跟上时代的脚步，应当站在时代发展的前沿，发现新思想、新作为、新事物，写出有创新意识、有时代气息、有自己特色的稿件来。

基层通讯员，尤其是乡镇通讯员，直接从新闻类院校毕业或到新闻院校学习的很少，他们大部分是“半路出家”搞新闻报道的，相当多的基层通讯员，采写经验不足，写稿能力不强，稿件质量不高，尤其是思想性、可读性俱佳的新闻精品更是少见，需要尽快提高自身新闻业务素质。基层通讯员一定要严格遵守职业道德，写新闻稿既要对被报道的事实负责，又要对受众负责，切不可粗心大意、轻率对待，一定要用严肃的态度来对待严肃的事业。

2. 丰富知识层面，提高业务技能

新闻写作要求基层通讯员要有一定的根基，这除了必备的遣词造句的基本功之外，还要有一些其他的能力。而这些能力的强弱，都将直接影响着新闻作品的质量，像观察能力、分析能力、表达能力等，这些能力的强弱取决于个人平时的学习与积累。新闻并非一个纯理论专业，要靠大量工作经验的积累才能干好，理论再精通，读的书再多，也不一定能当个好的通讯员。新闻专业技能本质是一种能力，它是一个渐悟的过程，需要经过长时间的积累和生活的磨炼，并具备厚实的文字功底。刚起步的基层通讯员在日常生活中多留心一点，手勤一点，日积月累，就是一笔不小的财富。

新闻体裁多种多样，有消息、通讯、特写、述评、图片、言论等多达十几种，每个体裁都有其功能和长处。通讯员在新闻写作中不要局限于一种体裁，要练习各种各样的新闻体裁写法，充分了解和掌握每种体裁的功能和用途。对一种体裁熟练掌握之后再学另一种，切实做到学一门，精通一门。这样，不仅能提高自己的写作能力，更能合理利用新闻资源，同时还有助于通讯员综合素质的提高。

3. 要在实践中培养新闻敏感性

在我们日常工作、生活中，每时每刻都会有大大小小的事件发生，判定其有无新闻价值，就必须依靠敏锐的嗅觉，这就是新闻敏感。新闻敏感是对新闻记者和通讯员综合素质的一种检验，直接影响着新闻报道的质量。是否具备基本的新闻敏感，关系到通讯员能否真正步入新闻写作的门槛，这也是通讯员特别是初试新闻写作的通讯员最难掌握的一种技能。培养新闻敏感，首先要认真学习党和政府的各项方针、政策，特别是中央及地方新近出台的新政新规以及各种会议和文件精神。学习的捷径是经常看新闻、读新闻、听新闻，尤其注重研读报纸社论、言论、评论。通过学习，增强宏观意识和把握大局的能力，这样就能审时度势，从总揽全局中透视问题，从而对各种事件能够作出准确的判断，迅速掂量出被报道事件的新闻价值。其次要善于发现和获取热门、热点信息。除了从报纸、电视中获取信息外，通过互联网了解当今热点信息也是一种很好的途径。此外，深入采访、逆向思考也能培养通讯员的新闻敏感。

4. 研读媒体版面，培养赏析新闻作品的能力

面对当今社会日新月异的变化，哪个是新闻，哪个不是新闻，哪个该写，哪个不能写，哪个发头版，哪个上头条，打眼一看就知道。如果对获取的新闻素材不分主次，不分轻重，眉毛胡子一把抓，即使你再怎么努力，其结果也可能是事倍功半。

但是，如何才能做到事半功倍呢？第一，通讯员要注重以读者的身份去看读自己写的新闻。然后对此作出分析和评价，反映的主题是什么，主题是否明确，事件交待是否清楚，选材是否得当，语言是否简练，结构安排是否严谨，等等。其中最重要的是，要自我感受到这则新闻能起到什么样的宣传效果，能引起多大的效应。第二，要对报纸上好的新闻作品认真赏析，尽可能地用笔表达出来，哪怕是三言两语，这种方法能有效提高自己的新闻写作能力。第三，准确定位。报纸版面就好像一张“脸”，“眼”、“鼻”、“耳朵”等器官都有其正确的定位和功用。通讯员写新闻，要清楚自己的稿件在哪个版面上用，在哪个栏目上发。所以，要研究版面，对照稿件，有的放矢，不可胡子眉毛一把抓，以免事倍功半。

第二章

通讯员应具备的新闻常识

第一节 新闻

一、新闻的含义及分类

1. 新闻的含义

新闻也叫“消息”，指对国内外新近发生的具有一定社会价值的人和事实的简要而迅速的报道。在我国新闻学术界，最权威的新闻定义，是1943年陆定一提出的：“新闻的定义，就是新近发生事实的报道。”

新闻包括消息、通讯、新闻特写、速写等体裁。

2. 新闻的分类

新闻有广义、狭义之分。

就其广义而言，除了发表于报刊、广播、电视上的评论与专文外的常用文体都属于新闻之列，包括消息、通讯、特写、速写等。狭义的新闻就是消息。

按广义新闻的体裁分类，大致分为消息、通讯、特写、速写等；按新闻传播的方式分类，可分为报纸新闻、广播新闻、电视新闻。

二、新闻的结构

新闻的结构是新闻文体的组合形式。新闻一般由标题、导语、主体、背景和结语组成。但不是每篇新闻都具有这5个部分，有的新闻就没有导语和背景。常见的几种新闻结构是：

1. 倒金字塔式结构

把最重要的内容放在新闻的最前面，随后按重要性依次排列其他内容。它的优点是能迅速地把最新鲜、最重要的事实开门见山地告诉读者，使读者一目了然，节省读报时间。

2. 金字塔式结构

又称“逆转倒金字塔式”。把最重要、最精彩的内容放在后面，按时间顺序，依次叙述。

3. 菱形式结构

这是一种“两头小、中间大”的结构。因新闻的主要内容比较复杂，导语中容纳不下，也不能概括表达，适于在主体中分段叙述。

4. 车辐式结构

以一个中心事件或事物为纲，其他事实像车辐一样辐射出去。宜于报道比较散的事件。

5. 并列式结构

把众多主要事实并列叙述。适合报道事实各部分的重要性相等或相似的新闻，多见于公报式新闻。

三、新闻的特点及构成要素

1. 新闻的特点

（1）真实性。真实是新闻的生命，是力量的所在。新闻的真实性指的是在新闻报道中的每一个具体事实必须合乎客观实际，即表现在新闻报道中的时间、地点、人物、事情、原因和经过都经得起核对。

真实性是新闻的生命线。如果新闻不是写生活真实的事实，那就不会取得人们的信任。新闻中所列举的真实事实还必须是典型的，带有普遍意义的能反映本质和主流的真实事实。

（2）及时性。新闻是一种极重实效的文体，它的价值很大程度上取决于迅速及时地采写与报道。迅速是新闻的价值，新闻报道速度迟缓便会降低它的价值，“新闻”变成了“旧闻”。时效，就是速度要快，内容要新，对新人、新事、新情况、新问题要敏锐地发现，尽快地了解，迅速及时地反映。要突出新闻的“新”，就得要及时地捕捉，及时地采写，及时地报道。

（3）准确性。准确，就是每个事实，包括细节在内都准确无误。新闻的准确性就是说新闻要让事实本身说话。如果一条消息失真或有误差，不仅会降低其新闻价值，失信于民，而且可能会惹上新闻官司。

（4）简明性。简短是新闻区别于其他文体的主要标志。所谓简短，就是“三言两语，记清事实，寥寥数笔，显出精神，概括而不流于抽象，简短而不陷于疏漏”，用笔要简洁利落，内容集中精练。

2. 新闻的构成要素

新闻要素是构成新闻不可或缺的事实材料。一般说，构成新闻的六要素是五个“W”和一个“H”，即Who（何人）、What（何事）、When（何时）、Where（何地）、Why（何因）和How（何果）。而新闻结构的五部分是标题、导语、主体、背景、结语。两者不能弄混淆了。如果把这六要素串起来，概括成一句话，就是一句通俗易懂的句子：某人某时在某地做了某事出现了某种结果。

第二节 新闻报道

一、新闻报道的含义及特点

1. 新闻报道的含义

所谓新闻报道，就是对新近发生的事实的报道。新闻的本源是讲究用事实说话，新闻是对客观事实进行报道和传播而形成的信息，反映在新闻信息中的内容必须对事实具有真实传达。但是，客观事实本身不是新闻，被报道出来的新闻是在报道者对客观事实进行主观反映之后形成的观念性的信息，是通讯员把自己对客观事实的主观认识传达出来而产生的信息。

2. 新闻报道的特点

新闻报道的特点是用事实说话。主要表现在：

（1）新闻五要素必须明确无误。即新闻的时间、地点、人物、事情经过和事情发生的原因必须具体、确凿，不能含糊不清。

（2）新闻事实发生的环境和条件、过程和细节、人物的语言和动作（包括心理活动和思想活动）都不能进行“合理想象”式的报道，更不能搞“创作”式的报道。

（3）新闻中引用的数字、引语、用典以及其他背景材料都必须有根有据。

（4）新闻中对事实的解释和说明，必须符合事物的本来面目，不能夸大、扭曲或变形。

二、新闻报道的分类

一般来说，新闻报道的分类大致如下：

（1）按照新闻事实发生的地域和范围来分，有国际新闻和国内新闻。

（2）按照新闻的性质来分，有政治新闻、经济新闻、科教新闻、军事新闻、社会新闻、文艺新闻、体育新闻和会议新闻等。

（3）按照新闻的特点来分，有事件性新闻与非事件性新闻、单一性新闻与复杂性新闻、动态性新闻与静态性新闻、本体新闻与反应新闻。

（3）按照新闻的题材来分，有典型报道、综合报道、述评性报道、批评性报道。

（4）按照新闻传播的手段来分，有口头新闻、文字新闻、广播新闻和电视新闻。

三、新闻报道的基本方法

一般来说，新闻报道的基本方法有以下几种：

1. 概括事实

任何新闻报道都离不开对客观事实的概括，这不仅因为要用语言传达客观事件的总体情况和来龙去脉，还因为新闻一般要求精练、简明。对新闻事实的概括要立足全局，抓住特征，正确反映整体。

2. 精选事例

在报道中，结合对事实的概括报道，选择一定的具体事例，既能提示新闻报道的主体，又能使报道生动感人。这些事例不应随便选，而应具有典型性，具有鲜明个性，能够说明问题、能够给人留下深刻印象。

3. 再现场景

再现场景就是将新闻事实的现场情况逼真地描写出来，产生使人如临其境、如闻其声、如见其人的效果，从而增强报道的说服力和感染力。

4. 对比衬托

在新闻报道中使用对比性材料能够更明确地表达通讯员要说的话，比如揭示新闻事实的意义、突出新闻事实的变动程序等。

第三节 深度报道

一、深度报道的含义

深度报道是指完整反映重要新闻事件和社会问题，揭示其实质意义和发展趋势的一种高层次的报道方式。

深度报道源于西方，“深度报道”一词被引入我国电视界后，其内涵及外延与原始意义相比都有一些变化。西方新闻学中“深度报道”是与“调查性报道”、“解释性报道”相并列的一种新闻体裁，含义比较狭窄。而我们所说的“电视深度报道”除了狭义上的“深度报道”之外，也将部分“调查性”、“解释性”报道包括在内，它实际上是“追踪评述”、“综合评论”、“阐释分析”、“政论”、“热点话题”、“对话”等类节目的通称。其次，我们所说的深度报道也不再仅指一种体裁，而是包括了所有那些虽然形式不同但是都具有深度实质的新闻节目。它代表的是相对于动态性报道而言的一种节目类型。目前一般认为，深度报道并不是一种新闻体裁，而只是一种报道的方式。

深度报道多角度、多层次、多侧面地探索事物发展的原因，揭示事件发展趋势，它不仅满足一种信息的传播，还分析了事物的发展原因，突破了动态新闻的肤浅和表面化特点，极大丰富了电视新闻的内涵。

二、深度报道的基本特征

深度报道的基本特征如下：

1. 内容的深刻性

充分延伸和拓展六要素，注重六要素中Why、How的要素。

When：立足此时，追溯既往，推测未来。

Where：立足现场，左右延伸，纵横兼顾。

Who：立足事实，追踪采访，涉及相关。

What：立足此事，搜集情况，报道细节。

Why：立足直接，分析横向，追究纵深。

How：分析意义，注重结果，预测未来。

2. 思考的科学性

多维思考，不孤立报道单个事件，围绕一个中心（事件或观点）立体地组织新闻要素。

3. 目标的主流化

选择显著的新闻事件：

（1）准备报道的事实读者是否关心，事实在多大程度上关系到多少读者的利益。

（2）新闻性强，事实包含多项新闻价值，新闻性较弱的一般不宜做深度报道。

（3）事实内部是否包含复杂的关系，内容比较单一的事实也不适合做深度报道。

三、深度报道的形式及类型

1. 深度报道的形式

深度报道的形式有独立文体、系列报道和连续报道三种。

（1）独立文体分以下几种：

①解释性报道：解释性报道又称解释性新闻、分析性报道，是运用背景材料来分析一个新闻事件发生的原因、意义、影响或预示发展趋势的一种新闻报道。侧重于说明新闻事实的来龙去脉，阐述事实发生的原因、结果以及相关事物之间的联系。

②调查性报道：调查性报道指报道者通过自己比较长期而完整的亲自积累、观察与最近的调查研究，对某一或某类社会事实或社会现象所进行的深入、系统或深入详细的报道。

③预测性报道：预测性报道是对将会发生而未发生的事实所作的前瞻性报道，它着重对新闻事实的发展变化趋势或前景进行科学预测，其价值取向表现为准确性、科学性和权威性。预测性报道以理性、前瞻的眼光，向读者或受众提示、分析“明日生活”，不仅强化了新闻的实效性，而且对社会舆论和社会心态能起到导向作用。

④精确报道：精确报道是用精确的数据、概念来分析新闻事件，尽可能避免主观的、人为的错误，从而使新闻报道更加客观、公正、令人信服。

⑤典型报道：典型报道，也称经验消息，是对某一具体部门或单位的典型经验或成功做法所作的比较全面或系统的报道的一种消息。其作用是通过典型指导一般，带动全局。

（2）系列报道：所谓“系列报道”，是围绕同一新闻题材、新闻主题从不同侧面、不同角度作多次、连续的报道，各条报道之间没有外在的时态连续，却有内在的必然联系。多个独立报道集合在同一主题思想下，以求对新闻事实作比较系统、全面、有一定深度的报道。

（3）连续报道：连续报道是对正在发生并持续发展的某一重要的、受众关注的新闻事件，在一段时间内进行连续及时的报道，完整反映新闻事实的发生发展结局及其影响。取材于不可预知的事件性新闻，报道时间相应于新闻事件始末。

2. 深度报道方式的类型

（1）深入型：解释、调查、精确；

（2）快速型：连续式、追踪式、现场式；

（3）客观型：报道事实式、人物自述、对话式、组合式。

四、写作深度报道应掌握的技巧

如何使深度报道更有深度？除了文章的立意、选材、挖掘和组织以外，技术性的写作方法也很重要，这里简单谈几点：

1. 导语要引人入胜

现在有的深度报道，往往把注意力集中在新闻事件本身，忽略了对文章导语的提炼。导语，是文章之眼，一段精彩的导语，能迅速抓住读者的注意力。导语做到引人入胜也不难，可以采用白描手法，提供一段感人的情节或一个生动的故事、冲突，从具体引导出抽象，再从抽象转变为新的具体。也可以从令人想象不到的数字、对比入手，随后讲述故事，再转入深层的道理。写作方式可以多种多样，导语必须认真提炼。

2. 中心思想要聚焦

不聚焦是现在的深度报道存在的一种较为普遍的现象。深度报道需要宏观的视角，但这并不意味着文章要有多个“中心”。选材必须要为文章所要表达的中心思想服务，每篇文章最好聚焦在一个观点上，不要分散为多个观点，尽量从一个视角阐发问题，把问题谈透。如果感到意犹未尽，可以组织连续报道、系列报道。

3. 形式要为主体服务

深度报道篇幅较长，利于作者发挥自己的写作才华。但是有的作者钟情于自我欣赏的文学化描写，忘记了讲故事不是深度报道的目的，要表达的主题思想往往被曲折离奇的故事本身所淹没，这也是现在深度报道的一个通病。因此，要强化形式为主体服务的意识，围绕主题组织素材，不要喧宾夺主，弱化文章阐述的主题思想。

4. 深化主题

许多被称为深度报道的文章不深的主要表现，在于主题的阐发过于肤浅：罗列许多价值同等的素材，结果只能说明第一步的浅层次的道理，再想讲深一些，素材没有了，话也似乎说尽了。因此，写作前要尽可能多地寻找不同价值的素材，然后精选素材，将材料排队，按递进的逻辑结构在不同的深度采用不同的素材。这是设计文章的写作框架时必须要考虑的事项。

5. 首尾要呼应

深度报道不是单纯提供信息的消息，而是要通过报道提供一种对事实的认识。认识是需要适当强化才可能留下印象的，因此，完整的深度报道，除了起始部分点明主题外，为了强化主题，通常以某种适当的结尾呼应前面的立论。

第三章

通讯员应具备的新闻采访知识

第一节 新闻采访基本知识

一、新闻采访的含义及重要性

1. 新闻采访的含义

新闻采访是新闻工作者采集新闻素材和资料、访问新闻人物和知情人物的社会活动，是以新闻事实为对象、以新闻报道为目的、专业性极强的调查研究活动。

新闻采访跟其他的一般社会调查研究活动的主要区别有：

（1）新闻性；（2）突击性；（3）广泛性；（4）灵活性；（5）公开性；（6）连续性。

新闻采访是整个报道工作的起点，是全部新闻活动的基础。

2. 新闻采访的重要性

采访是新闻的基础、报道的依据，新闻则是采访的结果。没有采访，新闻就成了无源之水，无本之木。新闻采访是通讯员认识事物的方法，了解事物的手段，表达事物的途径，是通讯员写好稿子的基本功。新闻写得好不好，反映得深不深，很大程度上取决于会不会采访。采访的重要性具体表现为：

（1）采访是报道的依据。新闻是客观事物的反映，事实是第一性的，新闻是第二性的；先有事实，后有新闻，离开事实就没有新闻。因此，发现、探求、挖掘事实，并从中提炼出具有新闻价值的精华，即通常所说的采访，就成为新闻的基础、报道的依据。采访是通讯员直接或间接的社会实践过程，是新闻工作者深入实际、认识实际、反映实际的过程。

（2）采访是保证新闻真实性的前提。真实是新闻的生命，是新闻自身的属性。新闻报道所要做的就是力求对新闻事件进行尽可能客观、准确的报道。通讯员只有深入实际，耳闻目睹，才能辨别事情的真伪，掂出事实的分量。闭门造车，道听途说，是新闻工作的大忌。

（3）采访有助于深化报道。任何新闻都只能反映特定时间、空间范围内的事物事件、人物等，但任何事物都不是孤立的，也不可能是静止的，采访有助于了解这一事物同其他事物的联系，了解事物的来龙去脉，从中掌握事物的本质，并发现新的线索，以便报道深入。有的通讯员习惯于从文件、报表中找新闻，这固然是获取新闻的一条重要途径，但仅此还远远不够。如果能根据文件、报表提供的线索进行实地采访，那么，报道的深度有可能大大增强。

（4）采访有助于新闻的生动活泼。新闻是现实生活的反映。生活本身是丰富多彩的，只有通过采访，才能如实地反映多彩的现实生活。现在，新闻界提倡目击式新闻，增强报道的立体感，这样，采访就显得更为重要。有的通讯员满足于死材料，但死材料出不了活新闻。对于广播新闻来说，由于它经常采用一段音响作为素材，因此其新闻材料非采访不可得。

二、采访的种类及基本方法

1. 采访的种类

采访的种类很多，有直接采访、间接采访、谈话采访、观察采访、书信采访等。

直接采访、间接采访是根据采访者与报道对象的关系来划分的。要报道某一事物，直接找当事人采访，这是直接采访。直接采访是采访的主要形式。有时候报道对象太忙，或是外出，或是去世了，不能直接找他本人采访，就找他的领导、同事、亲戚朋友、知情者进行采访，间接地了解有关情况，这是间接采访。一般情况下，都是直接采访与间接采访结合起来使用。

根据采访方式，通常将采访分为“谈话采访（口头采访）”、“观察采访（目击采访）”和“书面采访”。

“口头采访”是通过交谈方式进行的采访。口头采访是一种重要的采访方式。它是采访者接近采访对象的第一步，是取得主动性的关键，是打开采访对象心灵的钥匙。绝大多数采访是通过口头采访或主要通过口头采访完成的。"目击采访"主要是现场观察。它可以获得大量的第一手材料和生动的"独家细节"，可以丰富"口头采访"的内容，可以避免采访对象的限制。"目击采访"通常用来补充和丰富"口头采访"，加强报道的现场实感。"目击采访"要注意观察的重点，要注意捕捉现场实感，要善于分辨假象。"书面采访"是特殊情况下采取的一种采访方式，它主要通过书信的方式向采访对象了解某些情况。"书面采访"要精练，同时还要注意时效性，不要因信件的辗转而耽误了时间。"书面采访"还可以与电话采访结合起来。

2. 采访的基本方法

从通讯员获取信息的方式上分为访问、观察。从通讯员身份是否公开上分为显性采访、隐性采访、体验采访。

（1）访问。访问是以交谈或问答的方式获得新闻事实的采访的基本方法。访问的特点是双向交流与合作。

（2）观察。观察是通讯员现场采访时通过察看了解事件的进程和结果，获取第一手材料的方法。

（3）显性采访。显性采访就是一种常规的采访。通讯员在采访中公开自己的身份、表明采访目的。

（4）隐性采访。隐性采访是一种非常规采访，也称秘密采访或暗访，指新闻通讯员由于某种原因而不公开身份、不表明目的的采访。

（5）体验采访。体验采访就是通讯员以采访者和当事人的身份，直接进入新闻现场或事件过程，通过对事件的亲身参与和感受进行的采访活动。从电视媒体特性来看，体验式采访更能发挥电视媒介的"过程感"。

三、通常使用的采访方式

一般来说，常见的采访方式有如下几种：

1. 等候采访

就是通讯员预知或预测即将有新闻发生，提前到特定场所等待进行采访。

2. 跟踪采访

就是顺着新闻事件的发展过程进行穷追不舍的采访。一般是新闻事件正在进行中。跟踪采访一般在以下四种情况下使用：（1）延续一定时间的新闻事件；（2）动性的群体活动；（3）新闻人物多地点活动；（4）范围大、头绪多的复杂事件。

3. 即席采访

即席采访一般是在新闻发布会、通讯员招待会上进行的一种现场采访。

4. 同步采访

指通讯员始终处于新闻事件的现场，摄像机、采访机与通讯员视线同步，报道以通讯员在现场录音、出镜为主线。同步采访要求同步采访通讯员要有出众的口才，要形成自己独特个性的报道风格。

5. 调查采访

是指披露事件真相和内幕的采访。在西方被称为“侦探式采访”。特点是题材相当广泛，涉及人类活动的许多方面。一般适用于复杂事件或处于发展阶段争议较大的事件。常采用从外围入手的办法，然后集中到关键点上进行突破性调查，最后得出结论。

6. 书面采访

通讯员以书信形式把问题写下来，寄给或面交采访对象，然后根据对方的回信进行报道。随着通信技术的发展，通讯员也可以通过互联网以电子邮件的方式进行采访。

7. 预约采访

这种采访方法就是设法找到与新闻事件有联系的，并适合在电视上发表意见的人物进行采访的方法。

8. 联合采访

是两个以上的新闻机构进行的合作采访。一般是对重头报道或特别题材的采访。联合采访是当前电视采访的一大特色，其他媒体很少进行联合采访。

四、进行采访前的准备工作

一位外国记者曾经出过这样的洋相。电影《飘》上映之际，影星费雯丽抵达纽约机场后走进记者室。这位记者第一句话就问：“请问您在电影《飘》

中扮演什么角色？”费雯丽生气地回答：“我无法同你这样无知的人交谈。”这位记者丝毫不知晓采访对象的相关情况，怎能采访成功？

从这个事例中我们可以看出，采访前的准备工作做得是否到位直接关系到采访活动能否取得成功。作为一名通讯员，要想高质量地完成采访任务，采访前一定要做足功课。

1. 要查找、阅读相关资料

在确定采访任务和采访对象后，通讯员必须认真做好相关资料的准备工作。比如采访人物前，可以收集采访对象的回忆录、著作、论文等。如果要采访某个单位，就必须对该单位的相关情况有所了解，有时甚至要对该单位所在地区的地理、历史和民俗民风等有所了解。这样，采访时才会少走弯路，更好地找到采访的切入点。

2. 要确立写作主题和角度，写好采访提纲

正式采访之前，我们可设想几个可以报道的主题或大概的写作方向，然后将其依次写到纸上，避免采访时遭遇冷场的尴尬。如果心中没有“底”，面对采访对象时或许会陷入不知道问什么好的尴尬场面，或者问的问题都是千篇一律，毫无新意，这样写出来的东西肯定也是枯燥无味的。

其实，在采访过程中，通讯员很少能按照提纲按部就班地提问，但是写采访提纲会使我们对课题有一个全面的了解，这个过程也是一个理清思路的过程。同时，采访行程可能会随时发生变化，比如不能如期进行采访等。面对各种突如其来的变化，除了依靠经验和自身能力随机应变之外，这时采访提纲也起到了一定的保障作用，正所谓“手里有粮，心中不慌”。

3. 要善于捕捉采访时机

采访时机的选择要根据采访内容、采访对象的不同，具体情况具体分析，区别对待。很多被采访者工作都很忙，记者贸然进行采访可能会影响被采访者的工作，所以，为尊重被采访者，我们要等被采访者停止工作或有空闲时再开始采访。有时，除了事前预约的采访对象之外，现场可能还会遇到其他人，这些人也有可能成为你的采访对象。

4. 要选择恰当的采访环境

新闻采访并不是随便选个地点就行了，要想更好地进行采访，就得精心安排采访时间，注意选择恰当的采访场合和采访地点，即寻求最便于观察新闻事件发展过程、有利于弄清新闻事实真相、最便于与被采访者交谈的地点。比如，采访党政领导、专家、知名人士等，最好选择在办公室；采访农民或基层工作者，则可以在田间地头或他们所熟悉的工作环境中进行。采访环境选择恰当，写作时就便于突出和深化新闻主题，有利于增强新闻稿件的现场感。

第二节 采访过程中的应用技巧

一、通讯员进行采访提问时应注意的事项

提问是通讯员采访中最主要的获取信息的方式。通讯员的提问，决定其能否得到真实准确的新闻事实，能否将新闻事实挖深挖透，以及能否架起通讯员与采访对象之间的桥梁，打开采访对象的心扉。那么通讯员在采访提问时应做到哪几点才能与采访对象进行良好的交流呢？

1. 提问要作好准备

古语说："知己知彼，百战不殆。"如果采访者和被采访者能在采访问题上做好了解和沟通工作，整个采访活动就能顺利进行。例如，出租车司机反映情况说"套牌车"十分猖獗，如果通讯员在事先不做任何了解的情况下就带着这个问题问有关部门什么是套牌车，这样浪费时间不说，通讯员的职业素养恐怕也会被别人拿去当做笑话。另外在非突发事件采访前，要把采访的目的、要求告诉采访对象，请他们作好准备。必要时，把采访提纲交给采访对象。

2. 提问要简洁通俗

通讯员对每个要提问的问题，事先在其用语的长短上应当精心设计、推敲，宜短勿长，易通俗勿艰涩。因为人的记忆力有限，提问不当，采访对象

难以理解，容易前记后忘，以致常常出现这种局面：当通讯员提问一通后，采访对象只能对通讯员说“对不起，请您把刚才的问题再重复一遍”、“没听明白，您是问……？”

3. 提问要具体

任何事物都是错综复杂的，且有个形成、发展、结束的过程，通讯员如果笼统、抽象地提问题，采访对象就难以回答。某著名主持人在签名售书活动完毕接受通讯员采访，一通讯员问：“您如何看待中国目前的新闻舆论监督作用，您怎样处理生活和事业的关系？”主持人听后回应说：“您的问题太大了，恐怕我回答不了。”结果好不容易获得的提问机会就此溜走。再例如：“您有什么感想？——我感想很多。”“您是不是很激动？——是的，我很激动。”泛泛而谈，泛泛回答。结果是，被访者谈多少，报道人员就记多少，仿佛采集到不少素材，但回来写稿时，常常感到这个材料不足，那个材料欠缺，不得不重新采访。

4. 提问要把握主线

一般的采访目的性很强，由于时间和环境的限制，采访者和采访对象之间不可能像拍摄记录片和写人物通讯那样可以长时间地共同生活、工作，所以要抓住关键问题，一旦采访对象的谈话偏离了主题，一定要及时将它拉回到主线上来，切勿跑题。当然这并不是说不鼓励触类旁通，关键在于掌握好分寸。

5. 提问要“口”、“眼”并用

一位著名摄影家说过：“人物内在的思想、精神和灵魂，有时会在一瞬之间通过他们的眼睛、双手和体态表现出来，这就需要紧紧抓住稍纵即逝的最重要的瞬间。”这就要注重非语言的交流。两位通讯员同时到一个现场去采访，写出来的报道大不一样，除了基本水平以外，主要就在于会不会或善不善于用眼睛采访。当然，用眼睛采访是配合用“口”提问的，不然，如果只用眼睛就能窥探到采访对象的全部，采访艺术也就不存在了。“口”、“眼”并用意在强调观察得深、观察得细，力求生动、逼真地反映出事物的本质来。

6. 提问结束要回顾

采访进入收尾阶段，常常容易松懈，匆忙了结，“刀枪入库，马放南山”。其实在结束提问时有很多工作要做，不能忽视：（1）向采访对象复核材料，力保准确无误；（2）回头看看，是否有遗漏的问题；（3）征求采访对象的意见，特别是比较重要的报道，双方议论或讨论一下，只有好处没有坏处，因为通讯员事先准备得再充分，毕竟不是内行，有些东西需要采访对象补充、解释。

二、采访时如何掌握提问这门艺术

提问是新闻采访成功的关键。新闻采访中的提问绝不仅仅是你说我记、我问你答，要掌握必要的方法，还要掌握一定的技巧。运用必要的提问艺术，会使采访别开生面，收到意想不到的效果。提问的技巧和艺术多种多样，通讯员一方面可以借鉴前人创造的行之有效的提问技巧，另一方面也可在实践中不断地摸索和总结出更多更好的提问艺术。

1. 学会尊重

采访者与采访对象之间的关系，应该建立在平等的基础上，是一种同志式的协作关系。在采访提问中，采访者不能有高人一等或居高临下的优越感。如果端着一副架子，人家只能客客气气，敬而远之。有经验的采访者，都会做到谦虚谨慎、礼貌待人，在相互尊重、相互信任中，赢得采访对象的理解和支持。

采访活动中，采访对象对采访者的第一印象如何，往往会直接影响其对采访活动的态度。当采访对象是一位有修养、有成就、为人谨慎、认真的学者或专家时，采访者过于随便，过于夸夸其谈或者指手画脚，会给人留下浅薄、轻浮、缺乏修养的感觉，从而产生不信任感，出现不愿意交谈的情况。相反，采访者在一位普通群众面前，则要随意一些。如过于注重谈吐礼仪或提一些文绉绉的问题，会使采访对象感到彼此间的距离，从而产生隔膜，使交谈显得很别扭。因此，采访中的提问，要根据不同对象采取不同的方式。

2. 态度真诚

通讯员要想从被采访对象内心深处挖掘素材，必须先得到采访对象的信任和认同。通讯员要想使被采访对象明之以事，晓之以理，更要动之以情。

通讯员要使自己和采访对象在感情上产生共鸣，这种情感的共融不仅仅是一种感受力量，更重要的是可以成为一种动力。通讯员要以自己真诚的言行赢得对方的信任，才能进入他们的心灵深处，从而挖掘出更真实、更有价值的东西。

要想让被采访对象真切地感受通讯员的真诚可信，从而达到心灵的沟通，通讯员就必须要在情感上接近对方，并且自觉地换位到被采访者的角度，设身处地地为他们着想，感受他们的感受，体会他们的喜怒哀乐，寻求情感的接近。相反如果缺乏情感和亲和力，被采访对象可能就不会太买账了。

3. 提问要抓住对方心理

因为被采访者处于被动地位，采访者提出的问题，有时会使他们紧张，有时会使他们愉快，有时会使他们悲伤。采访者提出的问题如适合对方的心理，被采访者就可能多谈一些情况，否则就会产生相反的效果。所以，必须根据对方的不同心理，提出适合对方的年龄、身份、民族、性格和文化素养的问题。在不同的场合，就要注意不同的问话内容，不能不分场合、地点什么都问。

4. 注意一些不该提问的问题

在采访时，通讯员不要问一时回答不清的问题，可将该问题分解成若干个小问题，让对方回答。不要提对方根本不了解的问题。不要提诱导性的问题，暗示人家按照你的意图回答。不要过于轻率地提问题，特别是私人生活方面的一些不愿公开的隐私问题。不要提审问式的问题，可以改变一下口吻，用引导的方式，在交谈中发问，在发问中交谈。这样能使被采访对象感到心情放松，双方的感情容易交融，在无拘无束中会谈出许多生动的情节来。

5. 提问宜具体

新闻作品生动处的来源之一是细节。就是说通讯员在采访时要挖出那些细微的闪耀点，积累丰富具体的素材。新闻是用事实说话的，有了具体的东西，才能深入认识事物。没有一个个具体的事实、具体的数据，全是一般性的材料是难以写出好新闻的。因此通讯员提问时要具体，不能漫无边际，也不能大而不当。那种不分场合、时机，动不动举起话筒就问“你现在感想如何”的采访提问是不可取的。因为这样的问题太宽泛，对方往往不知从何答起，只能说“我太高兴”、“太激动”之类的话。

6. 提问要有针对性

俗话说“一把钥匙开一把锁”。通讯员采访提问也应根据不同的人提不同的问题。反过来说，就是根据不同的问题选择不同的采访对象，或同一类问题根据不同的人而采取不同的问法。一般规则是问全局性的问题就找负责这方面的领导或工作人员，要了解点上的情况就找基层普通干部、群众，要问知识性的事情就找专家学者。

7. 善于选择角度

作为通讯员，在新闻采访报道中，无论是时政新闻、经济新闻，还是社会新闻，都要善于从平民百姓的角度去思考和选择报道的内容和主题。多从基层生活中出现的一些新问题和群众日常生活的变化中发现具有普遍意义或对全局有指导和启示意义的新闻。掌握这样的原则，才能在同采访对象的交流中，提出合适的问题。比如，报道一项重大政策或措施，要善于选择平民视角，通过具体的事实提出问题，反映这些政策措施会给老百姓的生活带来什么影响，而其中百姓又需要做些什么，等等。

8. 营造和谐的气氛

通讯员采访时需要在短时间内与采访对象“一见如故”，倾心相谈。这就要求通讯员有一种特殊的本领，能够消除陌生，让对方很快熟悉自己、适应自己，达到一种和谐的提问气氛。营造和谐的气氛，最常用的方法就是找一种“媒介”，比如斯诺的夫人海伦·福斯特·斯诺采访毛泽东时，所用的媒介是斯诺珍藏的一张毛泽东照片。她说这照片就好比桥，把她与毛主席联系起来。在采访王震时，她找的媒介是自己与王震同年合作歌曲《南泥湾》，这使得采访气氛活跃起来。

总之，从传播角度说，新闻传播内容只有受众接受并认可，百姓关注并欢迎，传播过程才算完成。而要实现这一过程，就必须在采访中尽量多地获取有价值的素材。通讯员在采访时，就是要能与被采访对象建立良好的沟通渠道，创造良好的采访提问气氛，使采访成功，为后一步新闻写作收集充分的素材，从而圆满完成报道任务。

三、通讯员进行采访时应创造哪些访问条件

在访问前和访问初，通讯员除了要掌握一系列必要的采访方法、技巧外，还应特别注意善于创造一系列良好的辅助条件。这些条件看上去虽小，但往往能产生大效果，是采访活动有效率的重要保证。要创造的条件主要有以下几种：

1. 商定较适宜的采访时机

无论从事任何一项活动，必先对这项活动产生注意，继而靠一定的注意稳定性去支配从事这项活动的兴趣和热情。参访活动也不例外。要使采访对象接待并配合采访，就得先使其对采访活动产生注意和一定的注意稳定性。

2. 设计较得体的仪表风度

对美的追求是人类的一种共性需要，也是增进采访双方关系的重要因素。经社会学家有关调查和实验表明，陌生人相互初次见面时，对对方外表的魅力与想再次与之见面的相关系数为0.87，远高于个性、兴趣等相关系数，通常人们称此为“首因效应”，或是“第一感觉”、“第一印象”，这些关系到交往双方对对方的评价，关系到彼此的交往能否继续。一般情况下，若是首因效应或第一感觉、第一印象好，交往双方就会产生强烈的交往愿望；反之，则厌恶交往。

3. 讲究文明的言谈举止

在采访中，通讯员稍有不慎，或是一句话或是一个动作便刺伤了对方的自尊心，使采访对象感到受信任程度突然削弱，以致使正常采访受阻。事实上，此时双方的相互需要并没有减弱，只是采访对象的情感心理发生了较大变化，以致感到受辱、困惑，因而报之以气或报之以怨。

4. 保持较融洽的访问气氛

从事任何活动都会产生一种情感，而且，什么样的情感会导致什么样的活动效率。情感通常表现为两极性，即肯定或否定、积极或消极、热情或冷漠、紧张或轻松等对立性质。同样是对待通讯员采访，有些采访对象就表现

得热情和轻松，有些则表现得冷漠和紧张。

5. 摆正较合理的相互关系

采访中，通讯员与采访对象之间的关系怎么处理，也关系到活动效率的高低。在这个问题上，通讯员的态度端正与否则是关键。通讯员应当保持尊重采访对象。只有尊重才能自爱、自信，给对方留下较好的印象；只有尊重对方，才能有深化交往、发展关系的基础。

6. 穿插较丰富的形态语言

通讯员与采访对象坐在一起时，并非只是将言语形式作为唯一交流的手段。只要留意观察，同时展开交流的还有一种形态语言手段，通常也叫做“非语言手段”。这主要由表情手段构成，可分为：面部表情，是人最主要的表情动作，在采访活动中起着重要作用；体态表情，人的站、坐姿态和举手投足等，均可表达一定的信息；手势，是人们在交往中用以加强言语效果的表情动作，恰到好处的手势既可传递信息，又可产生强烈的感染力。

四、如何在交谈中发现线索

怎样在平时的采访活动中发现线索，就需要从众多的事物中通过分析比较，筛选有价值信息的本领。同事在采访中听介绍的时候，一定要边听边动脑分析，尽量启发被采访者多谈一些与新闻有关的素材，也是相当关键的。要想在交谈中发现线索，就要从以下几个方面注意：

1. 要善于启发交谈者讲话的愿望

这就要用启发式的语言进行交谈，要循序渐进地、一个问题一个问题地谈。不能一个问题还没谈清楚就又提出第二个问题，这样，会使任何问题都谈不清。

2. 要善于抓住中心问题

凡与采访关系不密切的问题尽量少谈或者不谈。应先向被采访者说明自己所要了解的问题，这样可以给交谈对方一个思考的时间，使交谈者按照你的采访思路谈问题。交谈是双向的活动，边听应边给予积极适当的反馈，比如选准适合的机会加上一句，或者微微的一笑，或者赞同地点一点头，这样可以促使对方津津乐道，提高交谈效果。

3. 善于抓住细微的变化

针对不同性格特点、身份、地位的采访对象，必须采取不同方式进行交谈。有时单刀直入，一下子就触摸到采访的中心问题；有时就需要通过一些细节，悄悄地靠近主题。要注意抓住被采访者的一些细微变化，要从他的变化中悟出新意来，通过这些新意再提出一些新鲜问题纳入采访。

五、通讯员怎样记采访笔记

通讯员每次去采访的内容都会很丰富，在没有录音机的情况下（就是有录音机也要做简要的笔记），光凭自己的脑子是不可能全记住的。因此，采访的主要内容必须当场用笔记下来。通讯员做采访笔记要注意做到以下几点：

1. 记具体

所谓记具体，不是把采访对象所说的话原原本本像录音机似的记下来，而是要记下他所说的具体内容。譬如人名、地名、数字和事实经过，等等。有的内容要当场问清楚，如人名和地名不仅要问音而且要问字，避免写出同音不同字来。有些数字，对方口头谈了，还要反复核对准确。对有关的事情经过也尽可能记具体些。特别是对一些重要的事实，千万不要只记个概况、印象，要不然写成文章就容易出问题。

2. 记原话

采访对象所说的能反映他思想的关键语言，要原原本本记录下来，不要经过自己改造、概括后再写上笔记本。因为人物的语言大都是有生活气息、有个性的，比我们概括的要精彩得多。记下原话还有助于事后对人物谈话内容的分析和判断。人物谈话时的姿态、口吻和气氛也要注意观察，必要的也可以记录下来，以备写作时参考。

3. 记疑问点

采访中，总会有疑难之处，这些疑难往往是问题的关键所在，也是要向读者说明的重点。首先要问明白，然后记清楚，事后才能很好地表达出来。如果疑难问题一晃而过，待到写稿时，才发现没有弄清楚，不得不又要去补充采访，这就费时费力了。

4. 记看到的

有的通讯员采访时很认真，也知道记下谈话中的重要内容，但写成的新闻稿往往只是一问一答式的，读起来比较单调，干巴巴的，没多大味道。为什么呢？其实问题不在写作的文字上，而在于采访时没有记录下另一项重要的内容——观察所得。采访对象在谈话时，随着谈话内容的改变，表情、态度也在变，这些变化同样是很宝贵的新闻材料。通讯员在采访时，不要只单单发挥耳朵的功能，还要多看、多观察——从对方的服饰、相貌到神态、动作，从室内的布置、陈设到室外天气的状况等。记录下这些，对刻画人物的个性、表现新闻的报道思想，往往能起到很独特的作用。

5. 记想到的

上面我们讲了通讯员要记下听到、看到的，还有一点也很重要——记想到的。因为通讯员在采访时，大家的精神高度集中，思维异常活跃，通讯员不应该只做“记录机器”，还应随时跟着采访对象的思维转，随时产生联想——这个材料好，问清楚一点，可以充实报道内容；那个材料还可以，但不够具体，还要再深入问下去；刚才所谈到的这件事，和这次报道没多大关系，但也很有新闻价值，可以计划另一个新的报道……这些联想，有时只在脑子里一闪，如果不快点记下来，很快就消失了，所以通讯员必须简要地记下。

采访笔记要及时整理，时间久了，感觉和记忆就会打折扣，有些当场漏记的，及时通过回忆还可作补充。只有这样，才能充分发挥采访作用写好稿子。

六、怎样记采访笔记才能在写稿时用上

“记”是采访活动中的重要环节。有些通讯员在采访自己比较熟悉的行业或熟人时，记录不详，省略过多，觉得记不准可以再去找他，持一种随意的态度，往往在写稿时打开记录本，不是时间记不准了，就是数字记混，再

不就是把一些事实张冠李戴了。而有的通讯员采访不熟悉的行业和人物时，生怕记不全，听什么记什么，有闻必录，笔记凌乱，没有中心，到写稿时就抓了瞎，不得不花费一定时间和精力重新整理笔记。也有的通讯员缺乏经验，该详记时不记，该摘记时详记。这样一来，很多通讯员采访笔记到写稿时用不上。那么，怎样记采访笔记才能在写稿使用上呢？

1. 缩记主要的过程

缩记不等于速记，速记是逐字逐句地记录。缩记，即一是缩写，提取骨架，写出大意；二是写题目，把主要的思想写出来；三是用符号代替，可以用字代词、词代句以及用字母来简略地记下一个复杂的新闻事实。重要的是，要抓住事件发展的主要点、关键点及连接点；要记下思想认识的基准点、转折点；记下事物发展变化的过程梗概。为便于整理，在每页纸上只写一半，空一半。

2. 记下重要的细节

采访时对细节的记叙要具体、细致。注意两点：一是容易出错的、非记不可的东西，如人名、地名、数字、引语等，记笔记时要记准，避免音同字不同和误听的差错。对于很多专门名词、行话也要弄懂含义，记得正确。二是事实的关键之处，大致经过、情节、原因、结果等来龙去脉，要记准确。对一些弄不准的话，最好是当场弄准了再记下来。如果对方说不准，也要在笔记本上打个问号。数据和核心事实，必须听清问准后做记录。

3. 抓住生动语言和环境特征

要把采访对象的那些表现力强、鲜明生动、说来上口、听来入耳的精彩语言记录下来，尤其是那些反映思想、性格特征和关键时刻的原话，一定要记下来。必要时作出选择，加以剪裁。如粗俗的、文法不通的、意思含混的或只有少数人能懂的方言，一般用不着记。现场采访还要留心观察，把与报道有关的东西都记下来。如采访或事件发生时的天气特征，被采访者所处的客观环境和地形特征，采访的事件发生时的场景特征，被采访对象的人物特征、表情，甚至嗅到的、尝到的、触到的，都要记录下来。

第四章

通讯员应具备的新闻写作基础知识

第一节 新闻写作的基本要求

一、通讯员进行新闻写作的原则

1. “用事实说话”原则

“用事实说话”，就是通过报道事实向读者阐明某种思想和观点。作者的倾向性通过事实自然地显示出来，而不是特意将它指出来。

西方新闻界提倡所谓的“客观报道”，还在新闻分类上提出纯新闻、硬新闻等概念，以强调用事实说话的原则。对此，我们应有自己的分析。

首先，我们要指出，真正纯客观的新闻报道是没有的。新闻作者报道任何事实，都不可能没有自己的观点。即使在文字上没有明显的倾向性，在题材的选取和应用上也必定会有倾向性，不然，就无法解释他为什么选择某一事实而不选择另一事实，为什么对某一细节详细叙述而对另一细节却一笔带过或干脆不提。自以为纯客观报道，其实是一种不露声色影响读者的技巧。

其次，我们对这种技巧持肯定的态度。我们虽然并不认同那种“纯客观”的说法，但我们却坚定地恪守用事实说话的原则。

2. 精选事实，以小见大原则

新闻写作者必须要有一对慧眼，能在纷纭的现实世界中精选出最有价值的事实。

有价值的事实未必就是大事，有时，一个小小的事实却能显示出整个社会的特点。人们说，一滴水能映出太阳的光辉。在新闻写作中，我们就是要努力地寻找能够映出太阳光辉的这一滴水。

3. 正反并举，对比衬托原则

有比较才能有鉴别，有时，新闻作者只需将今昔、正反等不同的事实组织在一起，读者自己就会通过比较得出结论。

4. 集点成面，点面结合原则

这里所说的“点”，指发生在特定时间和空间中的具体事实。“面”，则是指整体的面貌。“面”虽然是事实，但需要归纳概括，不像“点”那样具体客观。要想充分地体现“用事实说话”的原则，集“点”成“面”是一个有效的方法。

5. 目击实录，再现场景原则

在新闻叙事中，现场目击、亲身经历讲述、口述实录，最具现场感和逼真性，也最能体现“用事实说话”原则。这三种叙事方式的共同的特点是：

（1）采用第一人称叙述。作者或被采访者现身说法，讲述自己的亲眼所见和亲身经历，提供给读者的是不容置疑的第一手材料。

（2）事件在“现在进行时态”中展开。在这样的叙事中，读者能获得同步经历的真切感受。

（3）逼真的现场感，形象生动。

6. 要言不繁，画龙点睛原则

新闻写作提倡“用事实说话”，并不是一味地排斥议论。相反，适当时候那种言简意赅、一语中的的议论，能够使事实更清楚、更完整。在仅仅叙述事实不能准确传达意蕴，或者事实的内蕴过于隐蔽，不在一定程度上予以提示容易引起误解的时候，适当的议论跟新闻报道的客观性并不矛盾。不过，在新闻中议论一定要注意以下两点：

（1）议论必须是从新闻事实中自然而然引发出来的。不是离开事实的任意发挥，也不是在事实之外硬贴上一张理性的标签。

（2）议论必须是要言不繁、十分精练的。传说张僧繇画金陵安乐寺四白龙，点睛后即飞腾而去。新闻事实就是那龙，而其中的议论就是那点睛之笔。这个比喻说明，有了点睛之笔，文章才能活起来。同时也说明，点睛之笔，一点而已，文字上惜墨如金，十分简约。

7. 适时引语，借口说话原则

有时，新闻的作者也可以把自己想说的话，借别人的嘴说出来。如果自己出面评论新闻事实是主观的议论，但是将别人对事实的评论记述出来，就是一种客观报道了。在新闻叙事中，这也是一种可取的手法。需要注意的是，所引的别人的语言，必须是真实的、准确的，不得歪曲原话，不得断章取义。

二、新闻写作的基本要求

新闻写作的基本要求是由新闻作品的基本特征决定的。

1. 坚持真实性

真实是新闻的第一生命。如果新闻不能坚持真实性，新闻就失去了它存在的价值。

（1）新闻真实性的具体要求。构成新闻的基本要素要准确无误；新闻反映的事实的环境条件、过程和细节，人物的语言甚至动作都必须真实；新闻中引用的各种材料，如数字、史料、背景材料等，都必须准确；新闻中涉及人物的思想认识和心理活动等，都必须是当事人所述。

（2）注意微观真实与宏观真实的辩证结合。整体不是个体的简单相加，宏观也并非微观的简单放大。微观科学固然是客观科学的前提，但宏观科学更是微观科学的指导和保证。在很多情况下，单就某一事实而言是绝对真实的，但是，把它放到全局、大背景下进行考察，就失去了原来意义上的真实性。以点代面、用一个侧面否定另一个侧面、片面性、绝对化等都会造成新闻的“总体失实”。

（3）加强作风建设，消除“客里空”影响。“客里空”是苏联剧作家考涅楚克的剧作《前线》中一个惯于捕风捉影、弄虚作假的前线通讯员的名字。后来成为通讯员浮夸作风的代名词。具体表现在：为了追求生动感人，“合理想象”（Reasonable Imagination）增加许多不真实的细节；“合理预言”，加大提前量；夸大其词，胡编乱造；见风使舵，强扭角度。1947年，《晋绥日报》开展了长达4个月的“反‘客里空’运动”，新中国成立后，新闻界也曾多次以“客里空”为戒，端正作风。但“客里空”的影响至今仍然存在。

（4）提高通讯员素质，增强辨别能力。有时通讯员本意并不想造假，但由于素质上的欠缺，或粗枝大叶，或真假不辨也会造成失实。

2. 坚持时新性

时新性是时间性与新鲜性的合称。新闻写作不但要讲究时间性，还要给人以新鲜感。

时间性是新闻的本质特征之一。通讯员采访必须雷厉风行，随时处于待机状态，争取在“第一时间”赶到现场。

在写作上则要坚持新鲜性：内容新（角度新、主题新），形式新（把最重要的信息放在新闻的最前面，寻找“最近点”）。

所谓“最近点”包括两方面的内容：一是“一点”，即新闻所报道的“何时”要素是指新闻事件发展过程中的一点而不是指整段过程；二是“最近”，即新闻所选择的那一点时间应该尽可能是距离报道事件最近的，是事件发展过程的末端而不是前端。

3. 坚持思想性

思想性也可称为指导性，即媒介通过具体的新闻报道，以影响、指导受众的思想、态度、情感和行为，最终把他们引导到一定的目标上去。坚持思想性并不是在新闻中贴上几句口号就能做到，必须做到以下几点：

（1）寓思想性于信息传播之中。受众首先是为了寻求信息才接触媒介，继而接受媒介所要传播的思想；思想性是蕴涵在事实之中的，是事物本身所具有的本质属性，并不是外加的、主观的东西。

（2）思想性应与针对性结合。抓住群众普遍关心的问题。

（3）思想性应与深刻性结合。有了思想性，但如果对问题研究不深不透，对问题的表述如“钝刀割肉”，毫无尖锐泼辣的锋芒，不能“言人之所不能言”，也会大大削弱思想性的分量。

4. 坚持简明性

简明是一切题材的新闻作品的最显著的特征。简练也是最高级的写作技巧，对通讯员来说，更是语言文字方面的最基本的基本功。美国新闻学者巴克赫斯特说：“写新闻最容易犯的毛病是写得过于复杂。”为此他提出了一个“KISS（Keep it simple and stupid）原则”，要求“以最平实的语言，在最短的空间说完”。具体地说，简明性包含两层意思：

（1）通俗明了。这是新闻作品写作上的一个主要特征和主要要求。要达到这个要求，就要：排除“拦路虎”，消除生僻艰深的字句；控制句子长度，中国学者认为，中文句子平均每句以7~20字为宜。

（2）简洁凝练。这是比“短”更高一个层次的要求。邓小平说：“可以不说的去掉，该说的就可以更突出。”

三、通讯员应把握哪些新闻写作方法

1. 学会用典型事实说话

事实是新闻的实体，也是新闻的存在形式。没有事实的支持，就没有新闻报道。典型事实是通讯员表达观点要考虑的事情。在新闻报道中常有这样的情况：一个事实选择得好，它可能有以一当十的作用；如果选择的不准，哪怕列举出不少事实，通讯员想说的话或希望表达的观点仍然模糊不清。这种以一当十的新闻事实就是典型事实。

典型事实的特点有：

（1）必须是鲜活的读者所未知的事实。

（2）必须具有重要性而且是具体的事实。

2. 通过再现场景说话

再现场景就是把新闻事实的某些现场场景具体地描述出来。

新闻中的人和事，一般都是有形可感、有物可托的，新闻工作者通过采录或摄录逼真的现场，使新闻报道做到有神、有形，使观众仿佛亲历其境、亲眼所见，这种方法自然恰当，会加强可信和说服力。

“再现场景”在有关新闻写作的一些论述中的目的是：“让受众犹如身临其境地感受新闻的存在和发展。”这种再现的写作方式虽然难度比较大，但它所增强的可感性显著，对读者说服的效果相应地显著。

第一人称再现法，是“再现场景”常用的一种手法，它有特殊的真实魅力，使读者在“请看事实”的过程中，接受与领会通讯员传达的信息、想说的话。

3. 学会用背景材料说话

新闻报道中的背景材料常被称为“新闻背后的新闻”。背景材料在新闻报道中的一个重要作用，就是通过灵活地使用背景材料，巧妙地表达通讯员的观点。

在新闻写作中，一般主要通过以下方法来运用背景材料说话：

（1）善于联想。善于联想是一种通过把所报道的新闻事实与其他一件或几件事实关联起来陈述的方法，暗示与引导读者进行联想，从而得出结论。

（2）善于对比。通过背景材料进行对比或衬托。俗话说："不怕不识货，就怕货比货。"讲的就是把两件事或更多的事实放在一起对比，横向对比、纵向对比都可以，这样有助于发现问题，认识事物的本质。

（3）让不同的背景材料表现不同的观点。新闻事件是复杂多样的，每个新闻事件经常可以找到多方面的相关背景。如何选用背景，选用什么样的背景材料，反映出通讯员观察、考虑问题的出发点与立场。报道同一件新闻事实，由于选择和运用了不同的背景材料，从阅读的效果分析，会对人们的判断产生不同的影响；从用事实说话的写作方法分析，通讯员可以表现不同的倾向性的立场。

（4）借助"直接引语"说话。所谓直接引语是指通讯员通过采访得来的被采访者的原话。在报道中直接引用原话已成为现代新闻写作不可或缺的手法。直接引语用得好的报道，内容文趣盎然，生动真实，现场感强，且观点鲜明。

直接引语的作用表现在：使报道具有现场感，富有变化和人情味，有助于克服新闻写作中容易出现的单调乏味和概念化；有助于提高新闻的真实性；"把用通讯员的嘴说话改为用被报道者的嘴说话"，显得更客观，也增加了说服力。

四、通讯员进行新闻写作时要注意的问题

1. 敏于捕捉

通讯员要写出好的新闻稿件，就需要有敏于捕捉蕴藏在现实生活中的丰富而有意义的新闻题材的特长。通讯员就是要追新逐异，并且着力于标新立异，新闻要力避老生常谈的依样画葫芦，力避不能敏锐报道与评述生活的

陈腔滥调。但对生活中的种种“新异”，一般人往往习以为常，熟视无睹。加之生活中闪现的新光异彩总是一掠而过，一瞬间便成陈迹。这就要求通讯员有敏锐地捕捉新异从而摄取新闻的能力。这种敏锐能力不是轻易就能具备的，需要通讯员有较高的思想理论修养，深入生活，留心各种各样的事情，将新的发现、新的感受、新的分析思考写进“新闻手记”。这样的工夫下得越深，捕捉新闻的敏锐感就越强。

2. 勤于采访

通讯员的实践，主要是指采访的实践。

采访是一门专门的科学，采访是一个完整的系统工程，采访也是一种独特的艺术。

采访要顺利进行并获得理想的效果，就要拟写采访提要，找准采访对象，注意采访方式。

3. 精于构思

有了从采访中获得的真实情况，要拟定出切乎要旨的新闻稿，还要精心构思。一篇新闻立什么主旨，选取什么材料表现主旨，材料的详略处理，先后安排等，都得一丝不苟地精心构思。这里的一个“精”字体现了写作主体的匠心独运。

4. 疾于运笔

如果有了材料，又下过一番构思的工夫，就得疾于运笔，迅速成篇，交付发表，这样才不致贻误时机。

运笔要“疾”，不仅仅是从时间上要求快，还要快中求好。

运笔之疾的能力，是从艰苦笔耕中获得的，只有勤耕不辍，才能有敏捷的才思，才能“妙笔生花”。

五、为什么写作要研究读者心理

通过报纸接受新闻的读者们对新闻的兴趣、反映和评价，对搞新闻报道的通讯员写好新闻关系极大。

新闻事业，是党和政府的喉舌，也是人民的喉舌，只有表达人民的意见，反映人民的呼声，取得人民的信任，才符合上述的性质和宗旨，才有存在的意义。只有研究读者的心理，才能确保新闻存在的意义。有哪些读者的心理需要加以研究呢？

一是读者共同的、普遍的心理。人们常有一些共同的、普遍的心理规律或者心理特点。

二是时代不同，人们的心理也不同，情感、好恶、憧憬等，是有极大差异的。时代在前进，人们的物质生活、精神文化生活也不断发生变化，发展着的社会就会给人们心理以新的影响。

三是要注意研究特殊的心理规律、特殊的心理状况。不同的职业、经历、科学文化水平和生活条件，不同地域、年龄、性别的人，都可以形成不同的心理状况。新闻报道有各种人，就应研究各类读者的特殊心理。

第二节 新闻写作格式与稿件要求

一、通讯员提炼新闻主题时应注意的问题

新闻主题就是贯穿新闻的“红线”，可以将新闻事实、新闻素材串起来告诉读者这篇新闻传递什么信息、反映什么问题、表达什么观点。新闻素材的取舍、文章的结构与布局等都会受到主题的限制，都是为主题服务的。新闻主题一般隐含在新闻事实的背后，提炼主题犹如沙里淘金，需从大量新闻素材中挖掘最有价值的新闻。通讯员不仅要深入采访、掌握实情，同时还必须认真思考，把握导向，巧选角度，筛选素材，精耕细作，这样才能准确地提炼新闻主题。提炼深化主题主要有以下四种方法：

1. 追根溯源法

许多事物的本质往往必须经过由此及彼、由表及里深入的分析。许多事件

的发生皆有原因，需要弄清来龙去脉就要剖析背后的原因。所以许多新闻尤其是深度报道需要运用追根溯源法，需要追问几个为什么才能提炼出新闻主题。

如近年来楼市的变化较大，许多媒体深入分析了房价潮起潮落的原因。这些关于楼市的深度报道一般都是采取追根求源法来提炼主题的。

2. 归纳总结法

通讯员围绕一个问题、一件事，采访搜集到大量素材后需要经过认真的分析思考，在写作时需要对素材进行筛选取舍、总结归纳，从个别现象中总结出一般性、普遍性的结论。运用归纳概括法提炼主题，必须善于用数字说话、用典型说话概括提炼典型经验、重要意义。常见于新闻综述、典型报道、成就报道和分析性的深度报道等。

3. 对比联系法

有些事件孤立起来看很难发现其特殊意义，但如果将其放在历史与现实的宏观背景之下，通过今昔对比、左右联系，其新闻价值就会凸显出来。运用对比联系法提炼深化新闻主题，一般采取交代新闻背景、对比同源新闻、添加新闻链接等方式，这样既能突出新闻主题又可丰富版面元素。

如近年来不少媒体聚焦小岗村的发展变化，如果不是采取对比联系法深化主题，这类报道就没什么特殊意义。因为小岗村是我国农村改革的发源地，在纪念改革开放30周年、纪念新中国成立60周年的背景下，关于小岗村改革与发展的报道的新闻价值提升了。

4. 见微知著法

在日常生活中，大多还是平凡的人、平凡的事，不可能经常碰到重大的新闻题材。这就要求通讯员能从平凡之中发现不平凡，在平凡中找到新闻的“闪光点”。

为纪念改革开放30周年，《安徽日报》开辟了一个专栏，坚持以小见大、以小切口反映大主题，刊发了一批如《一个手电筒的变迁》等稿件，就是运用见微知著法提炼深化主题的。

5. 逆向思维法

逆向思维也叫求异思维，它是对司空见惯的、似乎已成定论的事物或观点反过来思考的一种思维方式。逆向思维是发现问题、分析问题和解决问题的重要手段，有助于克服思维定式的局限性。正如古人所说“反其道而行之，反其意而用之”、“不拾人牙慧，不人云亦云”等。在新闻写作中如果换个角度看问题，反弹琵琶就能挖掘新意，独辟蹊径，不落俗套，给人耳目一新之感。所以逆向思维也是提炼深化新闻主题的常用方法。如有媒体曾以“开卷未必有益”、“熟不一定生巧”、“弄斧应到班门”等做新闻或言论标题就是采取逆向思维法提炼出来的。

二、把握新闻体裁特点时的注意事项

新闻体裁，一般指新闻媒体所传播的新闻作品的各类载体形式，是新闻内容与表现形式相统一的报道样式的通称。新闻体裁又被俗称为新闻写作中的“十八般武艺”。新闻体裁作为新闻内容的表达方式，也是新闻内容最常用的分类方式，它往往依据新闻内容的基本性质对新闻进行分类，新闻体裁大体分三类：

第一类：新闻报道，有消息、通讯、新闻特写、新闻公报、调查报告、专访等；

第二类：新闻述评，有社论、述评、编辑部文章、评论员文章、思想评论、理论文章等；

第三类：副刊体裁，有散文、杂文、小品、诗歌、小说、剧本、报告文学、回忆录、曲艺等。

在写稿时把握住体裁的特点，以适应报纸、电台、电视台的宣传需要，应注意以下三点：

1. 要做到“量体裁衣”

写什么样的新闻采用什么样的体裁，内容决定形式。动笔之前，应当分析自己掌握的题材内容如何，却确定选用哪种体裁合适。如果报道的内容只能写一条消息，却硬写一篇长通讯。因材料不典型，写出的稿子只好堆积事例，添些空话、废话。其原因除了盲目追求通讯之外，主要是没有做到“量体裁衣”。许多有经验的通讯员的写作实践证明，一篇稿件要得当地运用体裁，只有“量”（即确定报道主题和选择题材）得准，才能“裁”（即选用体裁）得巧。这就要求在选择新闻体裁时，先在“量”上下工夫，再在“裁”上显本领。

2. 要“抓住时机”

在采写各类新闻及运用体裁的时候，要抓住报纸、电台、电视台根据党中央一个时期宣传重点所提出的报道中心，就是所谓的抓住宣传时机。采写稿子时，既要“量体裁衣”，又要抓住宣传时机，否则难以得到最佳的宣传效果。

3. 要有针对性

做到有针对性。一个报道题材要不要写成新闻，该写成什么样的新闻，既要考虑到报道的具体内容及其新闻价值，又要考虑到报纸、电台、电视台的不同需要以及应当宣传的范围。这样写出的稿子，才能避免盲目性，做到有针对性、提高用稿率。

三、怎样写好新闻导语

新闻导语，是以简要的文句，突出最重要、最新鲜或最富有个性特点的事实，提示新闻要旨，吸引读者或听众阅读和倾听全文的开头部分。一般来说，以凝练的文句提示新闻要旨，吸引受众的第一段或第一句话就是导语。

美国新闻学者海敦说过，导语是能否吸引人往下看下去的关键。国内新闻学者陈礼章说，导语就是新闻的中心内容或者说是新闻的核心点。还有的专家学者把导语比作消息的“开路先锋”，是消息的眼睛，是新闻的灵魂。不论是西方的新闻学还是中国的新闻学，都认为新闻导语是全篇消息最重要的部分。它的实质，就是把一篇稿子的中心内容放在开头说出，达到既表述出最精华的事实，又能达到吸引读者、听众看、听下去的目的。

常用的导语有四种：

1. 叙述式

用叙述的方法，开门见山地写出最重要、最新鲜、最生动的事实作导语。这是最常用的一种写法。

2. 提问式

先提出问题，引人思考，然后再写出主要事实。多用于抓问题、谈经验的新闻。

3. 描述式

对新闻事实所处的特征的空间、时间以及某个细节加以简要描述，形成一个“活镜头”，再引出主要事实。多用于特写式新闻。

4. 引语式

引用文件、报告或人物谈话的部分内容，把最重要的意思加以突出。多用于谈话报道或某些公报式新闻。

在四种写法中，叙述式较易掌握，因此用得最多。广播用得最多的是描述式和提问式，这两种导语形象生动、引人警觉，听后印象深刻。

一些有经验的通讯员，会在导语写作中适当运用修辞手法，设问可以调动读者的阅读兴趣；叙述无生命的事物时，用拟人的手法则使导语具有感情色彩；运用对比则造成巨大的反差，形成“阅读势能”，有助于突出重点；排比在文学上具有增强气势的作用，在导语写作中也不例外，排比使导语具有节奏感。

在写导语时要注意以下几点：

1. 要有新闻事实

新闻事实是构成新闻的根本要素，导语的事实要新鲜而又富有意义。

2. 要抓住事件的核心，突出新闻本身所具有的特点

导语有确定全篇报道的主题、确定写作范围的作用，应在导语中首先交代所要报道的新闻事实或有价值的东西，以引起听众的关注。如：毛主席的《人民解放军百万大军横渡长江》的导语：“人民解放军百万大军，从1000余华里的战线上，冲破敌阵，横渡长江。西起九江（不含），东至江阴，均是人民解放军的渡江区域。”这个导语寥寥数语，就交代清楚时间、地点、事件及作者本人的万丈豪情，概括不模糊，简略而饱含深意。

3. 要简明扼要

在语言的运用上应尽量做到通俗易懂，规范使用口语。写导语最为重要的一点，导语要写得短些，再短些。能用20个字表达清楚，就决不要用21个字。能用一段表述，就绝不用两段。力求全面准确地把握新闻事实中的“黄金点”，将最有价值的东西立于篇首。注意尽量多用短语，多用简单的句式，多用主动的语态，少用或不用长句、复合句、被动语态和书面语言。有这样一条来自美联社的导语：“如果石油是液体，美国政府就应该知道每一滴是从哪儿流出来的。”这篇报道发表于美国石油危机期间，当时有车族要在销售汽油的地方排起长队购买。联邦政府花费大笔大笔的钱去跟踪和打击石油黑市的买卖，但在石油勘探方面的投入却少得可怜。

4. 吸引和诱导受众听看新闻的其余部分

导语是新闻的开头，是一篇报道的重要组成部分，它是提炼主题以吸引受众听完全文的头一句话或第一段话。必须把导语构思得对所要表达的稿件主题具有强烈的冲击力，才能吸引听众的注意力。例如：本报讯：人们大都因为将遗失物及时送归原主赢得赞誉，但一名出租车司机却因没有这样做而受到表彰。今天，他荣获了三等功证书和奖金。(《北京晚报》1987年12月17日）这条导语，有兴趣促使大家要把原由弄清。看完后，“包袱”自然解开，原来是出租车司机霍燕军拾得装有巨款的手提箱后，没有及时寻找失主，而是送到公安机关，结果帮助警方破获了一起重大受贿案。这种戏剧性的悬念在导语中运用得好，可以起到“先悬夺人”的效果，对抓住和强化新闻本身的价值会有很大帮助。

好的导语看上去简单得令人难以置信，因为它们自然流畅，绝不生硬做作。好的导语有一种很强的韵律感、结构感和步调感。它不强加给读者，而是以离奇、戏剧性和幽默感抓住大家，使人作出关键性的决定：要不要读下去？其实导语的写作并不是一成不变的，随着时代的进步，一些教科书式的规定不一定适合现在网络与电视媒体的导语，因此，要想写出吸引人的导语，不但需要提炼的功夫和能力，需要长期积累，还要有敏锐的挑选和捕捉新闻的能力，只有这样才能写出好导语以至好的新闻报道。

四、新闻结尾的写作方法

在新闻写作中，特别是在倒金字塔结构中，导语是最重要的部分。新闻界公认“导语是通讯员展示杰作的橱窗，读者和编辑以及新闻学教师都会自然地设想，如果通讯员未能在导语中表现出水平，那么他就是没有水平”。所以导语写作理所当然最受重视，耗费的心血也最多。但是，新闻结尾对于受众接受心理的影响并不亚于导语。

结尾被称为永恒的印象。对于许多写作者来说，结尾同报道的开头一样重要，遗憾的是，有的读者不会读到结尾，但是如果他们读了，就应该用一个值得怀念的结尾来回报他们。下面来介绍几种新闻的结尾方法：

1. 循环式结尾

当你以一种绕圈子的方式返回导语以求获取一个想法用来结尾时，你就已经在使用循环结尾方法了。下面这个例子出自一篇报道，该报道讲述了一些家庭如何同A氏病作抗争的故事，在这个例子里，导语这样写道：

这个曾经作为贝蒂·珍妮而存在的人每天一点一点无情地消亡。被称作A氏病的特殊疾病已经使这个58岁的妇女衰弱成一个双肩耷拉、手脚扭曲的人，喋喋不休地唠叨着毫无实际意义的内容。

报道接着用更多的篇幅特别描述了她的家庭怎样努力同这种疾病作抗争的事迹。

结尾重复了导语中的短语——却以出乎意料的转折结尾：

急促反复的声音响亮、持续不断并且不易忘记，他姐姐的声音充满了整个屋子。

“哦，”汉切特挥舞着手说，“我如今再也没有听到过这种声音了。”

2. 用引语结尾

特定报道和硬新闻最普遍的结尾样式是引语结尾。寻找一条能够总结报道基调或主要观点的引语，当你用一句引语作为结尾时，把消息来源放在引语之前，如果用两句引语作为结尾，消息来源就放在第一句引语后面，不要让“他说”成为读者记住的最后一句话。

“他把就业面试当做一项职业，赚了很多钱。”豪斯警官说。

罗思克先生这星期初被逮捕，当时他如约出席了他的最后一场面试——面试者是豪斯警官。“我们让他填写了一张旅行费用的收据，”这位警官说，“然后我们告诉他已经为他找好了目的地，那就是县监狱。”

3. 用未来行动结尾

许多报道以一个事件的下一步发展情况来结尾。但是只有在报道本身具备未来元素时这种技巧才有效。如果下一步对于报道至关重要，它在报道主体中的位置应该更靠前，但是如果它以自然结论的方式起作用的话，它就可以成为结尾。它可以采用陈述的形式，也可以采用引语的形式。

截至周五下午，赫林湾沿岸大约两英里长的海岸被彻底搜索了一遍。仍然还有几千英里的海岸尚未被搜索。

4. 用高潮结尾

这种类型的结尾出现在类似小说写作手法的报道中，读者把悬念一直带到结尾。这种结尾更适合叙述式的特写报道或者那种在一开始就抓住读者并驱使读者找出真相的短新闻，它能被用在采用金字塔结构的报道中。这有个例子：

最终，在两个半小时的听证会之后，柯伦（法官）判处格拉博斯基为期30个月的监禁，随后再是三年的假释。

在向格拉博斯基父母点头示意的同时，柯伦对格拉博斯基说：“我相信他们今天坐在这里心情是沉痛的。”

5. 用悬念结尾

悬念不但用于中间部分，而且更普遍地用于结尾，尤其经常用在连载的系列报道中。这一技巧也能用在分节式报道中，每小节的结尾都设置一个悬念，这样就能引导读者继续阅读下去了，它的概念就是：“下一步将会发生什么？”这个例子节选自一篇系列报道，该系列报道是关于联邦调查局警官罗伯特·帕克特已经使哥伦比亚人相信他是一个华尔街的金融商，他能为他们洗黑钱，但是毒贩们会最终相信他吗？这个片断以一个充满悬念的事件结尾。

帕克特9月4日那天留在办公室里，他在怀疑哥伦比亚人是否会意识到他已将他们欺骗到了危险境地。他的假身份会泄露吗？

6. 用事实结尾

这些事实是强有力的事实陈述，它们有时可取代导语，它们是总结了报道基调、口吻或总体特征的陈述。它们比引语结尾更难写，但是如果处理得好，它们会给读者强有力的震撼，它们才是真正的结尾。

力求一个非常短而且简单的陈述一个事实的句子，不过要选择一个意味深长的事实，这个事实将留给读者持续的印象。

下面的例子描写的是一个住在斯波坎市一家破败旅馆里的男子，这个结尾是一个简短的陈述，重复了导语中的特殊重要点。

他担忧的是他的糖尿病，他被自己的大便出血和牙床溃烂吓坏了，他不知道他的住所后山上由白人员工组成的医院是否会治疗一个可怜的没有牙齿的黑人。

7. 燃气用完式结尾

你可能总是在你没话可说时结尾，这个方法适合于硬新闻报道，尤其是使用概括式导语和按重要程度降序排列支持要点的报道，结尾可以是一句引语、未来行动或报道中的其他事实。下面这篇报道采用事实性燃气用完式结尾：

这是有史以来的第一次，一名捕虾的渔民因没有在他的船上使用联邦政府所要求的海龟保护装置而被关进监狱，国家海洋捕捞局声称。

政府估计美国领海内每年有超过1.1万只海龟误入捕虾网而被杀。

另外，黑龙江电视台的短消息《林蛙不归路》也是采用这样的结尾方式：

回家冬眠不成的林蛙最终出现在农贸市场和人们的餐桌上。目前，伊春林区林蛙密度已由过去的每平方公里1万只下降到不足1000只。今年伊春林区发生了大面积森林病虫害。

一篇好的报道在形式上应当是具有对称美的。如果说新闻的导语是“凤头”，那么结尾就必须是“豹尾”。通讯员既要在导语上呕心沥血，也要在结尾上殚精竭虑。无论如何，新闻不能狗尾续貂，要避免使人在结尾时失望。写好新闻结尾，不仅可以使新闻在形式上更为完美，而且可以画龙点睛，使新闻的主题得到进一步的深化和升华，引起读者回味与思索。

五、通讯员写作新闻时需要注意的问题

通讯员写作新闻时除了注意到新闻事实新鲜、角度新颖之外，行文时还要注意做到形象生动，让读者如闻其声、如睹其物、如临其境。具体写作时要注意以下几点：

1. 抓好细节

下面这则消息，尽管作者没有展开描绘，但是这个三岁小娃娃边吃早餐边看通知，以及最后声明“我不去”时的神态表情，还是跃然纸上，令读者忍俊不禁。就是这两个小小的细节，把整个消息带活了。

写作范例

三岁娃娃将被征入伍

合众国际社纽约电 谁也搞不清楚这是怎么一回事——本星期五，居住在纽约市约克城高地的三岁女孩皮丽·夏普洛收到了应征入伍通知书。

昨天，她像平常那样吃早餐，她吃边看一张华盛顿征兵处寄来的通知单。根据这张通知单，她得在“从十八岁生日那天起30日内报道入伍”。

尽管小皮丽仍有许多年时间考虑这件事，但她已明确表示："我不去！"

2. 写出人情

世界上的事情，大多都跟人有关。大多数新闻实质上都是对人的行为的报道，可是不少新闻在报道人的行为时，偏偏见事不见人，人似乎仅仅是完成事件的道具，这是一种偏颇。要想写好事，先要写好人。而要想写好人，就必须写出他的人格、性情。下面是1984年5月14日《参考消息》刊登的一条消息：

写作范例

撒切尔夫人为女儿刷房

英国首相撒切尔夫人5月5日（周末）下午，花了6个小时的时间，为当记者的30岁的女儿粉刷新房。撒切尔夫人今年58岁，她政务繁忙，但每天早晨都早起为丈夫准备早餐，然后去首相官邸处理公务。5月5日她为女儿刷房劳动了6个小时，被报社记者发现，拍了一组照片，刊登在第二天的报纸上。

一个在世界政坛上叱咤风云的人物，竟这样有人性重亲情，跟一般的妻子和母亲并无二致。很多读者都会为她这普通人的一面而感动。

3. 扣人心弦

如果能让读者看不完不愿撒手，不管怎么说都是一种成功。这首先来自事实本身的魅力，其次还要看作者组织材料和表达的功力。

要想扣人心弦、引人入胜，仅靠事实本身的魅力还是不够的，还要讲究笔法。下面这则报道的事实就很有魅力，但在笔法上稍有欠缺。

写作范例

澳际历险记

悉尼警方最近披露了一则令人惊异的消息：一位从未摸过飞机操纵杆的乘客竟能在飞机驾驶员因病昏厥的情况下，驾驶飞机飞行了20多分钟，机上全体人员均安然无恙。听到这则消息的记者们莫不称奇叫绝，并为之庆幸。

3月30日，晴空万里，澳大利亚的一位20多岁的飞机驾驶员精神抖擞地驾驶一架双引擎小型飞机从墨尔本飞往新南威尔士。飞机一直平稳地向前飞行着，乘客们也悠闲地看着电影。飞行了30多分钟后，驾驶员突然满头冷汗，因头部剧痛而晕倒。

除驾驶员外，飞机上还有三男一女共四位乘客，但他们谁也没有驾驶过飞机。得知驾驶员昏厥后，乘客们不觉心头一震。在这千钧一发之际，乘客中一位戴眼镜的男士挺身而出，立即机智沉着地充当起“飞机驾驶员”来了，正巧另一位男士熟悉电讯业，他立刻发出了国际无线电求救信号，而其余的两位乘客，则全力以赴地抢救那位年轻的飞机驾驶员。这几位乘客在这险象丛生的危急关头，显得秩序井然沉着冷静，这就是他们后来奇迹般脱险的关键。

墨尔本机场飞航管制员收到飞机发出的呼救信号后，当即通过电台发出了“如何使飞机保持平稳和正确的航向”的重要指示。同时他向上司报告了这架飞机的险情。机场当局马上举行紧急会议并当机立断派出一架直升机和一架飞机跟随那架正在历险的飞机以便及时给予引导和指示。“新驾驶员”得到及时的指导，感到激动万分，心里也充实多了，于是便聚精会神地继续驾驶着飞机……

大约过了20多分钟后，那位得急病的飞机驾驶员奇迹般地清醒了，他立即接替“新驾驶员”，重新掌握起飞机的操纵杆，机上的全体乘客们禁不住大声欢呼起来。又飞行了10多分钟后，这架历险的飞机便安全平稳地降落在丹尼利昆机场上。

这真是绝路逢生，可谓奇迹。

这篇报道能以题材的新颖奇特抓住读者，但作者在处理时也暴露了一些不足之处。评价性的语言过于直白浅显且出现得不是地方。更值得商榷的是报道的开头。这篇稿子本可以给读者一些悬念，但由于开头有一个类似消息导语式的简介，读者先知道了结局，悬念自然没有了。其实这更像一篇特写，至少不是一篇消息，写那么一个导语完全没有必要。可见，要想扣人心弦、引人入胜，仅靠事实本身的魅力还是不够的，还要讲究笔法。

4. 幽默风趣

生活中人们都不愿接近那些总是板着面孔的人。对新闻来说也是这样，如果一家报纸总是进行严肃的说教，没有一点幽默感，恐怕读者会对它敬而远之。我们写新闻的时候，不能不考虑到这一点。

第三节 新闻背景材料和新闻语言

一、新闻背景的含义及种类

1. 新闻背景的含义

新闻背景是指新闻事实发生发展的历史条件和环境条件。历史条件指事实自身的历史状况，环境条件指事实与周围事物的联系。

介绍背景，不但能对新闻事实起到说明、补充、衬托作用，又称为“新闻背后的新闻”，而且有助于讲清新闻发生发展的来龙去脉，加深对新闻的认识和理解，深化新闻的主题，并有丰富内容、增加知识性和趣味性的作用。

2. 新闻背景的种类

（1）从材料的性质内容角度分，背景材料可分为政治背景材料、经济背景材料、文化背景材料、地理背景材料等；也可以分为人物背景材料、事物背景材料，等等。

（2）从新闻背景与新闻事实的时间和空间距离分，背景材料可分为纵剖面背景材料与横断面背景材料。纵剖面背景材料，也就是历史性背景材料；横断面背景材料，就是现实背景材料。

二、背景在新闻中的作用

任何新闻事实的产生，都脱离不了特定的环境和历史条件，都有其产生的原因。因此，新闻报道要正确反映新闻事实，常常就需要介绍与新闻事实有关的背景。

一篇新闻恰如其分地运用新闻背景材料，可以衬托、深化主题，提示内容的性质和意义。

背景在新闻中的作用，归纳起来主要表现在以下几个方面：

1. 提高报道的新闻价值，深化报道的意义

我们在日常新闻写作中，往往会碰到这种情况：如果孤立地看一个新闻事实，并不会发现它的价值所在。但是，如果将新闻事实放在一定的背景中去写，就会体现出它的重大新闻价值。

2. 烘托帮衬，阐明新闻事实之间的有机联系

利用新闻背景材料，可以起到新旧事实和不同地区之间同类事实的烘托帮衬、相互比较，阐明新闻事实之间的有机联系，进而增加新闻的深度和广度。

然而，并不是所有的受众都能自觉地分析与整合各类新闻事物，尤其很难把那些在时间与空间上相隔较远的事物联系起来。这就需要通讯员有宏观的新闻意识，善于从前后左右的资料中找出有意义的新闻背景，以此烘托帮衬、相互比较，帮助受众清晰地看到事物背后的有机联系。新闻背景这方面的作用在有重大事件发生时表现得尤为突出。

3. 帮助通讯员表达观点和看法

通讯员采写的每一个新闻事实，总是有自己的立场和看法。因此，一些有经验的通讯员往往通过对背景材料的选择、组合、强调、分析、解释等方式，将观点隐藏在背景之中，让受众自己去判断。这不仅可以使受众由被动参与转向主动参与，而且可以表达通讯员自己的倾向和判断，让受众形成相似的认知，引起共鸣。

4. 传播知识，增添新闻的情趣和美感

随着社会的发展和人们文化水平的提高，人们的求知欲望也越发强烈，如果新闻中能给受众以更多的知识，可以增强报道的吸引力，激发受众兴趣。另外，在新闻报道中恰当选择诗文、引语、典故等背景材料，不但可以传播知识，增加可听性，还可以起到增添报道情趣和美感的作用。

三、新闻材料的含义及其分类

1. 新闻材料的含义

新闻材料，是新闻报道中新闻工作者通过各种途径搜集的用以认识和表述新闻事实的各种情况的记载的总称。新闻工作者通过材料认识事实真相，也通过材料表述事实真相。新闻材料，不仅指用于具体报道中的材料，同时也是指新闻工作者在写作前积累和搜集的材料。

2. 新闻材料的分类

（1）从材料性质分，可分为以下几种：

①新闻事实材料。新闻报道的对象是新闻事实，事实在作品中是由材料构成的。因此，新闻事实材料是新闻报道中的主体材料。

②背景事实材料。为解释和衬托新闻事实，报道中常要引用一些与新闻事实有关的历史事实或与现实生活中相关的事实，这一类材料就是背景事实材料。

③言论性材料。为了说明新闻的意义、本质，有时新闻报道中也需要引述人物的言论，这类材料叫作言论性材料。

（2）从获取材料的方式分，新闻材料可分为间接材料和直接材料：

①间接材料是新闻报道中运用最多的材料，就是别人提供的材料，新闻工作者的报道实际上是转述别人提供的材料。从新闻事实到新闻工作者，中间经过一次转述者，叫第二手材料；经过两次转述者，叫第三手材料，以此类推。需要注意的是，转述的次数越多，失真的可能性就越大。因此，新闻工作者在运用间接材料时，要认真分析。

②直接材料正是新闻工作者从新闻现场亲耳所闻、亲眼所见、亲身所感得来的，比起间接材料要真切得多，给广大群众的感觉也可信得多。

直接材料在报道中常常成为最重要、最生动的材料。直接材料的优点是真实可信，生动形象，而且对间接材料还有订正作用。

四、如何选择新闻材料

根据新闻写作的规律和新闻工作者的经验。归纳出以下几条：

1. 围绕主题选择材料

新闻报道都有其特定的报道意图，也就是“主题”，为了实现报道意图，主要靠选择能够表现主题的材料。凡和主题有关并能有力地说明、烘托、突出主题的材料，要取之；而和主题无关，不能说明、烘托、突出主题的材料，要弃之。

2. 选择真实准确的材料

真实是新闻的生命，而新闻的真实，要靠材料的真实。所以新闻选择要严把真实关，要鉴别材料的真实性，选择真实准确的材料。

3. 选择典型的材料

由于新闻写作的基本方法是“用事实说话”，依靠的是事实的力量；也由于新闻写作受版面篇幅的限制，不能“包罗万象”，事实必须能少胜多。因此要求新闻写作必须选择典型材料。

4. 选择有较大新闻价值的材料

新闻写作的构思离不开新闻价值规律，写作中要设法突出那些新闻价值较大的内容，这就需要首先在选择材料时注意选择那些新闻价值较大的材料。

5. 选择新颖生动的材料

材料新颖、生动才能表现出新鲜活泼的内容，才能吸引人、打动人。新颖的材料指独特的、与众不同的，而不是似曾相识的材料。生动的材料指形象的、感性的、戏剧性的、有色彩的材料。受众读了之后，可引发联想，调动情绪。

6. 选择符合新闻政策的材料

新闻选择受新闻价值和新闻政策两个标准的限制。新闻材料的选择，也要受这两个标准的限制。凡是与新闻政策相抵触的材料，一般不允许见诸媒体。

7．选择材料注意不重复

在同一篇新闻作品中，使用的事例应有差别、各有角度、各有意义。说明同一问题、同一侧面的事实，列举一个即可，不必连续用几个意义相同的事例来强调。

五、运用背景材料应注意的问题

1．交待背景要紧扣主题

新闻报道中的背景材料，应该是与新闻事实直接有联系的，不能离开新闻事实。新闻背景的表达要为新闻事实服务，要突出新闻主题。因而在运用新闻背景材料时，切不可游离主题。那些与新闻主题和主要事实没有关系或关系不大的背景材料，即使再精彩、再生动、再有趣，我们也应当毫不犹豫地舍弃。

2．简明扼要，不可喧宾夺主

新闻背景材料放在何处没有定规，是否自成一段也没有固定要求，它多穿插在主体之中。新闻背景是新闻的从属部分，一定要言简意赅，抓住最能说明问题的实质性事实，不能把与主题无关的材料写进去，以致节外生枝，喧宾夺主。它的有无和多少，应当因稿件而定。一般简讯或连续报道可以不用或少用。

3．客观真实原则

文中运用的背景，务必要同新闻事实有本质的、内在的联系，或互相映衬，或互相对照，或互相依存，或互相制约，而且在表达时要自然、严密，有机结合，切不可生搬硬拉，牵强附会。使用新闻背景常见的问题是牵强附会。如为了突出先进人物，就贬低周围的群众；为了突出现在，就把过去说得一团糟，这就违背了新闻客观真实的原则。

4．区别对待，不可无的放矢

新闻界常讲这样一句话，不要以为自己明白的别人就明白，也不要以为自己不明白的别人也不明白。不同的媒体拥有不同的受众群，他们对事物的接受能力、关心程度、了解程度也各不相同，新闻背景的交代也应有的放矢，区别对待，对不理解的内容，我们就要利用背景加以说明或解释，尽量让人明白。

六、新闻语言的含义及其特色

1. 新闻语言的含义

新闻语言是通过新闻媒体向受众传播（报道）最新发生的具有新闻价值的信息时所用的语言。它具有客观、确切、简练、朴实、通俗等特点，是适合新闻报道要求、体现新闻特性的语言。

2. 新闻语言的特色

新闻语言，有着表述事实、传播信息的品质和风格，并由此形成自己的语言特色。新闻语言的特色可以概括为：客观、确切、简练、朴实和通俗。

（1）客观。新闻所报道的事实是客观存在的，用来陈述、表达事实的新闻语言，它的特色之一就是选词造句的客观性。诚然，一个新闻工作者，对客观的事实总有爱憎褒贬之别，在语言的运用上难免增加了主观的感情色彩，但为了使新闻受众把握事实的本位信息，仍然不能不受词语客观主义的制约，消息报道更是如此。

新闻语言的客观性，并不排斥新闻倾向性，恰恰相反，客观的语言正是为新闻传播的主观意图服务的。毋庸讳言，新闻传播媒介代表一定的阶级或社会集团的立场和利益，它所传播的新闻往往带有某种倾向性，而表现倾向性的基础是客观事实，只有客观地再现事实的本来面目，才能适应受众心理，进而收到预期的传播效应。因此，新闻语言的主旨功能在于表达客观事实，而主观认识和感情的强烈外露，势必干扰读者（听众、观众）对事实原貌的了解和把握。

（2）准确。这里所说的准确性，包括以下含义：在时间、空间、形态、色彩等方面，语言的能指与客观事物之间高度吻合；对事物属性、特征也就是“质”的判断尽可能没有偏差；对事物的数量、程度也就是“量”的把握精确无误；排除主观臆断和以偏概全；慎用可能产生歧义的词语。

（3）简练。新闻以精练为贵，以烦冗为病。新闻语言应当简洁、洗练，干净利落，切忌拖泥带水。正如鲁迅所说："简洁的文字，有着穿透读者心胸的力量。"

行文简练是我国纪实文体的传统。唐代著名历史学家刘知几，曾经从历史记载的角度，提出叙事"尚简"的主张，要求做到"文约而事丰"，用简练的文字写出众多的史事。所谓"文约而事丰"，这也是对新闻写作的要求。报纸上的消息一般篇幅较小，字数较少，而又要给读者以较大的信息量，语言上没有别的诀窍，只能靠"简练"二字。通讯、特写、解释性报道等新闻体裁，即使是篇幅较大，字数较多，语言也要尽量简练，不能因为字数而掺杂水分，信口开河。

（4）朴实。质朴无华、具体实在，这是新闻语言的又一特色。

李白有一句诗："清水出芙蓉，天然去雕饰。"这倒与新闻语言要求朴实相一致。新闻的语言讲究朴素，就要"有真意，去粉饰，勿卖弄"，不必追求华丽辞藻，尽可能少用形容词、附加语，不搞那种华而不实的花架子。新闻写作使用朴素的语言，自然而无造作，可靠而不虚浮，也就更能吸引和取信于受众。

新闻语言还以具体可感见长。客观存在的事实总是具体的，报道事实的新闻，它的语言就不能抽象，不能概念化，包括时间、地点、人物、事件等，都必须表述具体，言之有物，实实在在，让人觉得看得见、摸得着。

（5）通俗。通俗，就是深入浅出，浅显明白，大家容易懂，具有社会通用性。作为大众传播媒介的新闻载体，面对千百万读者、观众、听众，唯有以通俗的语言传播信息，才能为大众所接受，并产生应有的传播效果。所以说，语言的通俗性也是新闻语言的一个特色。

七、新闻语言六忌

一忌空洞。在极"左"路线横行的时期，报纸、广播上空话、假话连篇累牍，人们在学习、讨论甚至在生活中，也大量使用一些言之无物的公式化的套语。这是四人帮推行的专制文化对语言实行暴力侵犯的结果，最终使丰富多彩的中国文化几成沙漠，语言也在长期的囚禁中干枯，变成一堆空洞干瘪的概念。时至今日，我们的新闻语言的程式化问题有的还很严重。

二忌混乱。说话和写文章都要注意语法、逻辑、修辞。这里所说的混乱，主要是指违背逻辑。逻辑混乱的文章，读者很难看得明白。

三忌语病。或许是由于新闻写作讲究“出手成章”，在语言的推敲上无暇过细的原因，目前在有的报刊广播中出现的病句实在太多，应该引起我们的注意。

四忌含糊。语言含糊笼统，让人不得要领，这也是新闻语言的大忌。

五忌堆砌。如“胜利凯旋归来”，其中“凯”就是胜利，“旋”就是归来，等于把相同的意思说了两遍。这样的废话说多了，篇幅大了，信息却没有增加。

六忌矫饰。不要说在新闻中，就是在文学那种强调语言的“陌生化”、“反常化”的语境中，这也是雕琢过甚的败笔。别说新闻事实杳无踪迹，就连抽象的概念也被撕扯成一堆玄虚难辨的文字碎片，让人感到“不识庐山真面目”。

第五章

消息的写作

第一节 消息写作基本知识

一、消息的含义及特点

1. 消息的含义

消息通常被人们称为新闻，是迅速简要地报道新近发生的事实的新闻体裁，是新闻文体的主要形式之一，是传播媒体向社会输出新鲜信息的载体，也是公众获取新闻的主要来源。

消息是报纸、广播、电视中最广泛、最经常使用的新闻体裁，它是报纸的主角，是新闻报道数量最大、最常见的新闻形式。据统计，美联社、合众社每天发稿300多万字，其中，2/3是消息。

2. 消息的特点

（1）内容真实，事实准确。真实是消息的生命，是力量的所在。事实是它的本源，也是它令人信服的基础。真实，就是事实真实，所写的人物、时间、地点、事情发生发展的经过不能虚构。准确，就是每个事实，包括细节在内都准确无误。如果一条消息失真或有差误，不仅会减低其新闻价值，失信于民，而且还会损害党和人民的事业。

（2）内容新鲜，有价值。新闻贵在新，而且有认识意义、启迪和指导意义。消息只有新，才能引起读者的注意，先睹为快。新，不仅要把新人物、新事件、新经验报道给读者，而且要选择有意义、有价值，给人以启迪，有指导性的事物。那种一味追求猎奇的“狗咬人不是新闻，人咬狗才是新闻”的观点，是我们所不取的。

（3）迅速及时，有时效性。迅速是消息的价值，消息报道速度迟缓便会降低消息的价值，“新闻”变成了“旧闻”。时效，就是速度要快，内容要新。对新人、新事、新情况、新问题，要敏锐地发现，尽快地了解，迅速及时地反映。

（4）简明扼要，篇幅短小。简短是消息区别于其他文体的主要标志。所谓简短，就是“三言两语，记清事实，寥寥数笔，显出精神，概括而不流于抽象，简短而不陷于疏漏”，用笔要简洁利落，内容集中精练。

二、消息的分类

（1）按事实性质分为：事件性新闻和非事件性新闻。

（2）按报道内容非为：经济新闻、社会新闻、人物新闻和政治新闻。

（3）按写作特点分为：特写式消息、目击新闻、解释性报道和背景报道。

（4）按篇幅长短分为：简讯、一句话新闻和标题新闻。

（5）其他样式的分类：有公报式消息和答记者问。

（6）西方新闻界对消息的分类：硬新闻、软新闻和纯新闻。

（7）按不同的写作形式、写作特点，把消息分为四大类：动态消息、经验消息、综合消息和述评消息。

三、消息的写作格式

消息结构的主要成分是：标题——导语——主体——结语。消息的结构有以下三种基本类型。

第一种是倒金字塔式，即最重要、最新鲜的事实放在最前面，其他内容按事实重要与新鲜程度的大小依次排列。

第二种是并列式，即平行排列事实。

第三种是金字塔式，即开始设置悬念，将最重要的事实放在后面。

1. 标题

标题是消息的眼睛，拟写得好，可以吸引读者；拟写得差，一篇好消息也会被埋没。可见标题有着向读者推荐的作用。如：《两位市长直接关怀大港

"油郎"喜结良缘》（新华社1990年1月6日电讯稿）、《地球三分钟净增五百人》（新华社1996年7月13日电讯稿）、《杭城新事见新风拎书拜年书压岁》（1991年2月19日《解放日报》）。

消息的标题必须简明、准确地概括消息内容，帮助读者理解报道的事实。消息标题的写作特点可以归纳为下面三点：

（1）多行标题，容量很大。消息除了正题以外，还有引题和副题。

①引题又被称为眉题或肩题，其位置在正题之上，字号比正题小。作用在于交代形势、说明背景，或揭示事件的意义，或烘托气氛，以引出正题。

②正题又可称为主题或母题，它是一则消息里最主要的事实和含义的概括与提要。正题是标题的主体，字号最大、最醒目。一条消息可以没有引题和副题，但一定要有正题。

③副题又称为子题或辅题，其位置在正题之下，字号也比正题小。其作用在于补充正题的事实，或说明正题的来源和依据，或挑明意义，展示效果，往往起提要的作用。

（2）虚实相间，互为补充。在新闻标题作用上，概括事实、揭示主要内容、说明结果，即昭示"谁"、"怎么样"的标题称为实题；交代背景、说明形势、烘托气氛和表明作者倾向的标题称为虚题。制作多行标题，一定要使其互相配合、互相补充，做到各行题目之间虚实搭配、相得益彰。

（3）准确简洁、新鲜醒目。标题的写作必须精练贴切，不能啰唆，要引起读者注意，要生动活泼，具有感染力。

2. 导语

导语是指一篇消息的第一自然段或第一句话。它是用简明生动的文字，写出消息中最主要、最新鲜的事实，鲜明地提示消息的主题思想。

导语的要求，一是要抓住事情的核心，二是要能吸引读者看下去。要做到第一条，必须具备训练有素的分析能力；要做到第二条，则要有写作技巧。

导语的写作方法多种多样，变化灵活。常见的导语类型有下列八种。

（1）概述式。用凝练的语言，扼要叙述出消息中最主要的事实。

（2）摘要式。摘取主要事实，对消息内容进行高度概括，也是导语常用的方式。

（3）描写式。对事实发生的环境、时间或人物的态度作形象、扼要的描述。

（4）结论式。即先将从事实中得出的结论端出，然后再作进一步阐述。

（5）引语式。引用诗词、民谣、谚语、警句、格言或人物话语、各种条文等作为开头，然后引出事实。

（6）提问式。提出问题，引起读者的好奇或兴趣，促其将消息读下去。

（7）评论式。对导语中的事实明确表态，正确与否，表示鲜明的倾向。

（8）对比式导语。对比式导语通过现在与过去、此地与彼地的对比来显露消息的新闻价值。

3. 主体

主体是消息的主干部分。它紧接导语之后，对导语作具体全面的阐述，具体展开事实或进一步突出中心，从而写出导语所概括的内容，表现全篇消息的主题思想。应按“时间顺序”或“逻辑顺序”写作，但仍然要先写主要的，再写次要的。

消息的主题承担的任务，主要有以下两点：

一是进一步阐述导语中的事实，使新闻内容更加明确。

二是运用背景等材料补充导语，使消息的根据更确凿、内容更丰满。要注意，在主体中不要再重复导语。

主体大致有以下两种结构：

（1）以时间为顺序。以时间的顺序来安排材料，即开始怎样，如何发展，怎么结束。

（2）依据事物的联系。根据主次、因果等逻辑关系，或先重后轻、或有点有面、或并列安排结构层次。

4. 结语

消息的结语是消息的尾巴，标志一条消息的终结，常常是一两句话。如果事尽文止，就应自然收束。

四、消息的写作要求

（1）以记叙方法为主写，把事实的前因后果、来龙去脉照实写下来的方法。因为消息的任务是向人们报道最新事实。叙事的五要素：什么人、什么事、什么时间、什么地点、什么结果。

（2）导语居于消息之首，是消息的“窗口”。写好导语要求“立片言以居要”，用简明的一两句话扼要地交代消息的核心内容，先给读者一个总体的印象，吸引读者读罢全文。

（3）主体部分叙事要分清主次，井然有序。主体是消息的基础，要展开叙述消息的主要事实。叙事要突出中心，主次分明，这是写文章的常识。因为消息不宜写长，一般三五百字，所以在叙述事实时，尤其集中笔墨写好事实的重要部分，以防没有主题。

（4）争分夺秒，事发文成。消息本身就是一种迅速及时反映现实及其变化的新闻体裁，因此消息的写作无疑就要求雷厉风行，争分夺秒，力求做到事发成文。

第二节 消息写作问答

一、消息主体的作用

1. 为导语展开丰富的材料

导语总是简明扼要的，它虽然叙述了主要的新闻事实，但是十分简略，不会提供事件的全部过程，不会把涉及的方方面面都一一讲到，更不会提供翔实的数据和丰富的细节。

主体最明显的作用是为导语已经表达过的主干事件提供较为丰富的材料。

2. 解释证明导语中提出的观点

导语中提出的观点，要在主体中得到充分的证明。导语中可能引起疑问的地方，在主体中要有充分的解释。

3. 满足读者了解新闻详细内容的欲求

读者如果对某一新闻感兴趣，他就不会满足于导语所提供的那些简单介绍，作者有责任在主体中向读者提供详细的内容。

二、消息主体写作的要求

写作消息时应注意的要求主要有以下内容：

1. 与导语相辅相成

导语是主体的提要和浓缩，主体是导语的展开和深化，主体要按照导语的方向行文。

2. 主题集中明确

一篇消息，或直接、或间接，总要表达一定的思想、见解或态度，这就是消息的主题。消息的主题要写得集中、明确。集中就是消息要围绕一个主题来写，不管有多长的篇幅、多丰富的材料，都只能有一个中心，要围绕这个中心选择材料、使用材料；明确，就是说消息的主题即使不能一目了然，也应该让人在稍加思索之后就豁然顿悟。

3. 材料典型充分

典型的材料是那些有广泛代表性、强大说服力的材料，不但能表达某一种现象，还要揭示这一现象的本质。

4. 结构层次分明

消息虽然篇幅短小，主体部分也要有不同的层次，而且要做到层次分明。各层意思之间，或者并列关系，或者递进关系，要有很强的逻辑性。

5. 写法勇于创新

作为记叙文，写法本是无一定之规的。不过，消息由于篇幅短小，体式规范性强，在写作手法上就有许多承袭来的、模式化的东西，如概括叙述的表达方式、直接写实的表现手法等。要勇于创新，体现“大体须有，定体则无”的文法基本规律。

三、导语写作的基本要求

1. 导语必须有实质性内容，不能虚晃一枪、空泛无物

所谓实质性内容，即指新闻事实，或者事实中的要点，如某人讲话中特别值得关注的部分，等等。

既然导语的任务是开门见山地报告新闻事实、吸引读者，它就不能不按照这个要求来写，否则，读者从导语中一无所获，甚至感到莫名其妙，便会对整篇消息失去兴趣。

2. 将最具新闻价值、最有吸引力的事实写进导语

导语写作仅有明确、具体的事实还不够，通讯员必须将新闻事实中的精华挑选出来，写入导语。大体上有三类材料应在首选之列：

（1）最新鲜的材料。这类材料主要指：在时间上它们是刚刚发生、新近出现的，或者虽然不是新近发生的，却是迄今为止人们尚未知晓的。

对于刚刚发生的事件，视情况而定，导语可突出“何时”要素。广播电视新闻常用“本台刚刚收到的消息”来显示时效，报纸上的某些快讯，导语中注明的事件发生时间，甚至具体到几时几分几秒。

有些事件错过了最佳报道时机，只好寻找与该事件有关的新的变动，以此为由头，在导语中突出新意。

尤为重要的是，切记将最新的事实、信息置于导语，而不要让它淹没在一般性的事实之中。

（2）最重要、最具影响力的材料。构思导语之前，不妨先将有关材料分解成若干独立的部分，比较、掂量一下，看看哪部分材料最有资格充当导语。

（3）最有趣、最富有戏剧性和人情味的材料。导语的基本目的是吸引读者。能够吸引读者的第一要件是新闻事实和信息的重要性、影响性；其次便是能够引起读者兴趣的、新奇的、有故事性、有人情味的事实。在分检材料构思导语的过程中，如果发现这类材料，不妨将其推至导语中去写。

3. 炼字炼句，力求简短

导语不可太长。字数过多，一会淹没“亮点”，冲淡趣味性；二会导致沉重，令读者失去耐心。写作导语的关键是明确报道主旨，抓住事件要害。有时，导语只用一句话即可。

4. 力求优美生动

导语应给人以美感，这是导语吸引读者的又一手段，也是导语写作的更高追求。导语的美，来源于两个方面：一是开掘、反映出新闻事实内在的美，二是讲究文采，做到语言美。

四、消息该怎样结尾

结尾，特指能深化报道主旨的消息的最后一部分，但消息的最后一部分不一定都称得上是结尾。新闻要讲究写好导语，要把正文（展开部分）写得充实，如果能把结尾写得有力，耐人寻味，那么，更可以使稿件获得“锦上添花”的效果。

由于消息的内容不同，报道的角度各异，结尾的写法也多式多样。常见的形式有：

1. 评论式

在消息收结的地方对所报道的事实加以评论。具体表达时，既可以是直接发表议论，也可以是借别人之口进行评议，或者转述有关的评价。

2. 总结式

一些内容较为复杂的消息，可以在结尾处来一个概括性的总结，使全文的内容最终归纳在一个点上。

3. 启发式

在新闻事实已表达清楚的基础上，再引导人们进一步联系现实、认清责任的写法，就是启发式。

4. 展望式

在新闻事实表达完毕之后，对其发展方向和结果作出预测，通常都是描绘乐观的前景。

5. 引用式

在消息的结尾引用相关人物的话来做收束，也是消息常用的结尾方式之一。

6. 背景式

前面已对新闻背景做了全面介绍。如果新闻背景出现在消息的最后，就是背景式的结尾。

7. 数字式

在结尾的地方列举一些数字，有时能使新闻事实更丰富、清晰。

8. 补充式

在将要收结的时候，又对新闻事实做适当的补充。这些补充的内容，一般不是核心新闻事件，但必须跟核心新闻事件有紧密联系。

五、消息的选材技巧

写消息时，选取材料有以下三个技巧：

1. 努力掌握更多更好的材料

实践证明，不了解情况和问题，只翻简报、看看总结材料所写出的新闻报道，往往是堆积材料、罗列事实，或者是写进一些“体会到”、“认识到”、“坚决照办”一类的空话和废话，很难写得简短。这种情况下，即使硬要写成短新闻，往往也是干瘪、枯燥，没有新鲜味。只有大量地占有第一手材料，才能写出既短又好的新闻报道。

2. 善于对材料进行剪裁和取舍

有些新闻之所以写得长，是因为缺乏筛选和剪裁的功夫，不善于去糟粕留精华。

3. 选择典型事实

在选材时，要选典型材料，做到“以一当十”，这也是把新闻写得精练的重要一环。如果抓到什么事例就写上什么事例，缺乏典型性，既难于阐明报道主题，也难于写出精彩的新闻。材料典型，新闻才能精练。典型的材料并非信手拈来，而是从采访到的大量材料中筛选出来的。

六、消息需要细节描写吗

有人认为消息的字数很短，谈不上什么细节描写。其实，无论字数多少，细节写好了都能使一条消息“活”起来，可以提高新闻的质量。“细节是消息的血肉”，足以说明细节对于消息的重要性。要把消息写得生动活泼，这首先要解决两个认识问题。

一是认为消息的功能就是给读者传递新信息，只要把事情写出来就行了。

二是认为消息有无可读性是消息事实本身所决定的，与新闻采访和写作人员写稿没有多大关系。

其实不然。写消息不应满足于只把事情交代清楚。因为有的消息写得引人与否，其读者面是大不一样的。如果新闻采访与写作人员写稿的表现手法高明，不仅能吸引关心新闻事实的读者，还能吸引不关心新闻事实的读者，关键是运用细节写出必要的形象来。

七、消息描写的写作方法

一般情况下，消息是以叙述为主的，但也可适当用些描写，描写景、描写人、描绘声、描绘色，表现场景名胜或环境、气氛等。实际上，以描写为主的新闻，是相当少见的，比如关于某些风景区的报道特殊场面的特写。消息中的描写，可以增加新闻的现场感和形象感，给读者以视觉印象，从而使新闻报道鲜明、突出。因此，新闻中的描写必须是紧紧围绕新闻主题，为更好地表达主题服务的。在消息写作中，决不可为描写而描写，不可使描写脱离新闻人物和事件，不可以使描写脱离于新闻的主题。

1. 运用白描手法进行描写

所谓白描，就是不用比喻，很少修饰，用简练的笔墨抓住事物的主要特征进行描写的写作手法。其特点是文字朴实，不事雕琢，真切自然，清晰如画，主要靠事实、形象、人物的言行和内心活动来打动读者。鲁迅把白描手法归纳为“有真意，去粉饰，少做作，勿卖弄”。

2. 借鉴散文笔法进行描写

借鉴散文笔法写新闻，可以改变消息报道的死板形式。散文的写法主要特点是借事抒情，写作自由，不拘一格，寓意深刻，讲究文采，形象生动。运用散文这一写作手法，可以把消息写得生动活泼、清新明快，吸引读者。

3. 深入观察，抓住特点，防止笔下生花

由于消息的体裁和篇幅短小，内容也简明扼要，这就决定了消息中的描写要慎用。

八、写消息如何做到文字简练

老舍曾说过：“文字要写得简练。什么叫做简练呢？简练就是话说得少，而意思包含得多。举两句做例：‘小楼一夜听春雨，深巷明朝卖杏花’只不过14个字，可是包含多少情和景呀！”写新闻要做到这一步，就需要以简练的文字去表达丰富而深刻的报道内容，行文用字既不松散啰嗦，又不拖泥带水，只有写出这样的新闻，才能实现短些再短些的要求。怎样达到这一要求呢？

1. 写作时要字斟句酌

托尔斯泰曾说过：“语言艺术家的技巧就在于寻找唯一需要的词和唯一需要的位置。”要求写稿时要字斟句酌，也就是要找出“唯一需要的词”，找出“唯一需要的位置”，并且把这“唯一需要的词”安放在“唯一需要的位置”上，力求做到“锤字坚而难移”，达到语言简洁的目的。

2. 写出稿件还要精心修改

刘勰在《文心雕龙》里，也提到修改文章的问题：“句有可削，足见其疏；字不得减，乃知其密。”他是从文章的结构方面来讲的。从这些经验之谈里，可以看到新闻稿件的删削修改的重要性。强调新闻稿件要反复修改，是为了把思想表达得更准确，为了使稿子更能让广大读者看懂，为了更充分起到宣传教育的作用。

3. 新闻语言要简洁

特意提醒通讯员写新闻稿子尽可能用短句子，段落也要短。新闻语言要简洁，就是使用词语要紧凑、干净，避免用多余的话和拖泥带水的语句。

九、如何避免消息中议论的空泛

恰当的议论能够帮助读者进一步揭示新闻事实本身的逻辑力量；空泛的议论不仅揭示不出新闻事实本身的逻辑力量，还有画蛇添足之嫌，因为它不能把抽象的东西讲得具体而透彻。这样的议论就显得多余，这时候读者宁看事实而不愿听说教。所以，消息中的议论切莫空洞抽象、空泛含糊。那如何避免空泛呢?

1. 学会用事实发表意见

述评式的特征曾被许多新闻学教科书这样界定：“在迅速而简明地叙述新闻事实的基础上，揭示新闻事实本身的逻辑力量。”这就告诉我们一个定义，即用事实发表意见。譬如，毛泽东的《中原我军占领南阳》一共只有三处议论，第一处：“他是怕对了。我们在所有江淮河区域，不仅是树木，而且是森林。不仅生了根，而且枝叶茂盛了。”第二处：“这一策略，是明显地成功了，敌人已经完全孤立起来。”第三处：“王凌云如不再逃，康泽的命运是在等着他的。”这条消息1160个字，却只有这短短58个字的议论，其他都是新闻事实的叙述和新闻背景的解释。从中可见事实叙述的力量了，田流同志曾说：“消息中的‘评’，主要是靠叙述事实，即通过安排、使用新闻背景材料来实现的，而不是靠作者直接发议论来完成的。”

通过叙述新闻事实，达到发表意见的目的，是议论的最好方法。

2. 深研究，发议论

鲁迅先生说：“无深研究，发议论是不对的。”议论就能实事求是，秉公直言；画龙点睛，发人深省。贾谊《新书》中《过秦论》一篇被世人传诵，就是因为很尖锐地指出了秦灭亡的原因，它是在深入研究分析了秦孝公任用商鞅，使秦国强盛起来；秦文王、武王、昭襄王时期国势日强，各国诸侯“争割地而赂秦”；秦始皇暴虐到极点；陈涉起义，天下响应，迅速灭秦这些史实基础上得出的结论。离开对这些史实的周密考证和科学分析，所议之“论”就站不住脚，那这篇《过秦论》也不会被世人传诵。消息写作中的议论也是同样的道理，要深入其中，抓住新闻事件的本质，进行周密考证和科学分析，“论”出独到的、新颖的、深刻的，又是本质的道理。

第三节 常见消息类型的写作

一、动态消息

1. 动态消息的含义

动态消息是以报道单一事实为主的，能够显示某一事物、某一领域的最新动态或发展趋势的一种消息类型。

这个定义中所说的“单一事实”，可以是具体化的，也可以是概括化的，但不能是综合报道多个事实的——这是为了跟综合消息分开界限。“最新动态或发展趋势”是动态消息最为根本的属性，它强调了客观性，以区别于述评消息；强调了动态性，以区别于经验消息；强调了事件性，以区别于人物消息。

即便这样，这个定义的覆盖面仍然很广。我们不难发现，新闻媒体上的许多消息都符合这一定义。确实如此，动态消息本来就是消息中最重要的、运用最多的种类。

2. 动态消息的特点

（1）侧重于新情况、新成就、新变化、新趋势。动态消息要显示“动态”，就必须着眼于新情况、新成就、新变化、新趋势。

（2）一事一报。多数新闻都要求一事一报，动态消息对此更为看重。

它的内容集中而又单一，这使得它更具有短小精悍的文体特征。上述例文同样能够证明这一点。如果在一个事件还没有最后终结的时候就进行报道，动态消息可以运用连续追踪报道的方式，就是说，可以“一事数报”，但不能“数事一报”。

（3）客观显示，不作解释和评述。动态消息比较讲究客观性，一般只采用概括叙述的方法，只把新闻事实本身表达清楚，不像解释性报道那样运用解释、评述的方法来加深报道的思想深度。动态消息的深度主要靠事实本身来显示。

3. 动态消息的写作要求

（1）抓好“动态”。是否能够抓住具有“动态”性的事实，是动态消息写作的关键。这里说的动态，就是能够显示事物发展特征和趋向的新变化。一般而言，一些重大事件的动态意义很显眼，譬如党和国家制定的新政策，颁布的新法规，重要的建设成就，规模较大的活动，重大的发明创造，等等。但是这些重大事件毕竟是有限的，不可能天天发生，况且只有这样宏观化的动态报道，读者也不会满意。因此，如何从一些并不显眼的“小事”上发现某种“动态”，才是需要特别考虑的问题。关于一个农村专业户聘请专职秘书的报道，看起来事情并不大，涉及的也不是什么显赫的人物，但它确实是一个很有意义的“动态”。这样的成功经验很值得借鉴。

（2）精选材料，巧取角度。动态消息只抓住最重要的那一点新闻事实着笔，是从广阔无边的现实世界中精选出一个局部而着力加以强调。这样，选一个什么样的“点”来显示某种动态，就决定着写作的成败。另外，即使抓到了这个“点”，也还有一个从什么角度去表现它的问题。

（3）如有必要，可作连续报道。为了更加迅速及时，动态消息不一定要在一个事件结束之后才报道，完全可以在事件发生过程中，对其不同的阶段分别进行报道，由多篇报道连成一组。

4. 动态消息写作范例

写作范例

“世界名山大会”10月将在庐山举行

新华网南昌2009年9月6日电 以“友谊、合作、发展”为主题的“世界名山大会”将于今年10月中旬在江西庐山举行。除中国名山外，目前世界五大洲的约20座名山已报名参会。

世界上的名山大川是全人类极其珍贵的自然与文化遗产，也是人类自然史和文化史的天然博物馆。为增进世界各地山岳型风景名胜区之间的相互了解和友谊，推进彼此之间在文化、旅游、资源保护等方面开展更加广泛、实质性的交流与合作，庐山风景区管委会近日向中国风景名胜区协会发起并获准成立世界名山协会，协会挂靠在中国风景名胜区协会。

目前，庐山正在积极做好世界名山协会组建、世界名山大会召开的各项筹备工作。“2009年世界名山大会”定于今年10月中旬在庐山召开，届时将举行“世界名山协会”的成立仪式。世界名山代表团、九江市国际友好城市政府代表团、联合国教科文组织代表、庐山国际友好景区、地质公园和国内名山代表团等将齐聚庐山，展示世界各地山岳型风景名胜区的风采。

据悉，除中国名山外，目前已有富士山、比利亚牛斯山等世界五大洲的约20座名山报名参加此次庐山“世界名山大会”。

二、经验消息

1. 经验消息的含义

经验消息，就是把某一单位或部门在工作上的成功经验报道出去的消息类型。所报道的，可以是贯彻党和国家的方针政策的典型经验，可以是某一方面工作的成功做法。

在写作中，一般只交代情况，让读者对报道对象有一个整体的了解。其次是介绍做法，让读者知道经验是怎样取得的，从而使读者看到取得的经验。

2. 经验消息的特点

（1）把经验当做新闻。在经验消息中，最有新闻意义的就是成功的经验或做法。这样说比较容易引起误解，认为经验消息就像总结一样列出几个条条。其实，经验说到底就是做什么和怎样做，是事实性的而不是抽象性的。在经验消息中，并不列出什么条条，只需把事实讲述清楚，值得借鉴的东西自然就蕴涵在其中了。

（2）有较强的政策性。成功经验和某些方针政策总是密切相关，不管是直接落实某一方针政策的经验，还是日常工作中的经验——日常工作总是运转在某一特定时期的方针政策之下的。经验的发现和表达，也总要以特定的方针政策为依托。

3. 经验消息的写作要求

（1）捕捉新鲜的经验。跟专门表述经验的文体如总结和典型经验调查报告相比，经验消息除了用记叙写法、靠事实说话之外，还有一个重要标志就是内容新鲜。总结是定期必做的，其中的经验也许没有多少新鲜感，但是作为一个阶段的回顾，不能因为新鲜感不足就不做了。调查报道强调的是典型意义，新鲜感虽然也是追求目标之一，毕竟不是最核心的。作为新闻的经验消息，如果缺了新鲜感，马上就失去存在的理由。经验消息的写作首先必须发现新鲜经验，否则一切无从谈起。如何在生活中捕捉有价值的新闻题材，前文已经有详细的讲述，同样适用于经验消息，此处从略。

（2）经验在事实中自然显现。除非被采访者自己有条款式的概括，经验消息中的那些规律性认识通常并不一一特地指点出来，是靠在对事实的叙述中自然而然地显现出来的。因此我们阅读一篇经验消息，常常看不到直接表述经验的文字，但是，经验又在字里行间无处不在，写作中要把握好这一点。

（3）写出较强的思想性。一些值得推广的经验，总是会跟政治思想、方针政策有较密切的关系，这是前面已经提到过的。这一特点决定着经验消息的写作要讲究思想性。作者应更多地从政治思想、经济思想、社会改革、工作方法等方面着眼去发现题材、确定写作策略。不能陷入纯事务性、纯业务性的小圈子里，只见木不见林。较强的思想性一方面来自事实本身固有的内涵，一方面来自作者独到的眼光。从这方面来看，经验消息比动态消息的写作难度大一些。

4. 经验消息写作范例

写作范例

四川黔江区狠抓饮水大事情——盘活脱贫一盘棋

黔江地区于1988年5月18日经国务院批准成立，所辖石柱、彭水、黔江、酉阳、秀山5个少数民族自治县，均为国家重点扶贫县。全区集石山区、地方病高发区、多灾区、老区、少数民族地区、边区、贫困地区、三峡库区于一体。总人口275万，其中农业人口255万，幅员面积1.7万平方公里，有耕地309万亩。由于特殊的地理位置和特殊的喀斯特灰岩地质构造，广大人民群众深受饮水极度缺乏之苦，一水多用，地方病流行，成为加剧贫困的重要因素，致使人民贫穷，经济落后。近几年来，在国家和省委、省政府的关怀下，在省水电厅及省级有关部门的大力支持下，我们坚持把解决群众饮水难的问题纳入国民经济和社会事业的重要基础设施，作为温饱攻坚战的重要大事来抓。几年的实践使我们深深感受到：贫困地区解决温饱、摆脱贫困、奔向小康必须从改变农业生产条件、加快基础设施建设入手，而改变生产条件必须从解决广大人民群众最基本的生存生活条件入手，大搞人畜饮水工程建设，否则，既不能解决饱，也不能解决温，更不可能摆脱贫困、奔向小康。

我们为什么要以大搞人畜饮水为突破口来加快农业基础设施建设呢？1988年地区建立之初，我们面临着农民贫穷、财政拮据、基础设施脆弱、发展后劲不足的特殊现实：全区80%的农民人均收入不足150元，粮食不足200公斤，除黔江县以外的四县人均财政收入不到20元，100万农民闹春荒，40多万人住岩洞或窝棚，105万人饮水困难，60万人患地方病，5万适龄儿童无法上学。对此，地委、行署通过大量的调查研究，果断地提出了“顺民心、重效益、促发展”的指导方针和“打基础、建基地、立支柱”的战略任务，明确了从农业入手，集中全力打好温饱攻坚战，加快富民富县步伐的工作思路，在已经实施的第一阶段温饱攻坚仗和正在实施的第二阶段脱贫攻坚战中，始终把解决人畜饮水难工作作为解决群众温饱、加快脱贫致富的一项最基本、最重要、最紧迫的基础设施来抓。由于人畜饮水难的加快解决，给全区广大农民跨越温饱、摆脱贫困、奔向小康和农村两个文明建设带来了5个重要变化。

一是改变了农业基础条件，形成了新的生产力。1987年底，我区严重缺水吃的农民群众还有105万人。8年来，我区人畜饮水工作始终瞄准这个目标，一步一个脚印、一年一个台阶，累计完成总投资7968.4万元，（其中国家投资3633.67万元，占总投资的45.68%，财政投资1098.86万元，占投入的13.76%，群众投资3236.29万元，占总投资的40.61%）。新建成人饮工程10829处，其中县城自来水厂一座，乡镇供水站69座，农村人饮工程10759处，解决了地区所在地黔江县城和69个乡场镇以及101个乡镇共65万人、65.77万头大牲畜的饮水困难。一大批人饮工程的建成使用，为改变农业基础设施条件打下了坚实基础，形成了新的生产力。

二是解放农村劳动力，推动了贫困山区农业内部结构的调整和骨干商品基地建设，促进了农民收入的稳定增长。我区大多数贫困高寒区农民长期贫困的原因在于“以粮为纲”，单一结构，长期备受缺水、缺粮、缺钱的困扰。结构调整迈不开步伐的一个重要原因是大量农业强劳动力被耗费在寻找用水上，人畜饮水难的解决，把一大批终年为水劳作的劳动力解放了出来，使每年近400万个劳动日用到了商品农业的开发上，从而加快了农业结构和农村产业结构调整步伐。目前已初步建成了烤烟、蚕桑、畜牧、经济林4大骨干商品基地，农民人均粮食由1987年的298公斤增到1994年的534公斤，预计今年可达550公斤；农民人均纯收入由1987年的182元增加到1994年的626元，1995年达750元。

三是改变了群众的健康状况，促进了农村精神文明建设。随着一批人饮工程的竣工使用，使那些过去严重缺水而卫生状况差、地方病流行区域的群众卫生状况得到很大改善，长期困扰的地氟病等地方病得到基本消灭，群众健康状况有了根本性改观。凡是人畜饮水解决的地方，群众精神面貌焕然一新。

四是履行了党和政府为民谋福的宗旨，进一步密切了党群、政群、干群关系。解决群众的饮水困难，是农民最盼望、最欢迎、最拥护的事，随着人畜饮水难的解决，党和政府为民谋福的宗旨得到具体体现，党群、政群、干群关系更加密切。不少基层党委、政府和基层干部深深地感受到：凡是召开解决人畜饮水的会议群众到得最齐，凡是发动筹集人畜饮水的资金群众交得最快，凡是解决了人畜饮水难的地方，政府的各种号召贯彻最力，开展的各项工作效果最好。不少地方就是用为群众解决人饮难带动商品基地建设、带动计划生育、带动社会治安综合治理等各项农村工作和任务的完成。

五是初步走出一条以水养水、增强水管单位实力的路子，为水利部门实施产业化奠定了基础。随着一批县城、区乡（镇）场镇供水站的建成，逐步形成了水利作为基础产业的产业龙头。酉阳、石柱、彭水等县的场镇供水站，统一实行了由县水电局归口管理，按照成本加微利收取水费，统收统支，独立核效，自负盈亏，初步形成了以供水为龙头，积极开展多种经营的格局。

虽然我们取得了可喜的成就，但摆在我们面前的尚有解决40万人、40.52万头牲畜饮水困难的任务。这些困难解决之难度是相当之大，交通不便，居住分散，经济基础薄弱，但我们有信心将这一“硬骨头”拿下，为全区各族人民脱贫致富奔小康作出贡献！

（重庆市人民政府副市长 刘学普）

三、综合消息

1. 综合消息的含义

综合消息是围绕一个中心，把不同地区、不同战线、不同部门的同类情况，综合起来加以报道的一种消息。综合消息的特点是报道面广，声势较大。

2. 综合消息的特点

（1）集纳性。跟动态消息相比，综合消息最为明显的特点表现在：它不采用一事一报的写法。综合消息要集纳若干新闻事实，这些新闻事实发生的时间、地点有所不同，情节过程也不一样。不过，这些新闻事件不能是毫无关联的。从表层上说，它们必须是同类的；从深层上说，它们必须是共同证明一个主题思想的。

（2）灵活性。综合消息不必恪守一般消息一事一报的原则，所报道的一组新闻事实发生的时间、地点不可能是相同的，原因结果的过程也各有姿态。这样，综合消息在时效性上就不能像动态消息那样迅捷，在导语的写作上、新闻要素的交代上，也要有一些灵活的变通。所以，它的结构形式和表现方法要比动态消息更具灵活性，在写作中应该不拘一格，有所创新。

（3）丰富性。跟单一事实报道的动态消息相比，综合消息的材料是丰富的、多样的。各个材料的详略处理和表现角度也有较为丰富的变化。

3. 综合消息的形态

（1）横向综合。把同一时间范围内发生在不同空间中的同类新闻事实组织在一起的，就是横向综合消息。它的特点是只有空间的广延性而没有时间的延续性，一般呈现并列式的结构形态。

（2）纵向综合。这种综合消息的特点是不仅有空间的广延性，也有时间的延续性。就是说，它不仅表现在同一时间段内发生在不同地区和部门的事实，还表现在不同时间中呈现出来的不同状态和面貌，以揭示事物的发展变化。这实际上是一种纵横结合的写法。

4. 写综合消息应注意的问题

新闻采访与写作人员在采写综合新闻时应该注意以下几个方面：

（1）充分占有材料，善于分析、概括。综合新闻报道面广、声势大、影响深远，但由于它不是一事一报，而是要反映全局性的情况，所反映的事实又不一定是发生在一个地区、一个单位，时间也不尽相同，所以我们要充分地占有材料，善于从丰富的材料中提炼新闻主题，紧紧围绕主题，精心选择和组织材料。也就是说要在全面地把握材料的基础上，对新闻素材进行认真的分析和综合，准确地把握新闻事实。

（2）详略有别。综合消息中的各个材料，不能占据同等的地位，作者在表达的时候，也不能平均分配气力。较典型较深刻的材料，可详写；略差一些的材料，则略写。这样不仅使行文富于变化，而且能够突出要点，强调重点，使读者的注意力能有效集中，从而把握住最本质的内涵。

（3）点面结合，精心组织材料。综合性新闻一般由概括性材料（面的材料）和典型性材料（点的材料）构成，所以在写作时，一定要把观点、概括性材料和典型性材料二者很好地结合起来，使综合新闻所反映的内容既有广度又有深度，既全面完整又具有说服力。

作者的主要意图是让读者了解整体的情况，但整体情况是由许多局部构成的，没有“点”的合构也就没有“面”。因此在结合新闻的写作中选择哪些“点”合构成“面”，是写作中的关键问题之一。为此可注意以下几点：一是所选的“点”数量要适度；二是每个点都要有典型性；三是组成的面要完整而且有深度。

（4）表现手法要多样化。综合消息是消息写作中难度较大的一种。它要求作者有较强的分析、概括能力，有较强的文字表达能力。除了用点面结合的写法外，还常常要用对比衬托与夹叙夹议的方法来反映人物的本质，突出报道的中心。

（5）言之有序，切忌混乱。多个材料组织在一起，哪个在前，哪个在后，互相之间怎样呼应，这些在动态消息中不需要多考虑的问题，在综合消息中就要花较多的精力进行斟酌了。具体地说，可并列，可递进，可对比，可总分。至于具体到某一篇应该如何安排，那就没有一个标准尺度了，只能是具体文章具体分析，找出最佳方案。

5. 综合消息的写作范例

（1）横向综合消息。

写作范例

北京奥运遗产多

——值得中国认真梳理盘点传承

新华社北京2008年8月26日电 “中国举办了一届无与伦比的奥运会。”罗格先生在闭幕式上对北京奥运会的赞扬，标志着本届奥运会的圆满结束和中国人百年奥运梦想的完美实现。从超一流体育场馆到白云蓝天，从文明排队到拥抱世界，本届奥运会给中国社会留下了诸多宝贵遗产。这些珍贵的遗产，值得后奥运时代的中国认真梳理、盘点和传承。

体育遗产——多项突破改写奥运历史

来自204个国家和地区的一万余名运动员，在本届奥运会上共打破38项世界纪录、85项奥运会纪录。体育健儿们在挑战极限、超越自我的同时，也在人类体育史上写下了浓墨重彩的一页。

美联社的报道说，北京奥运会上有87个国家和地区获得了奖牌，比悉尼奥运会多7个国家，创下了奥运会的新纪录。其中，多哥、塔吉克斯坦、蒙古国、阿富汗等12个国家首次赢得奥运会金牌或奖牌。非洲国家总共获得了40枚奖牌，是有史以来最多的。

报道说，中国在这届奥运会上共获得51枚金牌，这是自苏联在1988年汉城奥运会上获得55枚金牌之后的最好成绩。2012年奥运会东道主英国赢得了19枚金牌，也创造了该国100年来的奥运会最佳成绩。

法新社在盘点本届奥运会时说，“博尔特犹如一道黄色闪电，连续打破世界纪录”；美国人菲尔普斯收获了8枚金牌使“这届奥运会永志难忘”；俄罗斯女子撑杆跳高运动员伊辛巴耶娃“配得上‘女王’的称号”；而中国则在“自家门口完成了通往世界体育强国的长征”。

美国游泳队教练埃迪·里斯说：“这次奥运会是有史以来最快、最强、最难以置信的一届。”他认为，北京奥运会“是一次不可思议的经历”。

俄罗斯作家斯韦特兰娜·谢利瓦诺娃注意到，北京奥运会不仅见证了世界体育的进步，而且推动了中国“全民体育”的热潮。她说，近年来，几乎所有城市的小区和公园都安装了运动设施。地方政府在各处设置了可以免费使用的篮球架、排球网、足球门和乒乓球桌。许多奥运场馆建造在大学校园内，奥运会结束后就能为大学生们所享用。

精神遗产——国民心态渐显大国气度

从申奥成功到奥运会圆满结束，中国在7年筹办奥运的旅程中经历了种种磨砺和考验，中国的社会心理从躁动逐渐走向沉稳，从情绪化日益走向理性，从“金牌第一”到开始关注“人”本身，一个泱泱大国所应具备的自信与包容逐渐在中国人的心中生根，发芽，开花……

香港《南华早报》说，在北京奥运会之前，有人担心中国观众的爱国主义可能变为可怕的民族主义，特别是在中国对美国或中国对日本等敏感比赛上。但事实是，大多数中国观众展示了良好的体育精神。虽然他们很爱国，把欢呼声给了本国运动员，但他们在日本队或美国队得分时也同样鼓掌加油，没有表现出丝毫的狭隘心态。

美国《新闻周刊》网站说：北京奥运会象征着一种视野的变化。中国现在强大起来了，并且开始重新争取“应得的”地位。儒教传统所强调的道德力量开始重新被提及，中国依靠道德榜样、礼仪规范和以德服人来赢得人心。

新加坡《联合早报》认为，奥运会是一次告别中国百年民族悲情的契机。这家报纸19日刊发的题为《奥运会当告别中国百年悲情》的文章说，从为外国队的优秀表演喝彩和鼓掌，到以开放的态度对待曾经想借奥运会要挟中国政府、但最终来参与奥运的一些西方领导人，“表明中国人正在超越百年民族悲情，开始具备一个正常大国国民的心态。而这种心态对中国的真正崛起，在国际舞台上担负大国责任具有深刻的意义”。

美国《洛杉矶时报》在北京奥运会闭幕后发表的题为《北京的奥运胜利》的文章说，本届奥运会的组织工作无懈可击，成为中国人民向世界证明其能力和自信的“一次胜利”。

人文遗产——中国和世界坦诚相拥

由于各种原因，长期以来中国融入世界、世界认识中国的过程充满坎坷，中国和世界之间似乎隔着一层说不清、道不明的“水晶墙”，而奥运会为中国和世界提供了全方位相互了解的机会。

“世界更多地了解了中国，中国也更多地了解了世界。”——在北京奥运会闭幕式上，国际奥委会主席罗格指出了本届奥运会最重要的遗产。他此前曾多次表示，通过奥运会，中国向全世界开放，全世界则关注、审视中国，双方彼此加深了解，这将带来积极而长远的影响。

奥运会既是全球最重要的体育盛事，也是来自世界各地的人们交流技艺、加深了解、增进友谊的平台。奥运会期间，两万多名海外媒体工作者和数以十万计的外国观众和游客涌入北京，他们既是来报道和观看比赛的，也是来了解中国的。此外，据全球知名媒介咨询集团尼尔森在全球38个国家和地区收集的数据表明，全球约有20亿人观看了北京奥运会开幕式，超过世界人口的三分之一。

通过接触与交流，各国媒体看到了一个真实的、现代化的中国。美国《芝加哥论坛报》评论说：“世界正把发展的中国置于显微镜下，一些人正寻觅其中丑陋的东西。这种寻觅的结果可能是准确的，但绝对是片面的。全面了解中国需要透过中国的社会和历史的全景……专注于中国的过失并对其他事情不闻不问是一种可耻的行为。”

法国《费加罗报》也发表题为《中国与西方坦诚相对》的文章说，在全世界，人们从未如此多地谈论中国，谈论这个庞大、神秘、全球绝大多数人还不甚了解的国家。媒体进行的大量报道与调查让人们看透了表象，穿越了长城……不论发生什么事情，中国与世界其他地方的关系全都改变了，西方再不能无视中国及其13亿人。

“奥运外交”的成功无疑是中外交流的亮点之一。本届奥运会，有80多位各国政要聚首北京，创造了奥运史上的一个纪录。新加坡国立大学东亚研究所所长郑永年撰文说，那么多政见不同的领导人在北京坐到了一起，其本身就是“和谐”的体现。法国《世界报》也认为，“奥运外交”让北京成为“世界外交的中心”。

美国总统布什在接受美联社记者采访时说：“我认为奥运会为人们提供了到中国并观察中国的机会，同时也使中国人看到了世界，有机会同世界各地的人们进行交流。”

美国前总统国家安全事务助理布热津斯基说：“奥运将把中国有机地纳入到国际社会中来，中国孤立于世界的时代从此结束。”

新加坡《联合早报》发表题为《倾听中国开放的步伐》的文章说：中国还有很多缺陷，但只要这个开放的年代不再倒退回封闭，这个最近一个甲子经历迂回曲折、跌宕起伏、饱经风霜的民族，总会在积极向世界学习、努力与国际接轨的过程中，以更自信和从容的姿态迈向更加开放的未来。

（2）纵向综合消息。

写作范例

各地相继侦破一批涉毒案

新华社1997年4月23日电　据公安部门提供的消息，随着禁毒专项斗争的开展，全国各地公安机关精心部署，积极行动，加大打击力度，一批涉毒案件相继告破，一批涉嫌贩毒人员落入法网，广大人民群众拍手称快。

山西省禁毒专项斗争刚刚打响就传来捷报。4月1日，河津市公安局将潜逃8年、曾悬赏一万元通缉的特大贩毒嫌疑人李向民抓获归案。禁毒专项斗争开展以来，大同市公安局已侦破毒品案件50起，抓获涉毒人员64人。4月15

日，一起跨省涉毒大案在重庆告破，6名犯罪嫌疑人落网，公安人员缴获毒品海洛因3331克，毒资30余万元。在北京，一贩毒团伙11名成员及毒品海洛因5800克均落入警方手中。云南省警方第一季度即侦破万元以上特大贩毒案件20起，缴获海洛因588公斤。4月7日，内蒙古自治区侦破一起恶性团伙持枪杀人案件，抓获的6名犯罪嫌疑人全部是吸毒人员。

俗称"摇头丸"的新型毒品近两年来在一些城市的娱乐场所中出现，严重影响着人们的身心健康和社会稳定。对此，上海、广东、浙江、辽宁等地公安机关一方面加大宣传力度，向广大群众尤其是青少年进行有关知识教育，一方面加大打击力度，在一些涉嫌娱乐场所调查布控，突击清查，一经发现，坚决打击。沈阳市公安局于4月12日侦破这个市首起"摇头丸"32粒，抓获涉嫌人员17人。4月2日上海警方再破"摇头丸"毒品大案，一贩毒分子从境外购得一批"摇头丸"，欲到上海脱手赚大钱，刚到上海即落入法网，当场缴获554粒"摇头丸"，成为其贩毒的铁证。

四、述评消息

1. 述评消息的含义

述评消息是一种边叙边评、夹叙夹议的消息类型，它介于新闻和评论之间，既报道新闻事实，又在报道的同时对新闻事实的性质、特点、发展前景等作出分析、解释、评价。

述评消息的内容，可以是政治、经济、军事、科技、文教等方面的形势和动态，可以是某一阶段工作的经验、情况或问题，可以是社会上出现的具有代表性、倾向性思想、思潮，还可以是变化发展呈现错综复杂的重要事件。

2. 述评消息的特点

（1）不仅用事实说话，也用观念说话。很显然，述评消息不像动态消息那样主要用事实说话。一方面，"述"的部分是讲述事实，另一方面，"评"的部分是表达作者的观念，包括思想、见解、意见、态度。述评消息中的议论，也不像其他类型的消息那样，偶尔出现也是画龙点睛式的，它不仅是频频出现的，而且在作品中占着不小的比重。不仅用事实说话，也用观念说话，这是述评消息区别于其他消息的主要特征。

（2）也讲究精练，但不像动态消息那样简洁。在报道事实的基础上进行议论，而议论又要包括概念、判断、推理的逻辑程序，还要利用对比、类比、举例、引证、归纳、演绎等手法来把道理讲得深入浅出，这样，写出来的文章就不可能像纯粹叙述事实的文章那样简练。因此，述评消息虽也讲究精练，但不可能像动态消息那样简洁。

3. 述评消息的类型

（1）形势述评。这是对国际或国内的政治、经济、军事、外交等方面的形势进行述评的消息。它的特点是视界广阔、气魄宏大，既着眼于目前，又有一定的前瞻和预测。写作的目的是帮助读者对普遍关心的重要领域的当前状态、发展前景有一个准确、全面的认识。

（2）工作述评。这是对某一行业某一部门的主要工作现状进行述评的消息。它针对工作中出现的新情况、新问题，进行深入的分析研究，提出新的意见和建议，以帮助有关单位发现问题、制定策略、采取措施，从而促进工作的发展。

（3）思想述评。这是对当前具有倾向性的思想状态进行述评的消息。在一个特定时期内，往往会有一种普遍性的思想倾向，它影响着人们的行为，显示着某种动向。或许，这种思想倾向是积极的，应该加以肯定的；或许，这种思想倾向背后隐藏着不易发现的消极因素，任其发展可能造成危害。这时，新闻工作者有义务以事实为依据，进行深入探讨，帮助读者明辨是非，提高认识。

（4）事件述评。一个新闻事件发生之后，如果觉得只客观性地报道事件的过程和前因后果，不能使读者清楚地认识这个事件的真正本质，作者就可以出面议论，一面报道事实，一面指出事件的性质、特点和意义。这样写出来的消息，就是事件述评。

4. 述评消息的写作要求

（1）夹叙夹议，以叙为主。在述评消息中，“述”和“评”到底谁占主导地位？对此作者首先要有清醒的认识。述评消息虽然可以较多地使用议论的手法，但从文体的归属方面看，仍然是记叙文而不是议论文。再从读者的需要方面看，读者阅读述评消息，其主要目的还是想了解当前现实中发生了什么，其次才是这一事实的性质和意义。因此，在述评消息中，叙述是第一位的，议论是第二位的。这并不能简单地理解为叙述和议论的文字各占多大的比例——也许议论的文字在消息中占有优势，但新闻事实在文章中的核心地位却是不容置疑的。如果反过来，读者阅读时只注意了作者的观点，对核心事实却没有多大的印象，作者的写作立场就有问题了——他没有把握好事实和观念的关系。

（2）有一定的理论色彩。述评消息中的议论，并不是日常生活中信口开河的那种议论，而是有理论依据和学术色彩的远见卓识。能够对特定领域里新发生的事件进行深刻议论的人，肯定不会是这个领域的外行。通常，通讯员只在自己分管的领域中，或者自己长期关心长期积累有独到见解的问题上，才敢于发表自己的观点。写出来的文章，即使算不上有学术价值的研究成果，也不能是肤浅的一知半解。至少，它应该能让百姓感受到深刻，让有关专家点头肯定，使有关部门受到启发。所谓理论色彩，其实是深刻内涵的外在显现而已。

（3）要有的放矢。这是个讲究针对性的问题。必定是现实中存在某一需要解决的问题，对这一问题发表的见解才是有意义、有价值的。脱离现实、无的放矢的议论，只是毫无意义的空谈。

5. 述评消息写作范例

写作范例

大众电影不大众

《甘肃日报》2008年9月19日电　大众电影百花奖近日颁奖，不管是提名还是获奖的电影，许多人根本就没有看过，好像谁也不关心这个在业界有些影响的活动。人们说，电影已经越来越不大众，所以，人们的关注度也是越来越小了，谁得奖谁未得奖，也没有人议论了。

电影的题材，人物是越来越不大众。近年来中国的电影，多是大片的天下。所谓大片，就是大场面，大制作，大投入，当然，也可能是大题材，写的都是大人物。大人物，主要就是皇帝。《黄金甲》、《英雄》、《无极》、《夜宴》，都是大导演的大片，写的都是皇帝皇后，宫廷谋杀之类的事。皇帝在历史上是最大的人物，皇宫是历史上最大的家庭，现在拍电影，皇帝也是大人物。于是也就有大配套，大场面，大投入。虽然大人物的生活、情仇、阴谋等等足以吸引眼球，但是，毕竟咱们中国的电影观众主要还是小人物，所以，小人物看大人物电影，主要也是好奇，共鸣是谈不上的，所以，虽然这类大人物电影看的人不少，票房收入不错，但是也很少有人说好，很少有人受到影响。看了也就看了，如此而已。

大片因为是大人物，大投入，大制作，票价也就配套地高了。现在一张电影票动辄是几十元。看一场电影相当于花掉一袋子面粉，够一家三口一月的口粮。虽然看电影是精神享受，人们不应该做这样庸俗的算计对比，可毕竟更多的电影观众是普通人，要吃饭穿衣，所以，面对高票价的时候，人们不得不想想：这样花掉一月面粉钱，是不是值得。电影总是没有票房，总是卖不出票，总是没有多少上座率，总是得不到回报，票价太高恐怕也是一个原因。现在是市场经济，既然价格高，不划算，大众们也就没有必要一定要看什么电影。大众与电影拉开距离了。

电影现在好像不大在乎拍摄老百姓的真实生活之类。老百姓关心的小事，很少拍成电影。或许也有人努力在拍，比如贾樟柯，但是不知什么原因，贾樟柯的电影也是非常沉闷，简直是故意与大片的热闹对着干。虽然与老百姓距离近，可是由于太沉闷，也没有多少票房。这类电影投入少，也没有力量做广告推介，知道的人更少了，成为真正的小众电影。贾樟柯在国际上得奖不少，可是有多少是人们在电影院里看过的?

电影不但成为小众，就是百花奖的提名，好像也没有什么大众性。这次提名的《集结号》和《云水谣》，几乎囊括了百花奖的所有单项奖提名，因此有人认为提名也不过是在体现导向的意义而已，提名是不是真的基于大众投票，人们也就只有自己问自己了，没有人会给一个解释。越是这样，当然越是没有人关心。

电影的本质就是大众，因为电影的投资很大，必须有大众消费才能收回成本。想当年，人们对于电影是何其热爱，电影没有赔本的。当然，那时候娱乐方式少，除了看电影也没有什么好看，不过，那时票价也低，人们看得起。那时电影热衷于并敢于拍摄社会中人们关心的问题，比如《人到中年》、《人生》，都触及到人们关心的热点。人们关心这样的电影，电影当然是大众电影。现在，娱乐方式多了，电影又自觉地与大众拉开距离，大众有什么理由去为这些古古怪怪的电影捧场？大众电影不大众，让他们自个儿玩，自个儿乐去吧。

第六章

通讯的写作

第一节 通讯写作基本知识

一、通讯的含义及特点

1. 通讯的含义

通讯是指对国内外近期出现的具有新闻意义的典型人物、典型事件和典型情况的具体、深入而形象的报道。

在新闻媒介中，通讯是作为消息的延伸体而存在并发挥作用的。如果把消息比作电报，那么，通讯就好比书信。通讯和消息一样，都必须遵循材料真实、新颖，报道及时的新闻原则，但由于消息受时效和形式上的限制，大都叙事简明扼要，不展开事件的情节描述和刻画人物形象。因此，还不能满足人们更具体、更详细、更形象地了解近期发生的国内外大事的来龙去脉，以及更富有情节性的人物言行的要求，这一任务正好可以由通讯来胜任和完成。从这个意义上讲，通讯就是对消息的丰富化、深入化和生动化报道。

2. 通讯的特点

通讯的基本特点是三性，即新闻性、文学性、评论性。但它又有别于消息、文学作品，也有别于新闻述评，在新闻性、文学性、评论性上各有其独特性，是三性的有机统一。

（1）新闻性。通讯是新闻体裁的一种，和消息一样，都具有新闻性，不仅要真实，而且要新鲜，也就是说，它写的也是生活中的新人、新事、新风尚、新经验等。因此，人们常把通讯看做是详细的消息，事实上，报刊、广播中的许多通讯常和消息配发，或者是消息的后续报道，将消息深入化、形象化，以满足读者的要求。

但通讯毕竟是一种独立的新闻体裁，不同于一般的消息，在时效性、主题、选材、结构、语言表达方面都与消息有很大的不同。

①从时效来看：消息的时效性更强，通讯一般多是报道已经发生或出现了一段时间后的新人新事等。

②从主题来看：消息表达形式比较客观，主题思想蕴涵在事实中，通讯则有明确的主题思想。

③从选材看：首先，消息侧重写事，即使是人物新闻，也主要是写人做的事，以事显人，少有人物刻画，特别是内心的刻画；而通讯除工作通讯外，其他几种都注重写人，人物通讯常有较细致的人物刻画，即使是事件通讯、风貌通讯，也要写好事件、风貌中的人物精神和人物心理。其次，消息在写事时，主要写最基本、最主要的新闻事实，少有细节描写，其中的细节也十分简略；而通讯不仅要报道发生了什么事，还要具体描写事件发生的样式，所以通讯除了抓主要的新闻事实，还要抓能体现主题、表现人和事物特征、个性的细节。注意，没有细节就不会有好通讯。

④从结构看：除了悬念式和时间顺序式外，大多数消息都把最重要的事实放在第一段；通讯很少把最重要的材料放在第一段，常是以最吸引人的情节、议论、引语开篇。

⑤从表现手法看：消息主要是叙述事实，较少议论、描写，更少抒情；通讯不仅需要用事实说话，还要以形象吸引人，以情感感染人，以道理说服人。因此，不仅要叙述主要的事实，还要展示情节、再现场景、刻画人物、阐发道理，要运用叙述、描写、议论、抒情等多种手法，并融为一体。

⑥从语言来看：消息用语的主要特色是准确、简练、直截了当；通讯用语多比较细腻、形象，感情色彩较浓。

（2）文学性。通讯与消息在表现手法上的主要区别之一，就是通讯借用了文学的手法。正因为如此，通讯，尤其是优秀的通讯给读者的不仅有新鲜的事实，更有生动的形象。

通讯的文学性又叫形象性。文学性使通讯比消息更生动，更富有感染力。但是文学性不是通讯的本质，其本质仍是它的新闻性，文学性仅仅是通讯的表现特征之一。通讯与一般的文学作品有根本的区别，也就是它们的真实性上。文学的真实性讲的是反映生活的本质的真实、艺术上的真实，而通讯不仅要求本质真实还要求具体事实的真实。文学家可以根据其生活积累，运用艺术手法，虚构塑造人物形象，只须符合客观社会的本质即可。而通讯员不能虚构、塑造人物形象，只能从现实生活中发现形象并予以再现。

（3）评论性。通讯都有鲜明的主题思想，这种主题思想是从新闻事实中提炼出来的观念性的东西，有的还带有哲理性。为了表达主题思想，通讯常要借助议论，使主题更加鲜明突出。这使得通讯具有评论性。

评论是通讯中必不可少的表现手法。在通讯中常常融入了通讯员对新闻事实的观点和评价。但通讯毕竟不同于新闻述评。

首先，通讯的评论性不同于新闻述评中的评论。新闻述评以论为主，事实是评论的对象，是被当做说明观点的论据而引用的；而通讯中新闻事实是叙述描写的对象，它不是作为说明评论的观点被引用，恰恰相反，观点是从所述事实中点化出来的。

其次，通讯具有形象性，通讯中有真实生动的形象，而评论没有。通讯用事实和形象说话，评论用事实和推理说话。

二、通讯的分类

1. 按内容分

通讯一般分为人物通讯、事件通讯、工作通讯、概貌通讯。

（1）人物通讯。人物通讯是以报道各方面的先进人物为主的通讯，以表现人物为中心，从不同角度反映人物的事迹和思想，有的写一人一生的，为人物全面立传的；有写一个人的一个或几个侧向的，集中反映人物的某一思想品质，也有写群像的。

（2）事件通讯。事件通讯是以记写事件为中心，重点描绘社会生活中带倾向性和典型性的生动事件及具有普遍教育作用的新闻事件。它的特点是以记事为主，交代清楚事件的原委，从而表达某种思想。

（3）工作通讯。工作通讯又称经验通讯，是以报道先进工作经验或某项工作的成就和存在的问题为主要内容的通讯。写工作通讯要有针对性，抓住当前带有普遍性的又需要解决的问题。介绍经验要科学、有理论根据。经验要写得具体，使人看得见，摸得着，学得到。

（4）概貌通讯。概貌通讯也叫风貌通讯、上题通讯、综合通讯。它是反映社会生活、风土人情、自然风光和现实中的建设成就为主的报道。这类通讯取材广泛，气势大，笔墨重，给人以完整深刻的印象。

2. 按形式分

通讯分为一般记事通讯、访问记（专访、人物专访）、小故事、集纳、巡礼、纪实、见闻、特写、速写、侧记、散记、采访札记。

（1）访问记。由通讯员出面登场，以采访活动过程为主线来结构和组织材料。写作时有问有答，现场感强，可以穿插各种背景材料，使通讯有一定深度。

（2）专访。访问记的一种，是就特定问题、特定对象进行专门的访问，内容集中。专访以人物、现场和通讯员为三要素，突出“专”、“访”二字。涉及面不太宽，不应贪大求全。

（3）新闻小故事或称新闻故事、小故事。要求一“小”，二有“故事”，三“以小寓大”。通常反映一人一事，表现一个片断，内容单一，篇幅短小，线索简单，不求繁多人物，不必横生枝节，求精悍、生动。

（4）集纳。把表现一个主题而又相对独立的小故事或片断事实组合起来，“集纳”而成为一篇。集纳中的事实，可以是发生在同一时间的，也可是不同时间的；可以是发生在同一单位、一条战线的，也可以不是。

（5）特写。将生活中某特定画面放大，集中突出描绘事件和人物某些片断、细节和部分，给人以深刻印象和强烈感染。

（6）大特写。抓住社会热点事件、人物或现象，对事实作全方位、多侧面报道，用优美的文笔、新颖的题饰、突出的照片吸引读者的一种报道形式。

（7）侧记。从一个侧面反映新闻事件或新闻人物的通讯。取材自由，不求反映事件全貌、全过程，但求抓住特点，扣紧受众兴趣点、回答受众普遍关心的问题。写作时往往夹叙夹议，兼谈感受。

（8）巡礼。边走边看，巡游浏览，很自由地把所见所闻写出来告诉受众；讲求动态感、现场感、亲切感；常常用移步换形的方法，有较多的议论和抒情。

三、通讯的结构及构成成分

1. 通讯的结构

通讯的结构，俗称通讯的“骨架”，它是通讯的表现形式，是指通讯的组织形式和内部构造。通讯的结构大体分为三种类型，即纵式结构、横式结构、纵横式结构。

（1）纵式结构。纵式结构是按照新闻事实发生、发展的时间顺序组合和编排事实材料的一种结构形式，也叫单线条过程链接法。有三种情况：

①时间顺序式。时间顺序式，是按照新闻事实发生、发展、结束的时间顺序安排层次。这种结构条理清晰，便于读者掌握事情的来龙去脉。但要注意材料安排得当、富于变化，避免形成流水账。所以必要时在前面要有个引人注目的开头，在后面有个好的结尾使主题升华。

②逻辑递进式结构。按照事物发展的顺序或作者对所报道事物认识的递进顺序来安排层次，这种结构具有理性思维的特征。采用这种结构，需正确把握各种材料在表达主题思想时的地位。如主与次、深与浅、因与果等，是层次安排递进式，一层比一层深。

③悬念式结构。在通讯的开头设置疑团，布下悬念，然后采用“层层剥笋”的写作方法，展示事情的原由，释消疑团。运用这种结构形式，要有完整的情节，还要注意使布下的悬念与释消疑团各部分对应相顾、融为一体，形成悬念式结构的完整统一。这种结构在纵向安排上是高潮在前，先倒叙后顺承，对读者有吸引力。

（2）横式结构。横式结构是按照新闻事实的内在性质的区别和联系，以多侧面拼接的形式来安排新闻素材，即以主题为圆心串联不同空间的事实。

①空间转换式结构。空间转换式就是根据新闻事实发生地点的变化组织结构。围绕一个中心，把不同地点发生的不同事情联系起来成为一个整体。这种结构又叫“移步换形”式结构。

需要指出的是，空间转换要注意方位之间的有机联系或承接性。否则，结构就松散了。

②并列式结构。按照新闻事实各个侧面之间的关系安排结构。这里有两种情况：一是先主后次的并列；二是同等重要的并列。无论哪种并列，都是围绕主题展开事实。

③对比式结构。将正反两种人、两种事并列，并列中含对比，对比中见主题，这种结构使事物矛盾对立的两个方面，形成鲜明的对比、强烈的反差，给读者留下深刻的印象。

（3）纵横式结构。纵横式结构是按时间和空间两条线索来安排材料。有以下两种情况：

①纵横交叉结构。这种结构又叫复式结构，就是综合运用纵式结构和横式结构的方式来安排材料。这种结构，一般以纵式为主，横式为辅，纵横交错，将题材布局好，以便更有利地表现作品的主题。

②“蒙太奇式结构”。这是把电影镜头的组合关系和连接方法，即“蒙太奇”手法，运用到通讯写作中的一种特殊的结构形式。

“蒙太奇”手法就是依据情节的发展和受众注意力关心的程度，把一个个镜头符合逻辑地、有节奏地连接起来，使受众得到一个明确的印象和感觉，这样的一种手法，就是“蒙太奇”手法。

2. 通讯的构成成分

通讯由标题、开篇、主体和结尾四部分组成。

（1）标题。通讯的标题要首先力求准确、凝练、生动。所谓准确就是说标题要准确地显示通讯的内蕴，或者点化主题，或者标明内容；所谓凝练是说文字要精练简洁；所谓生动，就是说标题要形象，要吸引人。

对通讯标题来说，更重要的是要显示内蕴，要注意以情感人。要显示内蕴就是要将通讯内含的思想性、哲理性显示给读者，通常有以下几种做法：

①直接昭示主题。如《领导干部的楷模——孔繁森》。

②含蓄点化主题。采用比喻等修辞手法含蓄地点化通讯的主题，一般有较浓的感情色彩。如《人民日报》2002年5月15日的通讯标题主标：《狂飙劲扫日月明》（副题：陕西2002年“严打”整治斗争形势喜人）。

③启发读者理解主题。多用提问或设问句式，新闻性较强。如《谁是最可爱的人》。

④标出通讯的基本内容。这类标题最多，新闻性也最强。如《人民日报》2002年5月14日的通讯标题主标:《长留欢笑在人间》（副题：追记德艺双馨的人民艺术家叶景林）。

通讯标题比消息标题更生动形象、有情有趣。因此除了消息中常用的技巧比如拟人、借代、对比等修辞手段外，常常注重或幽默风趣，或以情感人，或设置悬念，表现手法更为丰富。

（2）开篇。通讯的开篇不同于消息的导语。导语除间接导语外，大多以简洁的文字开门见山，直陈新闻事实。而通讯开篇表现方式灵活多样，主要新闻事实都在主体部分。

（3）主体。主体是通讯的主要部分，它材料丰富，头绪繁多，是通讯写作时安排结构、理清思路、要重点着力的地方。要写好主体，要处理好段落、层次、疏密、过渡、照应等几个问题。

①段落。段落在行文中造成小的停顿，使人有时间回想前面的部分；段落的停顿还有加强语气、加重感情色彩的作用。因而段落划分时要考虑内容的意义单位，要有相对的完整性，还要考虑内容的感情色彩和节奏快慢的需要。

②层次。层次是文章中大的意义段，或者叫结构段。层次直接体现主题思想，一个层次就是主题的一层意思。在写作时，一定要把意思一层一层地说完，不能任意安排。

③疏密。疏密是指材料的详略。有疏有密文章才有韵味，有起有伏主题才能突出。何处疏何处密要根据表现主题的需要，做到有疏有密，详略得当。

④过渡。过渡就是上下文之间的连接和转换。过渡要自然紧凑，结构才会显得严谨，主题也就更加突出。

⑤照应。照应就是形文中的伏笔与呼应，即前有暗示后有交代。照应得当可使结构更为严谨，主题更为突出。

（4）结尾。通讯的结尾要简短有力，耐人寻味；卒章显志，寄深送远。

四、如何提炼通讯的主题

通讯的主题是指通讯要表现的中心思想，是通讯作者经过对现实社会的观察、体验、分析、研究，通过对通讯素材的提炼和组织，所表达的对客观世界的一种认识或一种思想观念。

通讯的主题，是人们评价一篇通讯时首先的评价标准。一篇通讯的质量高低、价值大小，主要看其主题正确不正确，深刻不深刻，思想意义和指导作用大不大。

一般来讲，发现、提炼、确定主题的过程有以下几种：

1. 依据事实，提炼主题

这是通讯采写过程中选择、确定主题的常规思维过程。作者在接触新闻人物和新闻事件前，对将要采集的事实不甚了解，对将要写作的通讯主题也没有事先预想，需要在了解事实过程中逐步分析素材，进入主题发现和提炼的过程。通讯的写作过程是先将大量事实收集到手，然后对这些事实做详细分析，弄清楚事实各个侧面之间、多个事实之间的内在联系，搞清楚作为原因的事实和作为结果的事实，然后抽出可以贯穿各事实之间的意义线索，再判断这些意义线索（链条）哪条更具有传播价值，更具有普遍的示范或警示意义，预测它的传播效果而最终确定主题。

2. 预设主题+事实印证

这也是确定主题的一种方式。

作者依据长期对生活的观察和思考的结果或媒体布置的报道思想，预先设定了要写的主题，然后围绕主题去等待、选择表现这个主题的新闻事实，以验证主题。这是很多成熟新闻从业者选择通讯主题的一种思维过程，这就是所谓的“主题先行论”。

很多新闻实践证明，这种“主题先行”的办法，即在进入采访之前就考虑主题的思维过程，往往可以产生无主题意识时采写通讯所难以产生的效果。因为采访前对某一主题的大致设想，是作者依据长期对社会生活思考、观察的结果，是对其传播价值深思熟虑、反复推敲的结晶，这类主题一般针对性强，适应广大受众或解惑或警示或寻求服务的心理需要，具有一拨即明、一碰就炸的传播效果。

五、通讯的基本表达方法

通讯的文学性和评论性特征，很大程度上是通过它的表现手法和语言特色体现出来的。在这方面它和消息有很大的不同。通讯的表现手法是通讯写作中表现主题、刻画形象的手段。通讯的表现手法比消息更为丰富多彩，叙述、描写、议论、抒情、对话乃至独白都可以使用。这些表现手法，在作品中或者交替使用，互相补充；或者相互渗透，融为一体。有时以一种方法为主，其他方法辅之；有时几种方法并用，相得益彰。这些方法如何使用、如何配合，都要根据表现主题的需要来定。

1. 叙述

用事实说话，仍然是通讯写作的基本方法之一。用事实说话就是介绍和交代新闻事实，这种介绍和交代新闻事实的表现手法就是叙述。叙述有顺叙、倒叙、插叙、详叙、略叙。在写作时如何叙述，都要在构思时统一筹划，合理解决，做到详略得当，线索清晰。

（1）顺叙。顺叙就是按照事件发生、发展、结束的时间先后依次叙述。顺叙的优点是线索清楚，不至造成混乱。但顺叙容易平铺直叙，没有波澜，甚至成为流水账。这就需要在选材和语言方面寻求动人之处。

（2）倒叙。倒叙就是先叙结果，然后按事件发生、发展的时间先后依次叙述。倒叙的手法是设置悬念的方法之一。采用倒叙法会使结构显得有起有伏，比较生动，但要注意前后呼应。

（3）插叙。插叙又叫追叙、补叙，就是在叙述中心事件的过程中，暂时中断主线索，插入与主题有关的背景或其他相关的材料，如一个情节、一个场面、一段谈话，等等。插叙可以使结构富于变化，避免呆板。

（4）详叙。详叙又叫细叙，就是详细叙述事物和人物观点。新闻写作中的详叙主要是指叙述事实时不仅让人知道事物的概况，也要告之读者事实的具体情节。详叙并不是面面俱到，也有选材的问题。在叙述时要选择典型的材料。

（5）略叙。略叙又叫概述，就是粗线条地概括的叙述。这里的概括不是抽象的概括，而是对事实的概括，是形象性的概括。

2. 描写

描写就是刻画形象、展示画面。描写是使新闻形象化的重要手段。描写按表现风格可分为白描和细描，按描写的视角可分为直接描写和间接描写，按描写的内容可分为人物描写和环境描写等。

（1）白描。白描就是指文字质朴的简笔勾勒，不用烘托，不加修饰，很少用形容词。有时和具体化的叙述差不多，但它其实是一种形象的勾勒。

（2）细描。细描就是动用比喻、比拟、夸张、引用等多种修饰手法对人物或事物进行细致入微的刻画。

（3）直接描写。直接描写又叫正面描写，就是通讯员直接对人物和事物本身进行描写。白描多属直接描写，是通讯员对新闻事实发生现场或者新闻事物、新闻人物的一种观察描写。新闻的真实性要求多用直接白描，这样描绘出的形象才会实在、真切，可信度高。

（4）间接描写。间接描写又称侧面描写，就是通讯员不正面直接描绘对象，而是通过描写与对象有关的人或物来烘托对象。间接描写比较虚，形象不够确定，但往往能给人留下充分想象的余地。读者可以运用自己的想象，根据自己的审美观进行再创造。在通讯写作中间接描写也是存在的，一是因为通讯员不可能事事亲见，二是有些内容必须间接描写。

（5）人物描写。人物描写的目的是展现人物的精神风貌，揭示人物的性格特征。人物描写主要有肖像描写、动作描写、心理描写等。

（6）环境描写。环境描写的作用，一是可以渲染气氛，烘托主题，二是可以增加故事事实的真实性、可信性。对典型环境的逼真描写给读者以身临其境之感，这就加强了事件的真实感，缩短了读者和主人公之间的距离，能唤起读者对主人公命运的关切；三是烘托主人公的心情；四是表现人物的身份或精神风貌。描写人物活动场所的陈设可以表现人物的身份、职业、志向、情趣；五是借境说话。

（7）场面描写。场面描写主要是描绘新闻事件发展变化的状态。

3. 议论

议论就是通讯员对所写人或事发表意见或评论，或者分析本质，或者指明意义，以帮助读者理解事件或人物，提高其认识。通讯中的议论有时独立成段，有时和叙述结为一体，夹叙夹议，有时和抒情揉合在一起，融情于理。

通讯中的议论要缘事而发，是对通讯所定事实其内蕴的阐发。这种阐发必须与事实贴切，不能议事分离，不能强扭角度乱贴标签，不能任意拔高。

此外，议论力求精辟。所谓精辟，一是要有深度，要揭示事物的本质，要能昭示人物和事件时代精神；二是要精练，要使用精粹、简练的语言，揭示事物的内在意义。

议论切忌空泛、冗长、离题。

4. 抒情

抒情就是抒发通讯员对通讯所写人和事的褒、贬、爱、憎之情。抒情可以分为直接抒情和间接抒情两种。

（1）直接抒情。直接抒情就是直抒胸臆。

（2）间接抒情。间接抒情是依附于事、依附于理、依附于景的抒情，也就是融情于叙述、议论和描写之中。

抒情，无论是直接抒情还是间接抒情，无论是含蓄凝重还是奔放热烈，都要抒真情，只有真切自然才能打动人。

六、通讯的写作要求

通讯写作总的要求是：运用客观的叙述、感人的抒情、深刻的议论，选用典型的情节，以及描绘生动的形象来体现主题。即主要借用叙述、描写、议论和抒情等多种表现手法，围绕一个主题，完整、详尽、生动、客观地反映新近出现的新人、新事、新风貌、新问题等。

通讯的写作要注意以下四个方面的要求：

1. **主题要明确**

有了明确的主题，取舍材料才有标准，起笔、过渡、高潮、结尾才有依据。

2. **材料要精当**

按照主题思想的要求，去掂量材料、选取材料；把最能反映事物本质的、具有典型意义的和最有吸引力的材料写进去。

3. **写人离不开事，写事为了写人**

写人物通讯固然要写人，就是写事件通讯、概貌通讯、工作通讯，也不能忘记写人。当然，写人离不开写事。离开事例、细节、情节去写人，势必写得空洞乏味。

4. **角度要新颖**

写作方法要灵活多样，除叙述外，可以描写、议论，也可以穿插人物对话、自叙和作者的体会、感受；既可以用第三人称的报道形式，也可以写成第一人称的访问记、印象记或书信体、日记体等。通讯所报道的新闻事实，可以从各个不同的角度去观察，去反映，诸如正面、反面、侧面、鸟瞰、平视、仰望、远眺、近看、俯首、细察……角度不同，印象各异。若能精心选取最佳角度去写，往往能使稿件陡然增添新意，写得别具一格，引人入胜。

5. **立场态度要鲜明**

对于立场态度来说，大部分的新闻都会有体现，所以要注意。而且，不要过多地去议论抒情，不要左右群众的思想。

第二节 通讯写作问答

一、消息与通讯的主要区别

通讯与消息都是新闻的主要文体，它们的共同点是都要求具有严格的真实性和及时性。不同之处是：

1. 标题不同

消息标题是对新闻内容的形象概括，具有直接明了、富于变化的特点；通讯则多具有新闻性、文学性、评论性特点。一般而言，通讯采用一行标题，即主标题。需要时，通讯也可以加一副标题，即用破折号附加在主标题之后，用以解释或说明标题，把通讯做成两行标题。通讯少有使用引题，但不采用三行题的形式；但消息的标题则一行题、二行题、三行题都常用。消息不仅在引题方面区别于通讯，其副题也与通讯的副题不同，它直接说明内容，不采用破折号附加的形式。

2. 开头形式不同

消息最明显的标志是“电头”或“本报讯”，即在导语之前有用异体字标出“××社×地×月×日电”或“本报讯”；通讯则没有这种形式，即使使用“电”，也是“电尾”式通讯稿件，在文末附加“××社×月×日电”，以示所用为通讯社的电传稿。

3. 结构形式不同

消息程式性较强，形式简单；通讯结构较灵活，不拘于固定格式，创造性强。通讯和消息相比，不仅需要六个新闻要素齐全，还要报道新闻事实的情节、细节。

4. 详尽程度不同

消息是将事件的几个新闻要素报道出去（时间、地点、人物、事件、经过、结果等），使受众尽快了解到最重要的概括性信息，而通讯则往往在消息之后，将事件的来龙去脉、前因后果等读者渴望知道的详尽信息加以整合，然后完整地报道出去。通讯报道的事实比消息详细、完整、形象、生动、富有情节，它以感性素材还以生活的原生状态，使文章更具有感染力，从而满足读者知详情的需要。消息的语言简明概括，客观公正；通讯的语言详尽具体，富于情感。通常消息篇幅几十字、几百字，最多千字左右，而通讯则四五百字，长则上千上万字。

5. 主题不同

消息是新闻报道中的快速文体，讲求速报与时效，主题简明扼要，一目了然。有些消息，如简讯，无须提炼主题。通讯则不然，通讯必须提炼出主题，主题对通讯来说是必不可少的。作者要将在采访中收集的各种各样、大大小小、粗细庞杂的事实材料组织在一起，就必须有主题贯穿起来进行写作。

6. 表现手法不同

消息风格朴实，通讯则富有文采。消息多用概括叙述，通讯可兼用多种手法。消息较少有议论、描写，极少有抒情，通讯常常融描写、议论、抒情于一体，往往有更多的细节描写、艺术表现和作者的议论。通讯通常借助文学手法表现主题，通讯包括报告文学，和一般意义上的文学作品的根本区别就在于真实性。出于反映事实信息的需要，消息报道讲究客观报道，与此相应，消息写作主题采用第三人称叙事，即以局外人的姿态出现，让"他"、"他们"以及被报道主人公的名称、身份运行在字里行间，极少让"我"出现在报道之中；通讯则不然，出于详尽深入需要，第一、二、三人称各显所长，"我"、"你"、"他"在描写、议论、叙述、抒情中各取所需。

7. 叙事内容不同

消息中叙述的事实一般是概括性的；通讯则是通过具体的人和事展开叙述和描写，生动形象地反映现实生活，写得详尽细致。消息一般一则写一件事；通讯则常围绕一个主题写几个人、几件事。消息以写事为主；通讯则偏重写人，通过对人物的叙述和描写揭示人的思想境界，反映人的精神面貌。

8. 时效性不同

在时效上，通讯不像消息那样严格。通讯发稿件较慢，是因为对材料的要求比较严格，要求更详细、深刻、生动、典型，通讯员需要有一个采集选择和认识的过程。同时，通讯强调报道的完整性，有时还必须等新闻事件有一个较充分的展示过程或等事物发展有一个阶段性成果时，采写通讯的时机方成熟。因此，通讯的时效性往往不及消息。

二、通讯标题的写作方法

消息的标题要直接揭示新闻事实，写法比较固定，形式有单标题、引题式双标题、正副式双标题、引题正题副题俱全的三标题等模式，只需套用其中一个模式即可。通讯的标题跟一般记叙文的标题比较接近，它可以直接揭示新闻事实，也可以曲笔达意。在写法上，通讯的标题可实可虚、可直可曲、可长可短、可庄可谐，没有规定，作者可以充分发挥自己的创造性。在形式上，通讯一般只有一个标题，也可以用破折号引出一个副标题来，副标题大多是实述的写法，主要是交代报道的对象和新闻的来源。

1. 直述新闻事实

这样的写法不事雕琢，符合“最高的技巧是无技巧”的说法，写好了有“大巧若拙”的大家风范。

2. 提出问题，引人思考

用一个问题做标题，如果这也是时常让读者感到困惑的社会现象，这就很容易引起人们的关注和思索。

3. 设置悬念

在标题中制造悬念，更能引起读者的强烈关注。

4. 比喻双关

在标题中适当运用比喻、双关等修辞手法，可以使文字更生动优美，形象更鲜活动人。

5. 引用口语

直接引用新闻当事人的口语做标题，也是一种活泼新颖的写法。

6. 相反相成

把矛盾状态和谐地组织在一起，叫做相反相成。标题的相反相成，可以增加思维的广度。

三、通讯开头的类型

通讯的开头也是多姿多彩、不拘一格的。记叙文的开头有直起式和侧起式两大类型。直起式包括开门见山直述其事其人，直接抒发感情或者直接发表见解，等等。侧起式是利用铺垫的方法，远远说起，娓娓道来，到适当的时候才进入正题，如先讲故事、传说，先引诗词、谚语、名人名言等。归纳起来，有下列几种基本类型。

1. 开端进入情节

在一些事件通讯和人物通讯中，常常有开端就叙述事件的写法。处于开端位置的可以是整个事件的开端，也可以是事件的结局或某一个精彩段落。这样写可以强化通讯的情节性，用生动的故事吸引读者。

2. 起笔刻画人物

一开始就展开对人物形象的刻画，在人物通讯中很常见。先让笔下的人物给读者一个清晰的印象，有利于下文的展开。

3. 场景描写在先

人物、情节、环境是记叙文的基本内容。通讯当然也可以从环境着手切入，然后铺展开事件和人物。在风貌通讯和工作通讯中，在开头之处先作一番场面描写或风光描写的，不在少数。

4. 先作抒情议论

入篇先作一番抒情或议论，给读者以情绪的感染或理性的启迪，为下文叙述的新闻事实定好一个基调。

5. 落笔先用比兴

比是比喻，兴是由一物引出另一物。比兴是《诗经》的基本表现手法，对后世的文学技巧影响很大。在通讯的开头使用比兴，可以大大强化作品的文学性。

6. 引经据典开篇

引用典故、诗词、谚语、名人名言来做开头的通讯，有较强的文化意味。

四、通讯结尾的类型

通讯的结尾大致有三种基本类型：自然收束、卒章显志、补上一笔。

1. 自然收束

这是一种客观化的结尾。新闻事实说完了，通讯就自然地结束了，严格地说，并没有一个专门的结尾，但仍不失为一种很好的结尾方式，特点是干净利落。

2. 卒章显志

在文章的最后揭示主题思想或写作目的，使整篇文章有一个思想的落脚点，这种写法在其他类型的文章中也是经常见到的，符合从物质到认识、从现象到思想的认知规律。

3. 补上一笔

有意将一些新闻事实留到最后再作补充交代，当事实似乎已经说尽的时候补上一笔，可以使文章“清音有余”，韵味无穷。

五、如何获得通讯的写作素材

通讯写作素材的获得主要有以下几种方法。

1. 现场材料

很多来自通讯员的悉心观察和记录。是否及时地赶到事发现场，目睹新闻事件或等待新闻事件的发生，取决于现场观察能力，更取决于现场意识。

对于通讯员来说，对较重大突发性事件的现场采访，是可遇不可求的。能够在事件发生的第一时间赶到事发地点采访的概率是很低的，通讯员大多只能“闻风而至”。而对于大多数预知事件，如某种特殊天文现象的出现，某些重大活动，如运动会、大型会议等，通讯员完全有可能在事件发生之前作好充分准备，并及时赶到现场。

2. 通讯员的体验式采访

体验是人们认识事物的一种方法，“纸上得来终觉浅，绝知此事要躬行”。体验式采访可以促使通讯员加深理解和感受，增强记忆。有经验的通讯员，常常会千方百计地深入社会，接近采访对象，与采访对象共同生活，参与采访对象的工作，在现场访问中体验，在体验中观察记录，所得的不仅是详细的事实、材料，而且有通讯员因体验而获得的感受，因感受而引起情感的变化，又因情感的变化与事实的融合而达到对客观事物更深刻的认识和对细节材料的敏感捕捉。

3. 访问

通讯员要得到生动的材料，如果已无现场可访的话，靠访问当事人来获取材料便是必走的途径了。访问不仅要求通讯员有较强的观察和现场捕捉能力，而且要求通讯员有较强的沟通能力。

在访问中获取感性材料是一项艰巨任务。第一，与很多人打交道，双方开始都有陌生感，与陌生人谈话很难放开，也难深入。第二，采访对象在接受采访时，所做的事已经成为过去，激动的细节已时过境迁，而且很多人并非懂新闻规律，不懂得什么样的材料才是感人的、才是通讯员需要的。因此，许多采访对象在回答提问时，第一喜欢概述，泛泛介绍事情梗概，表明自己的态度，至于细节，当时说的话、当时谁在现场、是什么状态等，因为缺少回忆的情景气氛，很少在主动表述之列，而这些恰恰是最好的感性素材。为了克服这个难点，有些通讯员常用的方法，就是“触景生情”，即把对象带到曾经历过的地方去采访。写什么事，最好在新闻发生地采访，如采访售票员最好在公共汽车的售票台边上，而采访体操运动员最好在运动器械旁。这在人物访问中特别重要。见证人到了现场，思维记忆都被周围场景激活，细节较容易回忆，情感较容易流露，睹物思人，睹物忆事。有时，一张照片、一幅图画、一个旧物品、一种景色、一个熟人的名字、一段旋律，都可以引起当事人或美好、或痛苦、或酸、或涩的回忆。

六、通讯选取素材的类型

无论表现事件还是人物，通讯所选取的素材主要是以下三种：骨干事例、细节材料和一般叙述性材料。

1. 骨干性材料

一篇通讯必须有能够支撑主题的骨干性材料，也叫骨干事例，也就是突出的、较有分量的典型事例，否则，通讯的主题根本就不能成立。

所谓骨干事例，就是那些事实过程比较完整，事实意义比较突出又有代表性，能够说明主题的事例。一个大的骨干事例，如果情节丰富，通常可以独立写成一个新闻小故事或一篇事件通讯。

骨干材料是通讯“说服力”的基础，是通讯主题能否成立的事实支柱，也是通讯内在逻辑的基本要求。骨干事例是通讯中的“干货”，它必须真实，必须带有权威性。

2. 细节材料

细节材料是再现型的材料，是指骨干（或典型）事例中细致的情节、细致的现场画面，或者富有个性化的对话。它们是通讯中最有灵性、最富有感染力、最易吸引受众的部分。

一般来说，骨干事例只能告诉你一件事。但细节材料不是“告诉”你这一件事，而是将这件事“再现”给你看。它触动你的感官，使你“如临其境”、“如见其人”、“如闻其声”，让读者从文章中切实“感受”到活生生的事实。感受到的经验容易让人相信，且难以忘怀。而新闻中的细节感染力最强的材料，往往成为通讯的生动性、可读性的来源。这也是为什么好的通讯读起来格外优美动人、富有吸引力的地方。

在通讯中起到感染作用的材料主要是细节材料，它分为以下几种：

（1）详细的情节事实。情节事实的特点是：比较完整地再现了某一事态前因与后果之间的行为形态演变环节，就像一个个小故事。那些行为形态环环相扣的变化，包含着明显的情节悬念和变化着的人像、物象，适合大众的阅读口味。

情节事实可分为完整性情节、片段性情节和言论性情节三种。

①完整性情节事实。完整性情节事实是指完整表现行为形态演变环节的事实。它具有明显的事态起因、中间变动环节的结果。

②片段性情节事实。片段性情节事实是指一个完整故事的每个阶段中行为形态演变环节的事实。比起完整的情节事实，这种有外部形态特征的演变反映的事实过程更短暂，是典型事实的一个侧面。

③言论性情节事实。新闻人物的语言所构成的有头有尾的情节是极有特色、极传神的事实材料。新闻人物在采访过程中与通讯员的对话、新闻人物之间的对话、内心独白（当然是采访到的），常常呈现出带有个性特征的感

性材料。另外，报告、演讲、会谈中都可以摘取大量生动的语言情节片段。既然叫语言情节，一般不是只取一两句话，而是将围绕某个问题的谈话环节较完整地记录下来。这里有两点需要注意：一是引用一段有新闻价值的连续对话或谈话，内容要求环环相扣；二是全部用直接引语，即引用原话，要尽量显示个性语言、群众语言的特点，甚至包括有个性的语气词、有特点的方言词汇。这样，新闻人物谈话中的信息、观点、语气、情感就容易活灵活现在读者眼前了。

（2）特写镜头。通讯所选的最富有表现力和个性色彩的细致的画面和瞬间的特写，正如摄影中的特写镜头，可以使人产生特别的关注并能使读者借助想象力体味其中的意义。

细致的画面分为场景画面特写、人物特写和人物个性语言特写三种。

3. 一般叙述性材料

除了骨干事例、细节材料，通讯写作中也不可缺少一般性材料。这种材料一般不是事例，也不细致生动，但它可以对人物、事件、风貌的背景和现在状态做概括性介绍和解释，使人了解一个大致的事实框架，“织”出通讯的一个基本背景和舞台，让骨干事例和细节材料有赖以展现的场所。

七、如何对材料进行加工剪裁

对材料加工剪裁可按以下方式进行。

（1）面对一大堆调查采访得来的材料，怎样才能把它加工制作成为一篇完整的通讯，哪些材料有用，哪些材料没用，各种有用的材料之间彼此是一种什么关系，在这些问题没有理清楚之前，是不能盲目下笔的。要理清这些材料，就要认真分析材料，对材料进行一番“去粗取精，去伪存真，由此及彼，由表及里”的工作，找出众多材料本质的东西，也就是从分析材料中提出明确的主题。

（2）通讯，主要是人物通讯、事件通讯，需要精心剪裁，运用多种表现方法，写好典型材料和扣人心弦的细节，以增强真实感人的力量。

八、要将通讯写得传神有味需注意的问题

通讯属新闻体裁，不同于历史著作，也不同于文学作品，它的内容和消息一样，必须具有新闻性，不仅要真实，而且要新鲜。但通讯员无论写什么文章，都是给读者看的，只有文笔好，传神有味，人家才乐意看下去。苏东坡曾说，一篇好文章使人“为数日喜，寝食有味”。味从何来？有情有理才有味，味在情理之中。

通讯要写得传神有味，需注意如下三点：

1. 要从宏观上统筹全篇

从材料搜集、主题确立、腹稿构思到动笔写作的全过程，要吃透消化，烂熟于心，才能从宏观上驾驭全局，找到最适合的基调、结构、形式及语言，写出“绝活”，自然就有味了。如果稿子写完，不能用一句极简单的话回答出写的是什么，那么这篇文章是很难有味道的。

2. 要抓住特点写

凡事物皆有其自身的特点，抓住事物的特点写，就能写出味来。一种意思，可能有许多表达方法，写作时应该避免出现“套话”。比如拿写桃花来说，不管什么情况下，都一律写成“桃花似火”。这不仅是“套话”，而且也是不真实的。其实，在不同的情形下，桃花的形状、色彩是不同的，并不一定能“似火”。在三月艳阳的春光中，满坡盛开的桃花确实“似火”。但如果在潇潇春雨中呢，风雨之中的桃花呢？那句简单的“套话”显然不能够贴切、形象地表现出桃花的色彩与外形。

3. 要简洁含蓄

简洁、精练、明快、朴实、厚道、实在，本身就是美的，再下工夫做到篇无“多”段，段无“余”句，句无“废”字，让每字都“活”起来，发挥“效益”，稿子质量自然高，味儿肯定浓厚了。另外，还要注意运用含蓄这个技巧。

诗圣杜甫有这样一首诗：“黄四娘家花满蹊，千朵万朵压枝低。留连戏蝶时时舞，自在娇莺恰恰啼。”诗中并没有什么艳丽奇谈之词，朴素得简直像

条新闻，连小学生都能读懂。但这首七言绝句却描绘出了一幅有声有色、美不胜收的图画，进而使你甚至可以推测出黄四娘这个育花人的音容笑貌，使人人可以感到这不仅仅依靠诗人的文字技巧，更重要的是诗人在文字技巧的后面隐藏着的更精深一些的东西，诸如诗人对生活的体验、奇巧的立意和构思等。当然，写通讯不同于写诗，但通讯的写作也是一种创造性的工作，需要作者充分发扬创造精神，付出艰苦的劳动，才能写出好的通讯。

九、通讯主题在通讯中所起的重要作用

主题是文章的中心思想，有人称之为“主脑”、“灵魂”。通讯的主题就是通讯的灵魂。这有两层意思：一是主题决定着通讯的社会价值；二是主题支配着通讯写作的全过程，即材料取舍、谋篇布局、表达方式、语言运用都围绕主题进行。因此，正确地选择主题，深刻地提炼主题，完美地表现主题，应成为通讯员写作的基本问题。

通讯的主题酝酿和形成过程，与文学作品有许多相似之处，先立意后动笔，才能成竹在胸，这是通讯写作必须恪守的原则，是写作成败的关键环节。只有选定了主题，选对了主题，才能围绕主题选择新闻事实，选择组织素材、谋篇布局的结构，选择恰当的表达方式。

通讯的主题，是人们评价一篇通讯时首先的评价标准。一篇通讯的质量高低、价值大小，主要看其主题正确不正确、深刻不深刻，思想意义和指导作用大不大。

主题是文章的灵魂，材料是文章的血肉，情节是文章的骨骼。在一篇通讯中，主题、材料、情节之间的关系是相辅相成、缺一不可的，但主题却显得更为重要。

通讯的主题就是通讯要表达的中心思想。也可以说，是作者通过自己所描述的人和事，宣传一种什么思想，说明一个什么问题。主题一经确定即要像一根红线贯穿于全文，成为通讯的“灵魂”。

选择好主题，是写好通讯的前提。懂得摄影艺术的人，在照相的时候，

都很重视选择角度，掌握好镜头。不同的角度拍出来的照片，效果显然是不同的。从镜头化为笔端，同样也有个选择角度的问题。主题的针对性，常常就是同适当的角度分不开的。列宁提出选择主题的基本原则，重要的是选择政治上重要的主题，也就是对贯彻党的路线、方针和政策有推动作用的，能代表事物发展方向的，对全局工作有影响的积极的主题。这样的主题，能够抓住现实生活中的主要矛盾，引起人们的广泛注意。

强调要选择政治上重要的主题，并不是说只能是直接反映方针、政策和思想政治方面的问题。日常工作生活方面的许多题材经过精心提炼，也能成为政治上重要的主题。

提炼好主题是写好通讯的关键。一篇通讯的主题选择好之后，只是主题形成的第一步，还必须进行提炼，挖掘出事物的本质，使主题得到深化。

主题思想不是从天上掉下来的，也不是凭自己的头脑臆造出来的，更不是简单地照搬照抄党的一些政策、条文就能随意获得的，真正能反映时代精神的重大主题，只能从现实生活中产生。因此，必须提炼通讯的主题。

十、通讯员提炼通讯主题的要求

1. 主题的真实性

通讯员在提炼通讯主题时，第一个要把关的就是主题与客观存在的实际情况是否相符的问题，就是主题的真实性问题。在这方面应当强调的是，通讯员要有“质疑”意识，即凡事都不要“轻信”，一切结论都应该产生于深入调查研究之后。特别是对那些来头大、有背景、社会上众口一词争相炒作的热点事件、新闻人物，一定要在确认其事实、事迹的真实性的基础上考虑如何评价其人其事。

有时，同一个事件、同一个人物可以从不同的侧面提炼出不同的主题。例如：

一个原本性格内向的女工下岗后，为生活所迫先后干起了家庭保姆、建筑工地油漆工、街头卖报人，最终办起一家红火的主食加工店。她本人也历经磨炼，从胆小怕事的女工到麻利、果敢的女经理。这一事实过程可以用来说明几个方面的主题：

（1）市场大潮对人的陶冶和磨难是造就企业家的途径，市场对社会进步的作用。

（2）一个下岗女工的顽强精神。

（3）“从一而终”的就业观念应当转变。

但哪一方面更能反映生活的本质，哪一方面的主题经传播后可获得正面的社会效果，则可根据不同通讯员的认识、不同媒体在不同社会背景下的报道需要作出选择。

2. 深化主题

通讯员应当善于透过现象看本质，善于将丰富的感性材料去粗取精、去伪存真，进行一番由此及彼、由表及里的深入分析，抓住事物深一层的本质，深化主题。

一般来说，深化主题有以下三条经验：

（1）深度来自历史感。很多通讯员都知道，看问题离不开全局意识。但是很多人的全局意识仅仅局限在“空间”的概念，即把新闻事实放到更广阔的空间和一定的高度来认识，从而深化主题，而“时间”这个思维的角度常为人所忽略，有人称这种现象为“时盲”。很多事情如果只从当前的状态来看，往往感觉不出它的意义所在，一旦把它放进流动的历史长河中来考察，历史的逻辑便赫然显现。

（2）深度来自展示人的心灵。一个通讯员，若能将他的笔游弋于人们心灵的海洋，探索人生课题，抚慰受创伤的心灵，启迪心智，往往可以在读者渴求的心田中激起回响，使人感到震撼，从而产生精神上的动力。因此，凡是写人或与人有关的通讯，都要在开掘人物思想深度上下工夫，方能取得读者的回应。

（3）深度来自全局意识。通讯员要对那些乍一看没有什么新鲜之处，影响似乎也不大的新闻，确定其题材的通讯主题的深度，必须把这些题材放到全局的高度去衡量，深入研究其在全局中所占的地位，它是否有利于或者有害于社会发展的根本问题，它们的代表性、典型性如何等。

第三节 常见通讯类型的写作

一、人物通讯

1. 人物通讯的含义

人物通讯是以人物为报道对象，反映一个人或几个人的思想、言行、事迹，在一个主题贯穿下容纳着相当丰富的材料，着重以人物的精神面貌来感染、教育读者的一种通讯。

人物通讯是报刊、广播、电视上最为常见的通讯形式之一，是一种重要的应用文体，也是实用文写作学科研究的重要文体之一。它以人物的新近行动为新闻，重在表现人物的品质、性格和精神面貌，通过个别显示一般，通过平凡突出伟大，达到揭示时代特征、感染并且教育读者的目的。

写人之所以重要，就因为人是有思想的。采写人物通讯就是为了通过人的思想、人的精神面貌去教育人、感染人。光写事迹，不写思想，人物是平面的；写了思想，人才有了灵魂、生命，才能有感染他人的力量。

人物通讯有两个方面，可以称为“两条线”，一条是“过程线”，一条是“思想线”。“过程线”是人物生活的经历或事件发展的过程，它是事物的表面现象；“思想线”则是作者根据人物事迹所提炼出的主题——中心思想，它贯穿于人物的典型事迹中，反映着事物的本质意义。

2. 人物通讯的类型

人物通讯中的人物当然要具有新闻性。从实际报道的情况看，这些能够进入通讯中充当主角的人，大致上有这样几种类型：

（1）各行各业的英雄模范人物。如雷锋、焦裕禄、王进喜、张海迪、孔繁森、徐虎、李素丽等，都是由人物通讯向全社会推出的楷模。这样的人物通讯，社会影响最为广泛、深远。

（2）人们普遍关心的社会名流。如著名科学家、社会活动家、爱国人士、运动员、演员等。这样的通讯在报刊上常占有相当多的数量，有些报刊甚至可以通过报道这样的人物来吸引读者，提高报刊的发行量。

（3）在平凡的生活和工作中体现了某种人生价值，或者为人民作出贡献的普通人。这是近年人物通讯题材发展的一个新趋向。

（4）某些对社会有警示作用的反面人物，告知人们某种道理。

根据基本结构形态的不同，人物通讯有这样三种类型：

（1）传记式。传记式的特征是较完整地写出人物一生的主要事迹，篇幅较长，内容丰富。

（2）特写式。特写式侧重于写人物的一时一事或某一侧面。虽然比一般的特写涉及范围大得多，但属于集中于一事、一个侧面的写法。真正写一时一事的人物通讯，现在也很常见。

（3）群像式。群像式的特点是报道对象不止一个，而是一个集体中的若干人，或是同一时空范围内的几个同类人。

3. 人物通讯的写作要求

人物通讯以写人为主，要反映人物的时代特征，展示人物的精神风貌，要抓住人物的特点，选好角度，不要面面俱到；要用事实说话，以事显人，不要罗列事实，只见事不见人；要在冲突中深化主题，表现人物的个性特征和崇高思想。具体要求如下：

（1）人物通讯要表现时代精神。什么是时代精神呢？时代精神就是在一定的历史时期里所显示的人们的整体意志、整体愿望、整体呼声、整体的审美意识和价值取向。例如通讯《为了六十一个阶级兄弟》所显示的一方有难、八方支援的精神；通讯《人民的好医生李月华》所展现出的为人民的高度奉献精神，这些都是时代精神的具体体现。

人物通讯不能简单地写成一部"好人好事录"，而要高瞻远瞩地提炼出能够反映时代特征的主题，并且从这个高度来表现英雄人物的革命精神和思想风貌。

（2）人物通讯的教育作用在于真实。用事实说话，这是新闻报道的原则。人物通讯所报道的内容，必须完全真实。一篇优秀的人物通讯之所以具有强烈的教育作用和感染力，就是因为它所写的是真人真事，是人们看得见、摸得着、学得到的榜样。正因为如此，人物通讯绝不可有任何虚构。若有虚构，人们会对整个通讯产生怀疑，容易引起“信任危机”，会产生像《红楼梦》中一副对联所说的“假作真时真亦假，无为有处有还无”那样的副作用。

如何才能使人物通讯写得真实可靠？实践经验告诉我们，要使人物通讯写得真实可靠，通讯员必须深入实际去采访，充分占有第一手材料，然后分析选择，这正是“涉深水者得蛟龙”的道理。

（3）人物通讯要在矛盾冲突中表现人物。人物通讯写得深刻，必须在充分展开的矛盾冲突中表现人物。人物通讯所反映出来的矛盾冲突是多种多样的：有人物与自然界的矛盾；有特定的人物之间的矛盾；有人物自身思想上的矛盾。要注意写人物在矛盾冲突中的表现，通过矛盾冲突写人物才能将人物的思想境界、个性特征充分地表现出来。

4. 人物通讯写作范例

写作范例

忘我工作 为人师表

——记国防大学马克思主义教研部副主任张彬

《人民日报》2009年9月13日电 北京西郊，红山脚下。郁郁葱葱的国防大学校园。

指挥员班教室里，不时传出阵阵掌声。因为身患绝症，去年此时，脾脏连同淋巴肿瘤一起切除，今年此时，还处于后续治疗的第八个疗程。当他执意地站到讲台上时，这如雷般的掌声是对他的深深敬意！

他，就是张彬。现任国防大学马克思主义教研部副主任。入伍40年，他从海军水兵成长为共和国将军。

执教30年，他从军种院校的普通政治理论教员成长为最高军事学府的知名博士生导师。

调进国防大学18年，为我党我军千余名军级以上领导干部理论武装工作鞠躬尽瘁，作出了突出贡献。

“心若在，课堂就在！”

张彬是在最高军事学府——国防大学的特殊讲台上，担负着党的高级领导干部和我军高级指挥员理论武装重任的又一位优秀分子代表。

1979年执教军校讲坛以来，他参与写作出版著作、课题、教材52部，发表论文60余篇，29项科研成果获国家级、军队级、省部级和校级共39个奖项。

1992年调入国防大学以来，他12次获国家精品课程奖、军队院校育才银奖、军队级教学成果奖、国防大学优秀教学成果奖，13次获国防大学“优质大课”和教学成果奖，荣立三等功3次，曾被国防大学评为“有突出贡献的教研人员”、“献身国防教育事业标兵”。

谈到张彬，在理论界颇有声誉的国防大学老领导侯树栋、许志功异口同声：“张彬是典型的‘拼命三郎’！”

去年夏天，还在化疗的他将下半年研究生的课全部听了一遍。20余次的毕业论文开题、答辩他都全部参加。

2008年4月19日上午，解放军总医院最终确诊张彬为脾脏原发性淋巴癌中期。

是住院治疗，还是继续工作，艰难抉择时张彬提醒自己：“我是马克思主义理论教员，要对自己的信仰和事业负责。”

在手术前两周，他不顾劝阻，毅然请假返校为指挥员班讲授“推进民主政治建设的几个问题”大课。

住院期间，张彬仍然执行教学计划，婉拒教研部领导让其他教员代为讲课的建议，多次向总医院请假回学校讲课。

解放军总医院的康复病房和解放军最高学府的教室课堂之间的距离有多长？这位共和国将军、知名教授在用心灵去丈量！

由于身体虚弱，每次讲课都是大汗淋漓，一堂课下来，用掉三五盒面巾纸。

采访中，记者多次阅读《张彬淋巴瘤治疗过程及治疗期间完成主要教研任务一览表》，每看一次，就情不自禁，热泪盈眶。每看一次，心灵就受到一次强烈的震撼！

“讲马克思主义，必须摈弃本本主义”

张彬常说：“我们是马克思主义的建设者、信仰者，要守土有责。”

1999年，他提出在党的统一领导下，可以借鉴权力分割、相互制约原理，加强我们国家的民主政治建设。目前，深圳特区正在试行的决策、执行、监督各自运行的“行政权三分”改革与他的观点不谋而合。

2000年，解放军总部赋予国防大学马克思主义教研部一个课题，研究私营企业主能否入党问题。

在一次研讨会上，张彬前瞻性地提出应当把符合条件的私营企业主吸收进党的队伍。他的观点遭到与会学者和领导的反对。但他坚持将此作为学术观点保留。不久，这一重要观点写进了党的文件。消息传来，张彬甚感欣慰。

2007年秋，张彬随团出访欧洲，看到波兰有一家人乘着房车到德国旅游。他顿生感慨：讲马克思主义，我们必须摈弃本本主义！传播党的创新理论，我们必须掌握马克思主义的本质和精髓！与时俱进是真正共产党人的理论品质！

欧洲四国之行后，他的《政治体制改革和民主法制建设》、《正确认识和处理新形势下的阶层关系和社会矛盾》等前瞻性、实践性都很强的课题相继面世。课题中提出的解决问题对策、措施既符合我国国情、我军军情，又具有很强的操作性和创新性。

“学术上的事还是从严要求更好一些”

张彬认为，高中级干部的理论武装，应该建立在对真理的理性思考之上。对此，他身体力行。

在组织大家反复研究的基础上，张彬提出“把握理论体系、聚焦现实问题、履行历史使命”的教学思路，直面学员关心的问题。

在大家的共同努力下，先后探索并运用了小班教学法、辨析式教学法、案例比较分析教学法、课题研讨式教学法等多种教学方法。

小班教学法——引导学员围绕重大现实问题进行深入研讨。学员们在自问自答、自问互答、即问即答中，不断提出问题、分析问题、回答问题，深化了对教学内容的理解。

辨析式教学法——组织学员展开思想交锋。敏感问题、焦点问题、热点问题都可作为辩题，进入课堂。这种教学方法，学员学习热情高涨，积极查找资料、寻找论据、提炼观点、准备辩词，变“要我学”为“我要学”。

案例比较分析教学法——引导学员在比较中揭示矛盾、认识矛盾。通过对“公平与效率关系之争”案例的分析，引导学员深入学习收入分配理论，正确认识当前我国分配领域存在的突出矛盾和问题。通过对“‘拉美化’陷阱与中国发展模式选择”案例的分析，引导学员深入学习经济发展理论，弄清我国人均GDP达到1000美元后的发展之路。

学员们普遍认为，这种教学方法感性直观、生动具体，再现历史、身入其境，寓理于例、以例明理。有的学员说：“没想到，马列课还能这样教。”

考核方法的改革，是教学改革的重要一环。

张彬将考试方法由传统的笔试，拓展为由笔试和口试相结合，由以前的教员打分改为教员、学员代表、队干部三结合进行现场打分，打分比重分别占80%、10%和10%，提高了三方积极性。

张彬对学员的学术研究要求也很严格，反复强调参评教员只谈学员论文缺陷，直指存在问题。

前几年，有一个研究生进行硕士学位论文答辩，论文差错率较高。张彬当着论文评审委员会和导师的面，对这名研究生进行了严厉批评：“三粒米怎能拿来煮一锅粥？”这位学生当场就哭了。

张彬严肃地说：“如果和稀泥，最终的结果只能是害了学员。学术上的事还是从严要求更好一些。”

“作为一名教员，要对三尺讲台有敬畏之心，要把工作当成崇高的事业，而不能仅仅作为谋生手段。”张彬这样看待教员岗位。

他给所有学生上的第一课都是教导学生要做一个品学兼优、淡泊名利的人。

去年，张彬支持从未上过大课的刘群副教授给博士生队上一次大课。9月初，刘群试讲时，张彬专门向医院请假回校参加试讲并帮助修改教案。

在老家的弟弟有3个孩子上学，家庭相对困难。其中两个由张彬供养到大学，一个供养到参军退伍后也能自食其力了。

张彬说："我这样做，是因为我永远忘不了，在40年前，我参军临走离开家门时，母亲曾叮嘱过我的话，你参军了，将来有出息，不能忘本！也不能忘记自己的弟弟！"

他说："我是党的一名理论战士，不管我还能活多久，只要把党赋予的工作干好，就没有什么遗憾了。"

二、事件通讯

1. 事件通讯的含义

所谓事件通讯，就是报道典型的、有普遍教育作用的新闻事件。写事当然离不开事件有关的人，但它不像人物通讯那样着力刻画人，而是以事件为中心，在事件的总画面中，为了写好事来写人。它既可以反映现实生活中发生的重大的、振奋人心的典型事件和突出事件；也可以从某一新闻事件截取一个或若干个片断，进行细致详尽的描述，揭示事件的深刻含义；还可以是若干事件的综述。

2. 事件通讯的写作方法

事件通讯的写作，要准确写出某一事件发生的缘由、开端、发展、高潮和结果的全过程，让读者了解事件的来龙去脉。在写作中，要处理好写人与叙事的关系，即以叙事为主，以写人为辅，写人为写事服务。事件通讯的结构较为灵活，可以顺叙，可以倒叙，也可以运用插叙和补叙。在表达方式上，为了增强文章的生动性和形象性，除了叙述之外，还可以综合运用描写、议论等手法。

3. 事件通讯的写作要求

（1）事件通讯要找准"聚焦点"。事件通讯主要报道具有重大社会意义和新闻价值的典型事件，这些典型事件不论是反映形势的发展变化，还是重大的政治事件，都有其特定的新闻价值和历史价值。这些小事件，直接关系着广大群众的切身利益，是群众所关注的焦点。生活中发生的事件是复杂的，充满着矛盾和斗争。因此，事件通讯应从多侧面、多角度、多含义来寻找最本质、最富有个性特征、最富有现实意义的那个“聚焦点”，以此来确定通讯的主题。

事件通讯是否有新闻价值，关键在于事件本身是否有价值，即新闻事实本身含有的社会意义，是否关系党、国家和广大群众的切身利益，是否深刻触及了贯彻党的路线、方针、政策上的重大问题，是否代表了群众的要求和呼声，是否抓住了群众普遍关心而又是当前实际工作迫切需要解决的问题。正是从这个意义上说，事件通讯要下工夫瞄准“聚焦点”，提炼主题，增强其新闻价值。

（2）事件通讯要以写事为主。事件通讯是报道新闻事件发展过程的通讯，以写事为主。这类通讯，比较相近而形象地报道事件的真相，显示事件的意义，要求相对完整地再现新闻事件发生、发展的过程，以及其前因后果、来龙去脉，也就是要把事情如实地反映出来。在这一点上，它不同于人物通讯。写事件通讯时，切忌把事件的过程写得平铺直叙，毫无悬念。因此，事件通讯写作，要紧紧抓住矛盾冲突的形成、围绕这一线索展开：要写矛盾冲突的高潮，也就是写矛盾冲突的关键时刻。如果把矛盾冲突的高潮写出来，就可以使事件的本质、人物的内心世界得以展现，这样的通讯才生动形象，事件就会悬念丛生、引人入胜了。

（3）事件通讯中的人物描写。“事因人生，人以事显”。人是事件的主宰，事件所蕴涵的时代精神、先进思想，是通过事件中人的活动、人的言行表现出来的。没有人，就没有事件的新闻价值。因此，写事件通讯，就要通过描写人物活动，刻画人物形象，使人物和事件交相辉映，各放光芒。

事件通讯写人，不像人物通讯那样，比较细腻地、多方位去刻画一两个人物形象。在一起重大事件中，涉及的人物可能很多，不可能人人都写到。要写那些事件发展进程中，在事件发展的各个阶段上，能够推动事件发展的关键人物，写他们的行动、语言、内心和外貌。但一般都是简笔勾勒，是速成式的，白描式的。

事件通讯写人，也应注意写人物在特殊的场合、在矛盾斗争尖锐对立的状态下的各种情绪，通过人物的语言、行动展示人物的个性和精神风貌。如《人民日报》1979年2月26日发表的通讯《一场捍卫党的原则的伟大斗争》，详尽报道了“文化大革命”中的所谓“二月逆流”的真相。通过写发生在京西宾馆的那场斗争，来刻画老一辈革命家的形象：叶剑英同志愤怒警告妄想搞乱军队的阴谋家。他气愤地用拳头敲打桌子，以致小手指都震得骨折了。徐向前同志也愤怒地站起来说：我们搞了一辈子军队，人民的军队难道就叫他们几个人毁掉吗？他一气之下，推倒了跟前的桌子，恨不得跟林彪、江青之流拼个你死我活……这些描写充分反映了老一辈革命家可贵的献身精神。

4. 事件通讯写作范例

写作
范例

击破三聚氰胺非法经营网

北京2008年9月30日电 河北警方击破一个生产、销售和向鲜奶掺入三聚氰胺的网络，并拘留了22人。

据新华社报道，遭拘留者中，检察机关已批准逮捕13人，此外，19人是牧场、养殖小区、奶站（厅）的经营负责人。

报道说，河北警方组织800多名警力，用了十多天对石家庄市41家牧场、养殖小区、奶站（厅）进行突击搜查，缴获了222.5公斤三聚氰胺。

调查显示，石家庄市一些不法分子为了牟取暴利，在地下工厂非法生产含有三聚氰胺的蛋白粉，大都销售给了牛奶养殖小区及奶站、场、厅的不法经营者。

警方透露，在原奶中添加三聚氰胺等物质，主要发生在牧场、养殖小区、奶站（厅）等原奶储存、运输环节。

据报道，上周二落网的一名高姓嫌犯供认，从去年下半年以来就在河北省正定县一个地下工厂非法生产含有三聚氰胺的蛋白粉，然后通过另一名嫌犯薛某等出售给一些奶站、挤奶厅。

一些奶站、挤奶厅的不法经营者为使向三鹿集团供应的鲜奶蛋白质检测指标合格，向鲜奶中掺入三聚氰胺。嫌犯耿某交代，他在正定县投资建了一家挤奶厅，并与人合伙建了个奶牛养殖小区，曾因向三鹿销售的牛奶检验不合格屡次被拒收。后来得知，向牛奶中掺加某种化工原料（三聚氰胺），能够增加蛋白质检测指标，可以蒙混过关。他便开始将三聚氰胺等化工原料掺入鲜奶中。

暂时还不知道，警方早前宣布拘留的18人，是否包括在昨天新华社报道的这22人当中。

三、工作通讯

1. 工作通讯的含义

工作通讯就是报道工作中的新鲜经验、探讨工作中的新鲜问题的通讯，是深度报道重要的体裁之一。

工作通讯是我国新闻报道的特有体裁，它直接干预生活、指导工作，有很强的政策性、针对性，因此，有人称它为政策性通讯。但是，它不同于政策性文件，不具有指令性。它通过总结经验，探讨问题，从思想认识上给人以启发和诱导。

2. 工作通讯的类型

工作通讯的类型一般有以下两种：

（1）报道型工作通讯。报道型工作通讯主要是向受众报道工作中的新鲜经验，或涉及政治、经济、党风、官风、民风的重要问题。

（2）研究型工作通讯。研究型工作通讯重点在于探讨问题的成因，研究解决问题的办法。一般是针对涉及全局性、有普遍意义的问题提出解决的办法。

3. 写工作通讯时应注意的要求

通讯员在写工作通讯时应注意以下几点写作要求：

（1）要抓住主题。要注意选择那些在贯彻执行国家方针、政策中碰到的问题，选择那些人民群众普遍关心的问题，把着眼点放在推动工作的开展上。

（2）要用事实说话。要选择典型事实，突出重点问题，多角度、多方面地选取材料，证明观点，否则，所谓的经验、结论就只能是空中楼阁了。

（3）要找出解决问题的出路和办法。暴露问题的工作通讯要提出解决问题的方法，报道成功经验的工作通讯同样如此。事实上，对成功经验的肯定，本身就是为同类的单位或企业指出可以借鉴的方法。

（4）生动活泼、可读性强。生动活泼、可读性强这本是通讯的共同写作要求，这里特意强调一番，是因为工作通讯比较容易让人产生轻视生动性的误解。也许工作通讯在情节上不如事件通讯和人物通讯那样引人入胜，但是不能因此放弃通讯的这一基本特点。缺少文学性、不能有效吸引读者阅读的工作通讯，不能算是成功的作品。

4. 工作通讯写作范例

写作范例

用程序保证民主决策

——河南农村探索实践“4+2”工作法

中广网河南分网2009年9月16日电 “‘4+2’，好做法；领头雁，导航向；群英会，共磋商；先锋队，细把关；主力军，拿主张；人人心中亮堂堂，件件办到心坎上……”河南农民对“4+2”工作法的满意度，可以从鄢陵县望田镇农民编的这段顺口溜中找到答案。

“4+2”工作法，这种新的乡村治理模式，是河南农村基层干部群众的一个创举。其基本程序是“四议两公开”：凡是村里的重大事项决策，都先由村党支部提议，再交村“两委”（党支部和村委会）商议，然后交村党员大会审议，最后由村民代表会议或村民大会作决议。决议形成后，要对决议和实施结果进行公告和公布，接受群众监督。

今年5月初开始，河南省委在全省范围内推广“4+2”工作法，全省近90%的农村开展了这项工作。

一种程序，探索农村基层民主

7月23日，河南省濮阳县庆祖镇郎家寨村第一次用“4+2”工作法决定村中大事。吃罢早饭，村民代表三三两两往村委会走去，一路上还发表着各自的高见。一名村民代表介绍说：“俺村打通东西大街的事儿，拆迁户担心房子拆了没有地方住，用‘4+2’走程序，为今天的议题支招，得有个说法。”

村委会主任郎贵增说，实施新村规划，村里东西大街不通“挡了车”，如果能顺利打通，新村建设能提前3至5年。前天，村党支部会一致通过要加快新村建设，争取打通东西大街。“两委”审议通过，接着召开党员大会，也审议通过。

村民代表大会上，代表们各抒己见，最终通过决议：拆迁户由村委会按照整体规划统一划分宅基地，其中“五保户”由村委会统一安排在村养老院居住，困难户由村委会担保，向信用社申请贷款建房，免收手续费。看到决议公告，村民们都说，“4+2”，这个法儿，中！

2005年，河南省邓州市农村试行“4+2”工作法，把农村经济社会发展的主要工作，纳入一套简单实用的议事决策程序，受到农民欢迎。省委考察后发现，“4+2”工作法将党支部、村委会、党员、村民代表等各方面的意见纳入到一个框架，同拉一套车，同走一条路，使决策过程更加民主，决策内容更加正确，决策执行更加顺畅。统计显示，2006年以来，邓州市农村信访量下降74%，集体上访、越级上访下降95%，被评为河南省综合治理先进县（市）。

河南省委书记徐光春说，“4+2”工作法是加强农村基层党建工作、改进党员干部作风的积极尝试，是坚持基层群众自治制度、推进基层民主政治建设的有效探索，是创新农村工作方式方法、促进新农村建设的生动实践。

一套经验，化解农村诸多难题

濮阳市文留镇党委书记魏云增在农村工作近20年。他说，“4+2”工作法，就是体现大家的事大家议、大家定、大家干，真正扩大了村民的知情权、参与权、表达权和监督权，促使村干部多办顺民意、解民忧、增民利的实事。

9月初，临颍县皇帝庙乡商桥村决定：建设沿河景区。商桥村紧临小商河，分布有全国重点保护文物。去年村里响应县乡两级投资意向，提出结合新农村建设，建设沿河景区，发展旅游业，村里56户拆迁户中少数人却因利益问题不配合，建设项目搁浅。

刚刚当选村支书的邢少敏，启用“4+2”工作法促进民主决策。大家畅所欲言，全村45名村民代表一致通过该项目。邢少敏说，以前村“两委”班子定的事，群众以为有啥“暗箱操作”，事情一摊开，民意顺了，事儿办了，干部也好当了。

临颍县石桥乡三角村是个经济发展相对落后的村子，去年全村有21人“吃低保”，是村“两委”定的，村里有人发牢骚，有人告状。今年公开办事程序后，村里申请“低保”的增加到50多人。最后定低保户时，全村33名村民代表在村委会前，对照申请一户一户地过，最后确定10户34人。结果公布后，全村没有一个人表达不满。

舞阳县西蔡村地处城乡接合部，2002年以来，因城市建设需要，县里曾两次提出对该村实施改造，都因群众反对而叫停。今年5月，按照县城发展整体规划，西蔡村部分村民需要拆迁。村“两委”严格执行“4+2”工作法，过去7年都没定下来的事儿，这次从提议到通过决议只用了7天，100多户上千间房屋一天拆完，没强拆一户，没一户上访。

邓州市汲滩镇张井村村委会大院的外墙上，有一幅宣传漫画，“农村问题”被画成一把锁，锁鼻上挂着6把钥匙。村支书孙永浩介绍，如今，凡是村里重大事项决策，都要按照“4+2”工作法的程序进行，“6把钥匙开1把锁”就是对这一过程的形象化表达。

一个课堂，提升农村干部水平

“4+2”工作法，给乡村干部带来的不仅是震动，还有工作水平的提升。

开封市在推行“4+2”工作法中，明确要求“三不提议”、“一项否决”，即违背法律法规的不提议，违背党的路线方针政策的不提议，违背群众利益的不提议；凡未通过“4+2”工作法决议的村级重大事务，一律视为无效。

邓州市燕店村村干部为了壮大村集体经济，通过招商，引资120万元准备在村中的一块荒地上建砖场。前期的村支部提议、村两委商议、党员会审议都顺利通过，没想到在最后的村民代表表决时却“卡了壳”，65名代表交了40多张反对票。理由很充分：砖场是个“地老虎”，太占地、浪费土地资源，不符合国家政策。村支书牛正科说，尽管办砖场的事黄了，但村干部执行国家政策的意识却提升了。

为了更好地推行“4+2”工作法，河南积极配好村支书，建强村级班子，选好村民代表。全省先后培训农村党员干部22万人次，让他们在推广“4+2”工作法中发挥骨干作用。同时，在全省4万多个建制村中选出140多万名素质高、懂村务，能代表农户发表意见的村民代表，组织他们参加培训和学习，提高参政议政能力。

“4+2”工作法在实践中已显示出了巨大的活力。全省50%的建制村运用“4+2”工作法制定了发展规划，8000多个建制村确立了发展条件优、潜力大、前景好的特色产业，引进了投资项目。集资修路、发展集体经济等过去一些不好办、办不好甚至不敢办的事情，在“4+2”工作法中迎刃而解。全省运用“4+2”工作法共解决涉及土地、宅基地、低保对象确定、林木纠纷等热点难点问题9万多件，从源头上化解了不稳定因素。

四、概貌通讯

1. 概貌通讯的含义

概貌通讯，也称风貌通讯，是勾勒某一地区、某条战线或某个单位面貌变化的一种通讯。报刊上标以“见闻”、“巡礼”、“侧记”、“纪行”一类字眼的通讯文章，大体皆属概貌通讯。概貌通讯是应用写作中的一个重要文体，它以报道神州大地新风貌为主要内容的通讯，它呈现给读者的是某地的新变化、新气象、新面貌，能开阔读者的视野，振奋读者的精神。

2. 概貌通讯的特点

（1）题材广泛。概貌通讯涉及面非常宽广，举凡天文地理、自然风光、文化教育、社会生活、道德面貌、经济状况、历史遗迹、园林建筑、地方特产等，都可以成为概貌通讯的报道对象。

（2）形式多样。概貌通讯可以采用多种不同的名目：见闻、侧记、巡礼、航讯、印象记、速写等。从写法和体式上看，也是多种多样的，写景、状物、记人、述事，散文体、日记体、书简体，无不适用。

（3）环境为主。记叙文的写作，内容离不了人物、事件、环境三大要素。如果说人物通讯的核心是人物，事件通讯的核心是事件的话，风貌通讯的核心就是环境——不是表现社会环境就是表现自然环境；不是表现宏观的背景就是表现具体的场所。

3. 概貌通讯的写作方法

（1）抓住特点写出特色。任何一个地方的面貌都是丰富多彩的，又都是富有自身特色的。概貌通讯要抓住报道对象最有特色的地方落笔，这样才能写出它的个性，给读者以深刻的印象。

（2）运用对比、烘托手法。概貌通讯重在反映报道对象的新面貌、新变化。新在哪里？新只有在同旧的对比中才能显现出来。因而对比、烘托是风貌通讯最常用的手法之一。

（3）传播科学文化知识。概貌通讯往往会涉及许多天文地理、历史典故、文化教育、科学技术等方面的知识。可以说概貌通讯的一个重大功能就是传播科学文化知识，它同时也是吸引读者的魅力来源之一。

（4）描写抒情讲究文采。概貌通讯是通讯中散文化色彩最突出的一种。这就是说，概貌通讯比起别的通讯形式来，要求有更多的文学性。概貌通讯的文学性，主要通过描写、抒情的方法来实现。描写主要是写景状物，要把景色、事物写活。抒情则是缘景生情、借景抒情，努力做到情景交融。

4. 写作概貌通讯时应注意的事项

通讯员在写概貌通讯时，应注意以下两点写作要求：

概貌通讯是记叙某一地区、某一行业或某一事物的风貌状况以反映其整体变化的新闻体裁。概貌通讯的重点在于写“貌”，因而特别注重反映某些地方的山川景物、风土人情和世俗习惯等。

概貌通讯的形式比起别的通讯来，要求有更多的文学性。此要求在上文已有说明，不再赘述。

5. 概貌通讯写作范例

写作范例

重走小平挺进中原路，“西瓜兄弟”的故乡变了样

《河南报业网—大河报》2004年8月10日电　1947年8月中旬，越过了陇海铁路的刘邓大军又一次遇到了考验，面前是宽20多公里、遍地淤泥积水的黄泛区。

黄泛区又称新黄河，是1938年蒋介石下令在郑州花园口掘开河堤使黄河改道而形成的一望无际的黄泥滩。黄泥滩上遍地淤泥，浅处没膝，深处及脐，四周荒无人烟，路途难辨。一些参加过长征、走过草地的老红军称过黄泛区是“第二次过草地”。从8月16日傍晚到18日上午，刘邓大军在黄泥滩里奋战了近两天，终于胜利地通过了黄泛区。

村民口中的“西瓜兄弟”

在淮阳县，刘邓大军走出黄泛区、渡过沙河后继续向大别山挺进。半个多世纪后的淮阳大地，当年一些感人的故事仍广为流传。其中影响最大的，就是“西瓜兄弟”了。

《西瓜兄弟》因被选入小学语文课本而声名远扬，文章的作者是跟随刘邓大军挺进大别山的战地记者黎辛。黎辛讲述的故事是这样的：淮阳县李楼村的李氏两兄弟每年都种西瓜，人称“西瓜兄弟”。老大的地在村东，老二的地在村西南。这年瓜刚熟的时候，一队蒋匪军从村东过，把老大的西瓜吃得一个不剩。不久，八路军从老二的瓜地过，但战士们只议论瓜好，没有一个人停下。老二很感动，赶忙切瓜给战士们吃，结果也没有一个人接。

“淮阳县有好几个李楼，后来经我们多次考证，认定文中所说的李楼村就是今天搬口乡门楼行政村所辖的李楼村。”淮阳县党史办主任刘继星介绍说。

8月8日下午，记者来到门楼村。村里新建的楼房很气派，仍有村民侍弄着田里的西瓜。不过，村民们对“西瓜兄弟”的故事却有不同的讲述。80岁的门清祥老人回忆说：“那时候村子很小，不到100口人。种西瓜的兄弟俩不姓李，姓赵。老大叫赵喜成，老二叫赵喜龙。”兄弟俩在二三十年前先后去世，都没有留下后代。

此前，人们对故事发生的时间也看法不一。一些人认为是在抗日战争时期，但也有人认为是在解放战争时期。门清祥老人肯定了后一种说法：“当时过的是刘邓的军队，把共产党的军队称为‘八路’是当地老百姓的习惯。”不论“西瓜兄弟”姓李还是姓赵，都印证了一个事实：共产党领导的军队纪律严明爱护百姓，国民党的军队纪律涣散到处扰民。

黄泛区成了“绿的海洋”

半个世纪过去了，昔日的黄泛区改变了模样。在豫东平原采访，碧绿的庄稼一眼望不到边，路边、村头、河渠旁到处是高高的树木。在“西瓜兄弟”的家乡，门清祥的孙子告诉记者，现在这里的村民种植最多的是芦笋和桃树，因为芦笋和桃树的经济效益要比西瓜好得多。

和搬口乡到处是芦笋不同，记者在淮阳县王店乡大李村见到的是另一番景象——庄稼地里除了长势良好的玉米、大豆等粮食作物，黄花菜、蔬菜、果树、花木等经济作物也随处可见。在黄泛区农村采访，记者感受最深的就是一个“绿”字。

当年刘邓大军从这儿经过的时候，包括淮阳在内的黄泛区交通非常不便。如今的淮阳，公路密如蛛网，全县大多数乡镇实现了“村村通公路”，仅穿越淮阳的高速公路就有4条。

第七章

新闻专访的写作

第一节 新闻专访写作基本知识

一、新闻专访的含义及特点

1. 新闻专访的含义

专访是对事先选好的新闻人物、单位、部门进行专题采访报道。常用的专访类型分人物专访、事件专访和问题专访。

人物专访是为报道新闻人物的活动、思想品质、理想追求而写的专访。

事件专访是为报道某一新闻事件的来龙去脉而写的专访。

问题专访是就某一热点、焦点问题向有关单位及权威人士、代表人物进行采访后所写的报道。

2. 新闻专访的特点

所谓专访，就是通讯员针对特定的人物、事件或问题，事先选定采访对象，经现场采访之后，根据谈话记录整理而成的一种新闻报道体式。专访与通讯有不少相似之处，人们称它为“特殊的通讯”。那么专访有哪些特点呢?

（1）访谈性。和谈话消息一样，专访也有着明显的访谈特色。

从形式上看，专访是采访者和采访对象之间的双声对话，具有一定的“口述实录”性质。话题围绕着一个中心，在问答的过程中次第展开。这种谈话是双向互动的，不像新闻发言人答记者问那样死板。

在交互的问答中，话题不仅始终在双方的兴趣范围之内，而且双方有着较多的相互讨论和情感交流。

（2）针对性。专访的访问对象，是事先确定的，不是在采访活动中临时抓到的，这也是访谈类新闻的共同特点。

（3）记言为主。通讯以写人、述事、写景、状物为主，而专访以纪言为主。纪言为主是专访的内容，主要是采访者和采访对象之间的对话，其中以采访对象的话语为中心。在专访中，记者除了提出问题、做些适当的插话之外，基本放弃了话语权利，即便是转述，也不得违背采访对象的原意。

（4）特定的访问对象。和访谈录消息一样，专访也有更强的针对性。谈问题，为给受众以某种启示；访人物，为昭示人物某种精神，点亮社会心灯。

（5）专一集中的访问内容。这是专访有别于其他体裁的通讯，又不同于访谈录消息的重要特征。“专”是通讯员根据目前形势和受众的期待，事先就一个比较热门的问题，针对一个专门的目的和意图进行采访和写作的一种特征体现。写人物，不像一般人物通讯，刻画人物全貌，而只写人物的某一种精神，某一方面的业绩，甚至只写某一件事。写问题，只写一个，且多取一个小的角度。和访谈录消息比较，专访所访谈的内容更为集中专一。

（6）文学的笔触。这是专访区别于访谈录的最重要特征，也是它和通讯的共同点。在实际的新闻报道中，由于体裁间的融合、借鉴、转化、移植，形成了一些既像访谈录又像专访的作品，是正常现象。因材设体，不拘一格，一切要根据表达的需要灵活处理。通讯的三个特点：新闻性、文学性、评论性，专访都具备。所谓文学的笔触，就是说它运用描写、抒情等形象化、情感化的笔触，而不像访谈录那样，基本都是问答、叙述的方式。

二、新闻专访的组成部分

新闻专访由标题和正文两部分组成。

1. 标题

一般由正题和副题组成。正题揭示主题思想，副题说明采访对象，前面冠以“访”或“记”字样，如《直如蛛丝绳，清如玉壶水——访刘绍棠》。有的专访的标题只有正题而不设副题，如《××专访》。

2. 正文

正文包括开头、主体和结尾三个部分。

（1）开头。一个漂亮而得体的开头，可以立刻抓住读者的注意力，引起他们的阅读兴趣。

专访的开头样式很多。从表达方式的运用上分，有叙述式、描写式、抒情式、说明式、议论式等；从内容的安排上分，有开宗明义式、介绍说明式、烘托渲染式、直接问答式等。如何开头，要根据表现主题的需要去定。

（2）主体。本部分是专访的核心内容。这部分要立足于采访过程，以表现主题、突出主题为宗旨，展开内容。其写法主要有纵式和逻辑式两种形式：前者是按照采访过程去写；后者是根据逻辑关系，用主题的红线，把一次采访的几个场面，或几次采访的重要场面、重要谈话，巧妙地联结起来，融为一体。

通常专访主体的写作都是将叙述和一问一答式的对话交织在一起的。

（3）结尾。精彩的结尾，应该对主题起到升华、深化的使用，给读者留下无限的回味和深层次的思考。

三、新闻专访的写作要求

通讯员在写新闻专访时，应注意以下几点要求：

1. 记言准确传神

专访和谈话录消息一样，记言是最重要的特色，同样要求记言必须准确而传神。专访不仅要准确记录谈话的寓意，还要准确体现被访者的性格、身份。要抓住被访者个性化的语言与风格，再现于作品。对于被访者的话，可以直接引用，也可以转述即间接引用。直接引用更具现场谈话氛围，间接引用便于概括集中。

2. 再现场景

这里的场景，是指访问现场。再现场景于作品，一是给读者以身临其境的感觉，增强作品的表现力；二是以景写人，用场景衬托人物身份、性格、情趣和精神风貌。

3. 透出时代气息

专访，访的是当代人物，写的是当代人们关心的事情或问题，因此，时代感便成为专访的生命。时代感，主要是通过问题的针对性和人物的精神、观念体现出来的。

选题要切准时代脉搏，要写当代人们关注的问题，写当代人们政治生活、文化生活中普遍感兴趣的问题。选择专访对象，要选择具有先进思想、先进事迹或者掌握先进知识、先进文化的代表性人物。

只要问题切准了时代脉搏，人物具有时代的代表性，专访的时代精神、时代气息也就在其中了。

4. 新鲜活泼

新鲜是指内容而言，活泼是就形式而论。内容新鲜，一是要及时捕捉生活中出现的新问题和新人新事；二是要选择好新闻的由头，这里就有一个时机问题。

5. 专访要“专”

专访的“专”，表现在两个方面，一是内容的专题性，写人、写事、写问题都要求集中、专一，不宜散。二是媒体专栏、专页、专版的“专”有特色。不同的媒体，面对不同的受众，有不同的需求，因此不同的媒体应形成自己专有的、不同于其他媒体的专访栏目，谈论自己的受众关心的问题，访问自己的受众关注的人物，采用贴近自己受众的语言和表达方式。

第二节 新闻专访写作问答

一、新闻专访的结构形式有哪些

新闻专访的结构形式可分为问答交谈式、人物自述式和散文式三类。

1. 问答交谈式

问答交谈式是以“问”和“答”为记言的主要方式。专访中的“问”与“答”，常伴有对话，即采访者有时不是纯粹地“问”，也输出思想、观点，和被访者形成对话，这种对话可能是双方认知的共鸣、互补，也可能是观点的交锋，在共鸣或交锋中产生思想的火花。无论是共鸣还是交锋，都使专访的“问”与“答”显现出交流、交谈的色彩。

2. 人物自述式

人物自述式专访，是指由人物以自述的方式谈自己的思想、情感、业绩。谈话录中的人物直接叙述，一般是针对采访者的提问，回答问题，陈述观点。这里的人物自述，主要是述人物自身。一般在人物自述之前，由采访者交代背景，介绍人物。

人物自述式专访比一般人物专访的取材面宽，具有人物通讯的取材幅度，但表达手法却没有人物通讯那么多样，这可以说是体裁演变发展的新尝试。

3. 散文式

散文式写法和谈话录消息的记言叙述式写法看似相仿，实则不同。记言叙述式是用采访者的话语串联被访者的谈话，基本是记言。散文式则是将记言、叙事、写景、描绘人物音容笑貌融为一体，有时还可以融入采访者的议论和抒情，有较浓的文学色彩。

二、写作新闻专访应注意的问题

写作新闻专访应注意的问题主要有以下几个方面。

1. 做好采访前的准备工作

准备工作，包括选择好专访对象，确定采访目的、方法，收集必要的资料，列好采访提纲等。

2. 采访的主题要鲜明、深刻

专访看似一问一答，对主题没有严格的要求，其实专访的新闻价值就在于主题是否鲜明、深刻。

3. 要处理好人称变换的关系

变换人称时，要注意衔接过渡，切勿因人称变换的原因，使读者分不清哪些是采访者说的，哪些是被采访者说的。

4. 要带着浓厚的情感来写

只有作者有情，笔下带情，文章才能流露出真情，才能收到感人的效果。

第三节 常见新闻专访类型的写作

一、人物专访

1. 人物专访的含义

人物专访，就是抓住当前人们普遍关心的人物或单位，用第一人称出场的形式写，常用问答式介绍访问内容。

这种报道以“访”为主，即以叙述被访人的看法、意见为主，围绕被访者对某特定问题的看法，写他在这方面的经历和见闻。

2. 人物专访的写作要求

人物专访写作要求如下：

（1）要交代清楚访问对象和访问原因。

（2）对被访问者的描述要有重点。

（3）要抓住特点，刻画出人物的精神面貌。

（4）要注重描写人物语言，给人以访问的实感。

（5）人物专访的结尾，可写一点作者的感受或对被访者的祝愿和希望。

3. 怎样写人物专访

人物专访属于记叙文范围，是一种类似小报告文学的新闻形式。近几年来，报刊上经常刊登这类文章，很受读者的喜爱，不但通讯员写，中学生、文学爱好者也常把写人物专访作为社会实践和练笔的机会。那么，怎样写好人物专访呢？

（1）在确定专访对象时，必须熟悉访问对象的大体经历和主要成就。这样，交谈时也就有了话题，便于提出问题，写作时也有助于文章的充实。

例如，有一篇题为《漳州飞来的小鸟——记八次叩响获奖大门的胡晓梦》的专访，作者在采访之前，仔细了解了胡晓梦同学是如何攀登文学殿堂的（从十四岁到十六岁，八次叩响获奖大门），并且认真阅读了胡晓梦的作品，于是，作者满怀感情地写道：

“果然不负众望。晓梦用她的一双纯真的眼睛，深情地注视着光怪陆离的大千世界，用她的全副的心灵去感知生活，从江上那来去匆匆的帆船上，看到那腰间拴着绳子的孩子的寂寞孤独，以深切的同情写成了散文诗般的《白帆之歌》；从‘花市’的热闹景象中，发现了人们对美的追求，以优美的文笔写成了《买花》；从热闹的家宴中，发现冯科长的贪婪无耻，写了《客人》给以无情的鞭挞和揭露；从一个普通的农村姑娘小翠的不幸的婚姻中，发现那几千年来不合理的封建积习，至今还吞噬着可怜的农村少女的青春和生命，写出了感情深沉而有震撼力的《小河，小河》，发表后，引起强烈的社会反响……”

这段文字，不仅使这篇专访的内容更加丰富、充实，而且也使读者对晓梦的作品有了概貌的了解。

（2）要善于发掘专访对象生活中的有趣的故事或独特的兴趣爱好，以便从多方面展现人物丰富的精神面貌和内心世界。例如，山西省平陆县西街中学初一学生程若明发明了“多面黑板”和“果核刀”，荣获科技发明三等奖，被人们誉为“小小发明家”。《中国少年报》的记者在访问他的时候，兴致勃勃地追踪他的发明之路，从程若明同学决心为山区的老师减轻负担（一位老师要在同一间教室里，给两三个年级上课。一块黑板常常不够用，老师擦了写，写了擦，又累又不卫生），到他从书上及日常生活中得到启示——建楼房是为了减少占地面积，增加居住面积。

（3）要注意突出重点，勾画出访问对象的举止、神态和性格特点。《中国青年报》“人物剪影”专栏里有一篇《文坛一怪》的文章，文中写道：“他四十多岁了，高兴了就一个人在屋里又唱又跳，从床上跳到桌上，再跳下来；和朋友聊天，没有正形儿，常说出比小学生还幼稚的话，问出莫名其妙的问题来；在老学者们座上，他又俨然是个‘小老夫子’，说话文诌诌；早饭吃什么，他记不住，常把帽子、车钥匙丢落，却能在诗歌讨论会上，不用讲稿侃侃而谈，大背《论语》、《人间词话》、佛经、苏珊·朗格和科林伍德的美学——甚至某页第几段都说得出来，令听者目瞪口呆。”

文字不多，却活脱脱地勾画出当代文坛“怪人”——深通中国古典文、史、哲，能书、能画、能篆刻、能谱曲，熟悉戏曲的中年作家钱世明的形象。

真实是新闻的生命，人物专访，内容一定要真实，引述采访对象对某一问题的看法，必须是原意，作者不能随意改动或发挥，无根据的拔高和添枝加叶是不允许的。所以，在专访时，要细心倾听，掌握尽可能多的第一手材料，时间、地点、人物、作品和数字等要当场问清楚并记下来，以免张冠李戴。文章写完以后，最好送采访对象过目，听取本人意见，以免文章发表以后引起一些不必要的麻烦。

4. 人物专访写作范例

写作范例

为使夕阳更壮美

——记江苏科技大学的老专家们

唐代大诗人李商隐有一句传诵千古的名句：“夕阳无限好，只是近黄昏。”后人根据此句归纳成“夕阳红”。江苏科技大学老专家协会成立的五年来，涌现出了一批夕阳红老专家。

奉献余热辟新天

最近这五年，正值江苏科技大学发展的五年。这五年，是这所称为“造船工程师摇篮”的高等学校进入了全盛时期。除了原来的东校区外，又完善了南校区和西校区，而且新辟了张家港新校区，这里凝聚了许多老专家的心血与聪明才智。2005年，江苏科技大学原党委书记祝山、原副校长冷静和原纪委书记沈贻森等，带领部分老专家和一批年轻同志，奉命开辟张家港校区。他们竟然能在一片空白之地建起了一座现代化的新校区。目前已培养出了两届毕业生。他们从校区的内外管理到专业设置与建设，教师队伍的配备，实验室的规划等方面，精心策划，从无到有，克服困难，开拓进取，臻于功业。

与此同时，初具规模的江苏科技大学南校区，仍有许多基础工作要做。江苏科技大学原副校长黄国建教授，独当一面，负责南校区的领导工作。他带领一批专家，经多方协调，努力工作，使该校区的功能日趋完善，充分发挥了培养人才的功能。到目前为止已经有5届毕业生走上了社会，为人民建功立业。

甘做人梯为育人

这五年来，由于我国船舶工业空前发展，江苏科技大学培养人才的任务十分繁重。在校学生达到2万余名，为了保证教学质量，许多老专家参与了各级、各层次、各校区的教学督导工作。据统计，2009年以前，教学督导组的老专家有85人；2009年以后，仍然有56人。五年中，老专家听课人次累计达到3万余人次。

随着高等教育的发展，教师需求量急剧增加。但是，从新进校的青年教师来看，他们学历普遍较高，而缺乏实际教学经验。2006年，老专家在有关部门的指导下，成功举办了30多人参加的“青年教师教学方法研讨班”。在班上，老专家们做示范，青年教师试讲。通过比较、分析和讨论，相互切磋，得到了共同提高。使青年教师明确了究竟应该怎样上课、如何才能上好一堂课、什么才叫一堂好课等认识问题。该班深受青年教师的欢迎。从四年过去的今天来看，当年参加该班的青年教师，已经成长为教学骨干。

老教授朱德书是教学督导组的组长，他将自己的教学方法、经验和体会编印成《与青年教师、大学生谈成长成才》的讲座教材，受到青年教师和大学生的欢迎和好评。彭如海教授等老专家，负责对张家港校区青年教师的指导工作。他们手把手地指导青年教师，使新校区的新教师迅速担起教学任务的重担。这些老专家的精神，就是人梯精神，让青年教师踏着他们才华学识的肩膀，去攀登更高的知识高峰。

心系民生传知识

江苏科技大学随着发展，学科增多了。老专家们充分运用雄厚的科学知识，为民生服务，为经济建设服务。老专家潘一乐是全国人大代表、博士生导师，蚕桑养殖专家，他虽已退休多年，但心系民生的精神不退。近年来，他在镇江江中小岛上建立了110亩杂交桑种子基地，年产新鲜桑葚16.5万公斤；杂交桑种子600余公斤，推广了优秀蚕桑品种，给小岛的经济增添了活力。

前几年，江苏科技大学提出“立足船舶，情系国防，面向全国，融入江苏”的办学方针，老专家们作出了积极的响应。2009年，由13位专家参与的讲学团，到多家船舶企业开设船、机、电、材管理等讲座，并为企业举办了“船舶建造培训班”，受到船企的欢迎和好评。

由于社会发展变化，大学生对人生、学习和将来的工作有一些疑惑之处，尤其是世界金融危机之后造船业刚刚复苏，不少今年入学的新生对船舶工业发展趋势难以辨清，造成专业学习目标模糊，老专家们通过与学校“关心下一代工作委员会”建立了大学生成长驿站，老专家们与新生们展开了谈心和思想交流活动，解除了疑惑，看到了我国船舶工业发展的良好前景，明确了学习的目的性，增强了学好专业的信心。因此，一些老专家成了新生们的良师益友。

不断进取著新书

学习是人生的终生任务。在江苏科技大学的老专家中，有不少在“老有所为”的实践中，体现着老有所学。这些老专家自己丰富的人生阅历和工作经验，本身就是一部很好的学习材料。近几年来，在江苏科技大学的老专家中，兴起了著书的热潮。据统计，期间老专家出版的书有17部。

谢作水教授当年是哈军工毕业的。他在潜艇强度学术研究方面有着很深的造诣。退休之后，不仅担任着学校老专家协会的理事长，而且还出版了关于潜艇方面的3部著作，填补了我国潜艇教材方面的空白。

尹邦彦教授退休前是江苏科技大学外语学院的学者。退休之后，不甘寂寞，精心著书。到目前为止，他已出版《汉语熟语英译词典》一部，并获得了江苏省哲学、社会科学优秀成果奖。他还出版了《中国历代名人名言》（双语对照）一书。钟家麒教授退休后，编著了《工程图学》（中英双语）及其配套的《工程图学习题集》（中英双语）。更使人敬佩而又痛惜的是，景荣春教授在长期病魔缠身中，在他生命结束前完成了6部力学系列教材。

原来搞管理工作的老专家也不甘退休而“失业”，精心总结自己的工作经验。退休后仍在江苏船舶工业行业协会工作的陈耀群高级工程师，近五年来，也出版了《海疆见闻》（国防生科普读物）、《新闻采写基础与创新》（教学用书）和2010年出版的《星辰集》（散文集）。当年叱咤讲坛的老专家，如今甘当灯下白头人。

宋代大文人陆游有一名句：“今朝一岁大家添，不是人间偏我老。”这是人生发展的客观规律，对每一个人来说，是公平、公正、公开的。江苏科技大学的老专家们，深谙这个人生哲理。而他们更懂得人生可贵的是有一股豪气和一颗年轻的心。用这些来实现老年人的人生社会价值，使夕阳更壮美！

二、事件专访

1. 事件专访的含义

事件专访虽然也是采访人，但采访者和采访对象的主观意向都不在于人本身，而在于采访对象所经历过的或比较知情的某件事。从采访者角度来看，目的无非集中在以下两点：请采访对象提供事件的过程或真相；请采访者发表对事件的意见和评论。

2. 事件专访的写作要求

事件专访的写作应把落脚点放在采访的事件上，通过人来反映事件。事件专访要能透过采访者，介绍事件产生的原因，揭示事件的意义、存在的价值或经验教训等，以对事件的专访达到解决问题或突出事件的效果。

3. 事件专访写作范例

写作范例

科技的能量有多大

——中国科协副主席吴阶平访谈录

一间书房，沿壁书橱摆满了中国大百科全书和中外科技、医学专著，精神矍铄的主人正在撰写书稿，此情此景恰好映衬了吴阶平教授那“献身，创新，求实”的心境。

听说记者要他谈谈科技是第一生产力的问题，这位74岁高龄的中国科协副主席颇有感慨：科学技术是第一生产力现在大家都会说，然而，科学技术的能量到底有多大，恐怕没有多少人能讲得明白，因为这是很难计量的啊。

吴阶平教授是我国泌尿外科学奠基人之一。作为中国科学院学部委员、中国科协副主席，他对其他领域科技的发展也很关注。

据他介绍，科技在古代发展是缓慢的，与经济的关系也不密切，但是近代蒸汽机的发明导致了第一次产业革命后，情形就不同了。

这次产业革命的发祥地英国因此大大提高了劳动生产率，它在世界各国中工业产值的比重猛升到39%，煤和铁的产量更占到了50%，外贸总值达32%，商船总吨位则是荷兰、美国、德国、俄国的总和。之后，科技的进步使美国、德国崛起，英国的地位有所下降。但是，科学技术对生产力日益增长的影响，却引起了更多人的重视。有人用这样一个公式来表示它：生产力=（劳动者+劳动工具+劳动对象）×科技。

到了20世纪后半叶，由于科技在许多领域取得了巨大突破，以信息技术、生物技术、新材料技术、新能源技术、空间技术、海洋开发技术为代表的高技术群以及相应的高技术产业的出现，对生产力的发展起到了巨大推动作用，更开阔了人们的视野。

吴老列举的一个个事例，确实令人叹服：

美国洛克菲勒基金会的一个农业小组，1961年育成的“墨西哥小麦”，使墨西哥的小麦平均亩产由60公斤提高到200多公斤。这个基金会和福特基金会组织的国际水稻研究所，在1965年又育成“菲律宾水稻”。这一品种的生长期仅105天，热带地区一年可三熟，单熟亩产600公斤，三熟亩产可达1500公斤。

在我国，20世纪60年代突破了高秆变矮秆后，水稻平均亩产由1949年的126公斤增加到三四百公斤，而70年代育成的籼型杂交水稻，又进一步把水稻单产提高到500公斤以上，最高的可达到近1吨。

如果说这些事例还易于为人们所理解的话，那么吴阶平教授介绍的另一些科学技术对发展经济的神奇的能量，则远远超出了公众的想象范围。

法国的高速铁路实验车，时速竟超过了一般飞机，达到515.3公里。

已经开发的光纤技术，只用几磅重的玻璃纤维，传输的信息可以相当于一吨铜缆传输的信息量。

日本松下电器公司有个自行车公司，只有20名雇员、1台计算机，生产18个型号、1000多种不同款式的自行车，从赛车、公路车到山地车无所不包，而且有119种颜色和图案。当顾客购买自行车时，先到商店去量一下自己的身体尺寸，然后由商店把尺寸传送到工厂，3分钟就绘制出顾客所要自行车的蓝图，3小时就生产出顾客需要的自行车。

有人曾做过计算，由于科技的应用推广，同样价值投入的产出比，如果钢筋是1的话，那么小轿车为5，彩色电视机为30，计算机为1000，集成电路更高达2000。也是由于科技发展的缘故，现在电子计算机的存储器所用的原料，可以比相同重量的普通铁锅便宜，但加工增值后，其售价则不亚于相同重量的最昂贵的白金。

吴老由此指出，科技的能量究竟有多大，现在用“生产力=（劳动者+劳动工具+劳动对象）×科技”的公式表示已经不够了，新的公式应该是：“生产力=（劳动者+劳动工具+劳动对象）×高技术。”就是说，科技对生产力三要素所起的作用不只是用乘法按倍数计算，而是按几何数量增值，呈指数增长。我国目前人均创造的财富，一般农业劳动力年仅一两千元，传统产业工人为一两万元，而高新技术产业人员可达一二十万元，就说明了这一点。

“但是，”吴教授把话锋一转，“科技作为第一生产力，其巨大能量并不能自然而然地释放出来，它必须同经济建设紧密结合才行。”美国这个科技大国，近20年来受到日本的强烈挑战，例如在25种半导体科技产业中，日本已有18种领先于美国。出现这种情况的一个重要原因，是美国虽然重视科技的研究却忽视应用，而日本一旦掌握了科技成果，便迅速把其转化为产品，进而迅速形成高水平的，在国际市场上有巨大竞争力的产业，这是发人深思的，而且特别值得我国引以为鉴。

中国的科技水平在整体上落后于西方发达国家，要急起直追，这是谁都知道的。需要指出的是，我国也有许多科技成果，大约每年平均有2万多项。

对我国的科技力量和这么多科技成果，发展中国家和一些中等发达国家羡慕不已，以至于想方设法挖我们的成果，抢我们的人才。遗憾的是，我们中国自己却显得并不那么珍惜。撇开不够尊重科技人才的现象不说，仅就科技成果而言，许多还处于样品、礼品、展品的阶段，真正能在经济建设中及时、大面积推广应用的不过15%~20%。

吴老由此及彼，谈起世界上南北经济差距。按人均国民生产总值之比计算，1968年为1:4，1977年为1:5.5，1987年为1:20.2。差距拉大的主要原因之一是由科技水平及其成果应用的状况决定的。在发达国家，科技进步因素在国民生产总值中的比重，已由20世纪50年代的50%左右，上升到80年代的60%~80%。而发展中国家的这一比重却小得可怜。我们中国，这一比重也只有发达国家的1/3，而单位国民生产总值消耗的能源却是发达国家的3~5倍。

“对于我们这样一个人口众多，资源相对不足，环境污染日趋严重的大国来说，这是一个最根本的制约发展的因素。我们的国情已不允许再用能源、材料的过度消耗来搞经济建设，必须真正地把经济发展转到依靠科技进步和提高劳动者素质的轨道上来。”

吴阶平教授急切的心情溢于言表：“在当今世界各国增强综合国力的‘战争’中，谁能抢占到科技的‘制高点’和‘前沿阵地’，谁就能取胜。一国兴，兴于科技发达；一国衰，衰于科技落后。要让大家看到科技的能量，就要从这样的高度看问题。希望人们达成共识，并赶快行动起来。”

三、问题专访

1. 问题专访含义

问题专访是一种出现频率较高的专访。专访者针对某一个普遍意义的社会问题，请采访对象提供有关情况或发表相关见解。问题专访一般比人物专访和事件专访有较明显的理论深度，采访对象通常是某一领域的专家学者，所发表的意见，应该具有一定的学术性、权威性。

2. 问题专访的写作要求

问题专访旨在弄清社会生活中的问题或现象等方面的真相，写作是要能找准切入点，通过对现象的反映和引发的一些问题，揭示出实质，发表意见。以达到采访写作的目的。

3. 问题专访写作范例

写作范例

专访欧阳淞：迎接建党90周年 党史工作大有作为

——访中共中央党史研究室主任

《中国社会科学报》2011年5月26日　正确认识和对待党的历史，至少要坚持三点原则：首先，要坚持党的实事求是的思想路线；其次，要遵循客观公正的原则；再次，要准确把握党的历史发展的主题和主线、主流和本质。在强调这三点基本认识的基础上，需要重点思考两个问题：一是如何看待党的成绩，二是如何看待党的失误。

中国共产党的90年，是领导和依靠人民克服一切艰难险阻，不断谱写中华民族自强不息、顽强奋进壮丽史诗的90年，是领导和依靠人民在中华民族伟大复兴道路上实现社会巨变并取得辉煌成就的90年。注重总结党的历史，不断从党的历史中汲取开拓前进的智慧和力量，是新形势下推动党和国家事业不断发展的迫切需要。

中共中央党史研究室既是党中央的党史研究部门，也是中央主管党史业务的工作部门，担负着以史鉴今、资政育人的重要职责。值此建党90周年之际，围绕建党90周年的相关纪念活动以及党史工作的现状和未来发展等问题，本报记者采访了中共中央党史研究室主任欧阳淞。

抓住党史工作发展的大好机遇

《中国社会科学报》：2010年，在党中央下发《中共中央关于加强和改进新形势下党史工作的意见》（以下简称《意见》）、召开全国党史工作会议之后，全国党史工作面临新的大好发展机遇。请您介绍一下过去一年里，中央党史研究室主要做了哪些方面的工作？

欧阳淞：2010年是党史工作发展史上一个十分重要的年份。以胡锦涛同志为总书记的党中央高度重视党史工作，对加强和改进新形势下党史工作作出重大决策。6月，党中央颁发了第一个关于党史工作的中央文件。7月，党中央召开了历史上第一次全国党史工作会议，胡锦涛总书记和李长春、习近平、贺国强等中央领导同志亲切会见与会代表并同大家合影留念；习近平、贺国强等中央领导同志出席会议；习近平同志代表党中央在会上发表重要讲话，深刻阐述加强和改进新形势下党史工作的重要意义，对进一步做好党史工作作出了全面部署，提出了新任务新要求。党中央的重大决策部署，为做好当前和今后一个时期的党史工作进一步指明了方向，注入了强大动力。党史工作由此站在了一个新的历史起点上。在党中央和中央领导同志的高度重视和亲切关怀下，一个学习贯彻《意见》和全国党史工作会议精神的热潮在全国迅速掀起。

近一年来，我室按照中央领导同志的重要指示精神，把学习贯彻中央精神作为当前和今后一个时期的第一位任务进行了认真筹划，作出了分三步实施的工作安排。一是协调中央有关部门、各省区市这两个层面抓好传达学习和贯彻落实。我们通过发函、召开协调会、到各地参加省级党史工作会议等方式，积极主动地推动中央有关部门、各省区市党委认真抓好学习贯彻工作。中央有关部门、各省区市党委（党组）都十分重视《意见》和全国党史工作会议精神的贯彻落实，采取有效措施切实加强和改进党史工作。全国有30个省区市及新疆生产建设兵团党委分别召开党史工作会议，制定了贯彻落实《意见》的实施意见。我们通过向中央呈报综合报告和编发内部专刊，及时反映各地各部门学习贯彻的情况。二是着力抓好落实党史以史鉴今、资政育人根本任务的工作，召开全国党史部门党史资政工作、党史育人工作两个专题研讨会，深入研讨加强和改进党史资政、党史育人工作，作出部署安排，推动党史部门在资政、育人方面有所作为。三是精心谋划、认真准备迎接建党90周年和开展党史学习教育这两项重点工作。

在过去的近一年中，在党中央的坚强领导下，我们认真贯彻落实《意见》和全国党史工作会议精神，抓住机遇、乘势而上，圆满完成了各项重点任务，较好地履行了中央赋予的工作职责。主要工作有：正式出版《中国共产党历史》第二卷，修订重印第一卷；启动《中国共产党的九十年》的编写工作；积极推动开展党史学习教育；编制新的五年工作规划；启动中国共产党专门史、编年史的编写工作；基本完成全国革命遗址普查工作；全面推进党史资料征编、党史纪念活动等其他党史工作，等等。在中央领导同志的亲切关怀下，在中央有关部门的大力支持下，机关各方面建设进一步加强。我们在全室副局级以上干部中开展的“讲党性、重品行、作表率”活动，在全室干部职工中开展的“我为党史工作作贡献”创先争优主题实践活动取得明显成效，全室干部职工工作的主动性和积极性进一步增强。

总之，中央颁发有关党史工作的文件，召开全国党史工作会议精神，为开创党史工作新局面提供了大好机遇。通过初步贯彻落实中央精神，中央有关部门、地方各级党委和全国党史部门做好新形势下党史工作的责任感和使命感进一步增强，指导思想、工作思路和主要任务进一步明确，全国党史工作已经出现了蓬勃发展的可喜局面。我们将继续深入贯彻落实中央精神，从新的历史起点出发，抓住难得的历史性机遇，为党史事业大发展大繁荣作出新的贡献。

迎接建党90周年的工作

《中国社会科学报》：据了解，为迎接建党90周年，中央党史研究室及早谋划，进行了充分准备。请问，中央党史研究室主要开展了哪些工作和活动？

欧阳淞：为迎接建党90周年，去年以来，我室部署了十几项工作。其中重点抓了两方面工作：一是做好开展党史学习教育的准备工作和服务工作；二是做好庆祝中国共产党成立90周年涉党史的有关工作。

第一，重点抓好开展党史学习教育的工作。2009年召开的党的十七届四中全会提出了学习党的历史的任务，强调建设学习型党组织要重点学习三方面内容：一是马克思主义理论，二是党的路线方针政策和国家法律法规，三是党的历史。2010年中央颁发的《意见》和全国党史工作会议，都强调要以领导干部和青少年为重点对象，认真抓好党史学习教育。为完成好这项任务，经中央领导同志同意，我们会同中央有关部门主要做了三项工作：一是会同中组部、中宣部下发了《关于认真组织学习宣传〈中国共产党历史〉第二卷的通知》，要求组织广大干部、党员认真学习，并把《党史》二卷作为县（处）级以上党员领导干部学习党史的基本教材，纳入各级党委中心组学习计划，作为培训领导干部的重要内容。二是会同中组部、中宣部、中央文献研究室、教育部、共青团中央印发《关于在党员、干部、群众和青少年中开展中共党史学习教育的通知》，对在党内和社会上开展党史学习教育作出具体安排。三是会同人民日报社、教育部、共青团中央、光明日报社等单位开展党史知识竞赛活动，以推动更多的人参与到党史学习中来。目前，党内和社会上已掀起学习党史的热潮，为迎接建党90周年营造了良好的氛围。

我们还发挥自身优势，努力做好为开展党史学习教育提供教材服务的工作。针对干部、党员及青少年不同对象的特点，分别组织编写了不同层次的党史读本。主要有：供中高级干部学习用的《中国共产党历史》第一卷、第二卷；供广大党员干部学习用的《中国共产党简史》，该书出版于建党80周年之际，是经中央审订的一本简明党史读本，这次主要是进行修订续写，目前正在进行之中；供基层党员和要求入党的积极分子学习用的《党的历史知识简明读本》，主要介绍有关党的历史的基础知识，即将出版；与教育部、共青团中央组织编写的供广大青少年学习用的《青少年学习中共党史丛书》，适应青少年的阅读特点，简明扼要介绍党的历史，已出版发行。

第二，重点抓好纪念建党90周年涉党史的有关工作。主要有：按照中央统一部署，参加与中组部、中宣部等部门联合举办的纪念建党90周年理论研讨会的相关筹备工作；编写《中国共产党历史大事记》，提供新华社播发和中央主要报刊刊载；与中国中共党史学会、中国中共党史人物研究会联合举办全国党史系统纪念建党90周年学术研讨会；“七一”前开通由中央党史研究室主办的“中国共产党历史网”；与中宣部等部门合作摄制影视片《旗帜》、《光辉》、《苦难辉煌》等；与中央外宣办在互联网上设置“党史上的今天”栏目，等等。

目前，纪念建党90周年的各项工作正按计划有序推进。我们将以资政育人的重要成果展现党的伟大历程、宝贵经验、光荣传统和优良作风，坚持用党的伟大成就激励人、用党的优良传统教育人、用党的成功经验启迪人、用党的历史教训警示人，以实际行动迎接和庆祝中国共产党成立90周年。

关于《中国共产党历史》第二卷

《中国社会科学报》:《中国共产党历史》第二卷（1949~1978）年初已正式出版发行，这是中央党史研究室献给党的90岁生日的一份厚礼。《党史》二卷出版后，受到广泛关注。在《党史》二卷出版之际，您曾撰写了《准确把握党的历史的主流和本质》一文，在《人民日报》等报刊发表，产生了很大反响。请您简要谈谈在当今时代我们应该如何准确把握党的历史的主流和本质问题。

欧阳淞：这个问题的实质是如何看待《党史》二卷所反映的新中国成立后29年历史。我认为，正确认识和对待党的历史，至少要坚持三点原则：首先，要坚持党的实事求是的思想路线；其次，要遵循客观公正的原则；再次，要准确把握党的历史发展的主题和主线、主流和本质。在强调这三点基本认识的基础上，需要重点思考两个问题：一是如何看待党的成绩，二是如何看待党的失误。

如何看待成绩，需要把握三点：其一，新中国成立后29年所取得的成就是多方面的，从根本上改变了中国社会的基本面貌。正如邓小平同志指出的那样："我们尽管犯过一些错误，但我们还是在三十年间取得了旧中国几百年、几千年所没有取得过的进步。"其二，新中国成立后29年的成就是在"一穷二白"的基础上依靠全国人民共同奋斗取得的，是很不容易的。其三，新中国成立后29年的成就与同时期不同发展类型国家建设成就相比，是毫不逊色的。这些成就已初步显示出社会主义制度的优越性。

如何看待失误，同样需要把握三点：第一，29年中党的探索的确出现过严重的失误和曲折。从总体上说，主要有两次大的失误。第一次是经济上急于求成、生产关系上急于求纯的错误，主要表现为1958~1960年的"大跃进"和人民公社化运动。第二次就是政治上阶级斗争扩大化的错误，主要表现为1966~1976年的十年"文化大革命"。第二，发生失误和曲折有着复杂的主客观原因。在面对一系列重大问题时，由于主客观方面的原因相互交织，导致了错误的发生和发展。我们不能只强调主观原因，这会导致对前人的苛求，不利于公正地评价历史；也不能只强调客观原因，这会导致无原则的原谅，不利于从历史中汲取经验教训。第三，党主要是依靠自己的力量纠正失误，并在总结经验教训的基础上开辟未来的。

在这里，我主要就如何看待成绩和失误点一下题。目前，我们对这两方面的认识还在不断深化。

《中国社会科学报》：据了解，《党史》二卷的编写历时16年。这期间，党史学界出了不少成果，人们对历史问题的认识也在不断深化。请您谈谈，《党史》二卷有哪些方面的新意？

欧阳淞：正如你所说，《党史》二卷的编写历时16年，经党中央批准于今年1月11日正式出版，同时修订重印了《党史》一卷。《党史》二卷是一部十分重要的党史基本著作。据统计，截至5月12日，《党史》一卷、二卷已经发行170多万套，预计今年“七一”前后发行数量还会有突破。这在同类出版物的出版史上是很少见的。这说明什么问题呢？我认为，至少反映出三点：第一，也是最重要的，反映出人们关注党的历史，从一定意义上可以说反映出人们对我们党的关注、认同和期待。第二，反映出正在开展的党史学习教育已经形成热潮，通过学习党的历史所产生的积极成效和深远影响将是难以估量的。第三，回到你刚才提的问题，就是《党史》二卷的编写虽然历时16年，但它充分吸收了其间党中央对若干重大历史问题的新观点、新判断、新结论，也在充分吸收党史学界有益研究成果基础上，站在新的时代高度不断深化对历史问题的认识，因而它是与时俱进的，是新意迭出的，容易引发读者的阅读兴趣。

《党史》二卷作为一部反映党的一个历史阶段的党史基本著作，虽然所用分析框架和话语系统比较规范和成熟，但该书与以往的党史著作相比较，在许多方面是有新意的。第一，归纳形成了具有自身特点的历史分期体系。《党史》二卷采用的是“四分法”，其创新主要表现在三个方面：一是将新中国成立后所谓“前三后四”分期合并为一个阶段，即“基本完成社会主义改造的七年”；二是以党的八大为开端，将1956~1966年划分成“开始全面建设社会主义的十年”；三是将1976~1978年的“在徘徊中前进”的两年独立划分成一个阶段。第二，着力构建了反映新中国成立后29年党史全貌的框架结构。《党史》二卷摆脱了将党史写成路线斗争史的模式，每一编都着重写了在党的领导下人民群众参与政治、经济、文化等各方面工作的内容，写了马克思主义中国化的历程，写了党的建设，写了人民群众的奋斗和智慧。第三，大量运用第一手文献资料和多学科研究成果。《党史》二卷运用了不少新发掘的史料，借鉴了学术界的最新研究成果。在《党史》二卷的注释中，第一手文献资料有495个，第一次公开使用的文献资料有144个。第四，突显了富有时代高度和独到眼光的历史评价。不仅注意还原历史原貌，而且做到了站在新的时代高度来选择史实，评价史实。第五，对若干重大历史问题作了正本清源。

当然，由于我们的水平有限，《党史》二卷也还存在一些不周之处，需要我们加强对阅读信息的收集、整理和研究，适当时候进行修订。

开创党史工作新局面

《中国社会科学报》：刚才，您说党史工作站在了新的历史起点上。请您谈谈，如何在新的历史起点上开创党史工作新局面呢？

欧阳淞：党中央颁发关于党史工作的文件，召开全国党史工作会议，对加强和改进新形势下党史工作提出了新的更高要求，标志着党史工作站在了一个新的历史起点上。我们要按照中央要求，进一步增强做好新形势下党史工作的责任感、使命感和紧迫感，从新的历史起点出发，抓住机遇、开拓进取，求真务实、扎实工作，努力开创党史工作新局面。

从新的历史起点出发开创党史工作新局面，我认为要牢牢把握以下六点：一要坚持高举中国特色社会主义伟大旗帜；二要坚持围绕中心、服务大局；三要坚持把以史鉴今、资政育人作为根本任务；四要坚持党性原则和科学精神的统一；五要不断提高党史工作科学化水平；六要形成党史工作合力。这个问题，我在今年《光明日报》党史专版的第一期详细讨论过。这里，我主要同社会科学界的朋友们讨论其中三个问题。

一是坚持围绕中心、服务大局问题。紧紧围绕党的中心任务，服务党和国家工作大局，是新形势下党史工作的生命力所在，是做好党史工作的原动力所在，也是党史工作实现自身价值的重要途径。要注重把党史工作同党和国家工作大局结合起来，为深入认识和正确应对前进道路上的新情况新问题提供历史借鉴；同加强革命传统教育结合起来，帮助广大干部群众特别是青少年加深对党的认识，牢固树立坚持中国共产党的领导、坚持中国特色社会主义道路的信念；同探索世界政党兴衰成败的规律结合起来，从中汲取有益于提高党的执政能力、巩固党的执政地位的经验教训。要了解和参与党和国家工作大局，找准党史工作与大局的结合点，进一步发挥党史工作对理论创新的推动作用、对党和国家决策的资政作用、对经济社会发展的促进作用。

二是坚持党性原则和科学精神的统一问题。从根本上说，党性原则和科学精神是完全一致的，是党的实事求是思想路线的集中体现。要坚定站在党和人民立场上，坚持对党负责和对人民负责的一致性，牢牢把握党史工作的正确方向。要坚持实事求是研究和宣传党的历史，全面反映和准确记载党的历史，深刻把握党的历史发展的主题和主线、主流和本质，充分肯定党对中华民族的伟大贡献，正确对待党在前进道路上经历的失误和曲折，深入总结正反两方面经验，科学分析和评价历史事件和历史人物，使党史成果经得起历史和人民的检验。要坚持辩证唯物主义和历史唯物主义的立场观点方法，尊重历史研究的客观规律，发扬学术民主，鼓励科学探索，营造健康向上、生动活泼的党史研究环境。要进一步探索新形势下党史工作的特点和规律，创新党史工作的手段、方法和载体，使党史工作更好地体现时代性，把握规律性，富于创造性。

三是努力形成党史工作合力问题。做好党史工作，必须动员和组织更多的社会力量参与其中，着力营造全党全社会关心和参与党史工作的氛围。要加强党史部门与党校、行政学院、干部学院、高等院校、社会科学、史志、档案、文博等系统党史教学科研人员，以及关心和参与党史工作的老同志的联系协作，形成整体合力，共同做好党史工作。同时，要在与兄弟单位的联系协作中，虚心向党史学科以外的专家学者学习，要以更加开放的胸怀积极有效地开展工作，共同开展重大党史课题攻关，共同组织丰富多彩的党史宣传教育活动，形成推动党史工作发展的强大合力。

党的事业伟大而光荣，党史工作使命崇高、责任重大。我们要紧密团结在以胡锦涛同志为总书记的党中央周围，以奋发有为的精神状态和扎实过硬的工作作风，从新的历史起点出发，不断开创党史工作新局面，为推进党的建设新的伟大工程和中国特色社会主义伟大事业作出新的更大贡献。

第八章

新闻特写的写作

第一节 新闻特写写作基本知识

一、新闻特写的含义

新闻特写是截取新闻事实的横断面，即抓住富有典型意义的某个空间和时间，通过一个片断、一个场面、一个镜头对事件或人物、景物做出形象化的报道的一种有现场感的生动活泼的新闻体裁，是以描写为主要表现手段，截取新闻事实中某个最能反映其特点或本质的片段、剖面或细节，做形象化的再现与放大的一种新闻体裁。

二、新闻特写的特点

新闻特写的特点可以概括为：重瞬间，少过程；重描绘，少叙述；重动势，少静态。具体而言有以下几点：

1. 新闻场景的聚焦性

新闻特写的场景聚焦性指的是新闻特写对新闻场景的集中选取、对人物和事件瞬间集中描绘。新闻特写既然是“特写”，就应该局部放大某一段最典型、最有表现力的新闻事实所在的时空而形成一种集中而强烈的“焦点”式言说效应，以此反映整体，折射全貌，透视本质。

刘柱石《一场别开生面的考试》作为一则关于新闻事实的特写性报道，就抓住了一个典型的场面——考试进行了一番渲染与描写，考场的纪律之严明、气氛之紧张，同时这种别开生面之考试的意义之新颖重大，被作者拿捏得娴熟又妥贴，使读者深受感染。

2. 新闻事实的细节性

新闻场景的聚焦性势必派生出新闻事实的细节性。仔细观察，捕捉细节，推出形象，对准焦点而进行浓墨重彩工笔细描的描绘，这是新闻特写给人以深刻印象和强烈感染的常用手段。

在张京和陈辉二人的《时代需要最可爱的人——记著名作家魏巍同李国安的会见》这篇新闻特写中，“一双写英雄的手和一双紧握钻杆的手紧紧地握在了一起”，就是细节。“老作家握着李国安的手高兴地说……”、“挂满军功章的”李国安、“魏老若有所思”、“离别时，魏老将自己撰写的《地球的红飘带》一书和一幅亲笔题词交给李国安，上面写着：‘李国安同志：你是和平建设年代最可爱的人。’”这样一些具体而生动的细节，有力也本真地告诉了我们比一般新闻叙述更多的信息。

3. 新闻表述的感染性

新闻特写的表述感染性指的是新闻特写在写人写事时情文并茂、感人至深地渲染新闻事实与烘托新闻气氛的情绪感染性。新闻特写是新闻事实的局部放大——局部的显微，这一放大而显微的过程，自然是新闻情景与新闻气氛的由远则近、由隐而显地淡出于、渲染于事实的过程，同时也是现场感渐达强烈的生动活泼的过程，自然也是读者的情感被渐渐激发的过程。

4. 新闻手法的描绘性

新闻特写的手法描绘性指的是新闻特写突出新闻特征的特写性与透视新闻全局的包举性。这一特性也派生出新闻特写给人以立体感和画面感的形象性和片段性。新闻特写有些类似于短篇小说的创作，即它们都善于截取生活（或新闻事实）的某一个横断面，抓住富有典型意义的某个空间和时间，然后通过对某一个片断的描述、对某一个场面的介绍、对某一个镜头的处理，最终对新闻事实作出形象化报道的一种新闻体裁。新闻特写是真正大处着眼小处着手的写作，它虽然是对局部特征的描述，但是它的意旨却立足于高远、放眼于全局。如此言近而旨远的特点，使得新闻特写具有比较强烈的文学色彩。

三、新闻特写的分类

新闻特写主要有事件特写和人物特写，事件特写以写事为主，人物特写以写人为主。描写是新闻特写的主要表现手法，截取新闻事件或人物的一个片断、一个场面、一个情景、一个镜头，运用文学笔法进行描写，使读者如临其境、如闻其声、如见其人，具有强烈的感染力。但必须遵守新闻真实性的原则，如实描绘真人真事，细节也必须是真实的。要以现场观察为描绘的基础，像新闻摄影一样拍摄现场真实情景，捕捉典型瞬间的生动形象，使作品具有强烈的现场感。写作上要求集中、突出，忌面面俱到。

（1）事件特写：摄取与再现重大事件的关键性场面；

（2）场面特写：新闻事件中精彩场面的再现；

（3）人物特写：再现人物的某种行为，绘声绘色，有强烈动感；

（4）景物特写：对于有特殊意义或有价值的罕见景物的描写；

（5）工作特写：对于某一工作场面的生动再现；

（6）杂记性特写：各种具有特写价值的新闻现场之生动再现。

四、新闻特写的写作要求

新闻特写的写作要求，简而言之就是：落笔集中，突出一点；浓淡相宜，真切再现；语言生动，耐人寻味。具体而言则是：

1. 敏锐的现场观察

美国新闻学家麦尔文·曼切尔说："记者必须学会用孩童般的眼睛观察世界，他把每一件事都看做是新鲜的、各具特点的，同时，他必须用聪明长者的眼光洞察世界，能够区分出有意义的东西和无意义的东西。"观察是所有写作行为的基础与前提，新闻特写的写作更要求作者具备主动的观察热情与积极的观察态度，以便发现细节特征，捕捉生动形象的"特写镜头"，实现特写意图。

2. 再现现场情景

这是新闻特写情感表现的最高境界，它通过事实本身而推出真实的感情，或者给事物附着以情感的色彩。表现人物的喜怒哀乐，最好的手段莫过于让情感包融于事实与事物之中，情虽要满，却不能溢出物外。在西方通讯员笔下，从来不会出现“他们一致认为”、“大家都表示”之类似是而非的新闻八股话语。他们会尽量引用人物的原话，尽量写明人物的真实姓名，具体而确凿，给人强烈的真实感。

3. 题材集中突出

新闻特写的题材集中性包括最具“孕育性”情景的选取、接近高潮之片断的判断、内涵生动之情节的捕捉等，也包括对新闻人物和新闻事件特点的抓取。

4. 语言准确而生动

所有新闻语体的语言其基本的要求是准确、清晰、通俗，在此基础之上，新闻语体也追求语言的生动性与形象性。“华尔街日报体”新闻之所以深受读者欢迎，就是因为他们特别注重新闻表述的情绪感染性。他们往往采用讲故事的办法来寻找事物的变化，制造出故事的悬念，以此激发读者的阅读兴趣。新闻特写的语言追求在这方面尤其突出。

5. 白描细描并用

新闻特写是一种描绘性与现场感极强的新闻，新闻特写的语言表达方式仍然以叙述为主，但已十分注重描写，其经常用来表现事件或刻画人物的描写手法是白描。但新闻特写毕竟是新闻作品而非文学作品，所以在运用描写手法的时候，既要能抓住生动的形象，捕捉人物与事物的动态特征并精细地刻画之，同时也必须严格遵守新闻真实性的原则，不能夸张、虚构，更不能不合理地进行虚构性想象——需要白描的地方，要坚决地进行白描。

五、写作新闻特写的注意事项

因为特写这一体裁要求既要再现新闻事实，又要生动形象，所以特写的叙述性语言要简洁，形象的描述语言要生动，对所要表达的人或事要合理地安排素材，语言既不能“浓妆艳抹”，也不能过于直白。在写作中要注意以下几个方面：

1. 抓画面，就是用生动的形象说话

写新闻特写，首先要能“叙事如画”，就是要善于挑选有意义而且富于

形象的材料，用活生生的形象说话。有些新闻如果用消息的写法就不能充分地展现现场的活跃气氛，而用特写的形式就能把比赛的场面活生生地摆在读者面前。

2. 写反映事件特征和高潮的片断

要写出事件的特色吸引读者，还必须紧紧围绕事件的特征运笔，对那些能反映事件特征的场面或片断进行突出的描写，注意不要事无巨细地面面俱到。

3. 要有富有特征的细节描写

新闻特写要有声有色地反映出现场的情景和气氛，不能靠堆砌形容词来表现，而应该通过对人物活动的描述来实现。有人的活动，就会有言谈举止、音容笑貌，就会有传神的细节、生动的镜头。把这些细节、镜头描述好，就会使特写显得有声有色，给人以身临其境的感觉。

4. 善于判断，选择适用体裁

新闻特写固然感染力强，能吸引读者，但并不是任何新闻题材都要用这种体裁来反映。有的题材值得用特写来表现，而且表现的效果很好，而有的题材没有感染力和生动的形象，没有典型的有特色的事件和人物活动的情节，或者新闻价值主要并不体现在外部形象上，就不适于这种体裁了。所以，我们在学习了各种体裁后还要判断，自己获得的新闻题材用哪种体裁表现最好，该用消息就写消息，该用通讯就写通讯，该用特写就写特写。

第二节 新闻特写写作问答

一、新闻特写与消息、通讯的区别

新闻特写区别于消息，它以描写为主要手段，紧紧抓住事件、人物或景物本身，着力地刻画，从而来表现、突出新闻的主题，而消息主要是报道事件本身，以简短、快速、客观为特点。

新闻特写与新闻通讯相比较，新闻特写比新闻通讯的内容容量相对小些，新闻特写的体式亦较新闻通讯要单纯些、简省些。新闻通讯写人可以纵横伸展笔墨，要有一定的完整性；写事则写出事件发生与发展的过程。而新闻特写写人往往只取其生活瞬间的片断，不求完整全面；写事也只截取某些横断面，不要求事件在时间和空间的延续上反映事件的全貌。

二、怎样达到新闻特写选材的高度集中

选材的高度集中，是新闻特写的重要特点。新闻特写不论是写人或写事，都不能像写消息、通讯、调查报告那样，把开始怎样、后来怎样、是怎样变化的等情况详详细细地写出，而是截取最有价值的那一段，集中铺开，重点开花，绘声绘色地加以描述，把最典型的情节充分展示出来，使受众“窥一斑而知全豹”。

应当注意，新闻特写所突出的重点，往往是新闻事件发展变化的最关键、最重要、最生动感人的一幕，抓住了它，就抓住了事件的重点与特点。抓住这最有代表性的一幕进行刻画，比起平铺直叙地报道新闻事件的全过程，效果更佳。而抓不住重点，或者不能集中地表达重点，就无法写好新闻特写。

当然，强调新闻特写在选材上要集中，要突出重点材料，并不能排斥交代必要的背景材料和有关的知识性材料。这些材料交代得好，可以把现在的和历史的、场内的和场外的材料有机地融为一体，使新闻特写更为丰满充实，信息量更大。但是，这些背景材料和知识性材料的交代，最好采用穿插的办法，不宜大段大段地集中交代。

三、新闻特写进行细节描写的方法有哪些

新闻特写进行细节描写的方法，概括地说有以下几种：

1. 对新闻人物的动作进行细描，借以刻画人物的形象和心理特征

对人物有特点的动作进行细描，是最能渲染气氛、打动人心、突出特点的。

2. 对新闻人物的语言进行细描，借以揭示人物的内心情感

语言是思想的直接现实。用比较细腻的笔触把新闻人物感人肺腑的话语表达出来，刻画新闻人物，有时比用其他形式更能直接地揭示新闻人物的精神风貌。有经验的作者，善于根据报道主题的需要恰当地选取新闻人物的语言进行细描。

3. 对新闻现场的气氛或景物进行细描，借以揭示新闻事件的本质和新闻人物的心灵

通过写现场气氛或写景来刻画人物和事件，这是新闻写作中常用的方法。新闻事件的发生离不开周围的环境，新闻人物的活动更离不开新闻现场。现场气氛和景物写活了，新闻人物自然也就活起来了。

四、如何恰当地进行新闻特写描绘

以新闻特写而言，描写是其最基本的表现手法。而描写又分为白描与细描。由于新闻特写需要对新闻事件进行详细的描述，因此，不得不做必要的细描。因此，细描是新闻特写的重要表现方法。一位有经验的通讯员曾经说过这样的话：写新闻特写也应当简练，惜墨如金，但是一旦找到了好的细节，就要毫不吝惜，用浓墨重笔写深写透。这位通讯员所说的“浓墨”，实际上是说，在写新闻特写中，对于有典型意义的、细致而生动的情节，要不惜笔墨，把它写透。有了生动形象的细节描写，新闻特写才能立得住。

新闻特写除了进行必要的细描外，白描也是少不了的。因为新闻特写的篇幅一般都不会太长，不可能都用细描，而只能选择其中最有价值的片断、场面、动作进行细描，其他地方则要用白描了。

所谓白描就是用极简洁的文字，贴切自然地勾画出新闻人物或新闻事物的面貌。

在新闻特写中，细描与白描是相辅相成、互为补充的。交代简洁的过程、交代新闻现场的景象以及有关新闻人物的面貌特征，在多数场合要用白描；而一旦进入新闻事件的核心部分，则要抓住典型细节，进行具体细致、绘声绘色的描绘，即细描。白描是细描的先声和铺垫，细描是白描的发展和高潮；白描是绿叶，细描是红花。新闻特写中不能没有白描，因为如果没有白描，故事的梗概、人物的特征就不能交代得很清楚；更不能没有细描，如果没有细描，新闻特写就失去了最动人的细节，从而也就失去了其自身固有的特色。

五、进行新闻素描时应注意的问题

新闻素描，实际上就是微型特写，它是以“再现”手法写作的新闻家族中的代表性成员。通常称特写性消息。

新闻素描采用正面下笔，描述的多是新闻事件比较典型、比较完整的场面，再现的是带有画面的某一过程，其题材分量较重，描写的场面较大，形象再现的内容丰富多彩。

新闻素描的特点是以描为基调。它基本上通篇描写，全过程描写，通过描写再现一个较为完整的过程和场面，再现具有新闻价值的一幕。

新闻素描因其大多文字简练、篇幅短小，属简笔勾勒。在进行新闻素描时应注意如下几点：

1. 灵活安排文章结构

那些题材本身故事性强、事件脉络单一的新闻素描，基本按时间顺序安排结构，作者的描写大多依事件进展、现场变化的先后顺序向前推移。

2. 描写好典型细节

用最具代表性的细节，传达现场特有的气氛，传达新闻事实中只可意会的内涵，是新闻素描写作的最高境界。

新闻素描中的典型细节，既包括事件现场的景物，也包括人物的情态，后者尤为重要。

第三节 常见新闻特写类型的写作

一、人物特写

人物特写以人物为特写对象，要求绘声绘色地再现人物的某种行为或行动，并透视其思想境界；或者是通过对人物活动的展示，揭示人物活动的社会环境，以此来解释人物行为的时代依据，折射出整个时代的特征。

写作范例

伊辛巴耶娃特写

北京《特别关注》2008年8月19日 昨晚10点的鸟巢，是伊辛巴耶娃一个人的舞台。7万多名观众，几乎都是为了见证一个时刻的到来。

手上涂着黑色指甲，带着三枚戒指的伊辛巴耶娃，人气指数很高，即使在运动奇才辈出的俄罗斯，她依然算得上一个耀眼的明星。这位高挑的俄罗斯美女，用她在撑杆跳领域无人能敌的成绩，获得了撑杆跳女皇的桂冠。今年只有26岁的她，已经连续23次刷新了自己保持的世界纪录，而每次都是一厘米、再一厘米地增加着，鸟巢，就是她又一个新纪录的诞生地。

比赛开始后，4.7米的高度一次过，4.85米又一跃而过，接着，她又用她习惯的调整方式，躺回了自己在赛场旁临时搭建的小窝。赛场上的她，依然霸气十足，唯一的竞争对手，就是美国选手斯图塞恩斯基，在三次试跳4.9米失败后，美国选手离开了赛场，这里又成了伊辛巴耶娃一个人的舞台。伊娃又露出灿烂但又有些孤独的王者笑容。当她直接跳过4.9米后，紧接着，又向4.95米发出了挑战，遗憾的是，她前两次都被这个高度挡在了门外，第三次，助跑、起跳，顺利跃过标杆下落，伊辛巴耶娃张开十指为自己庆祝。之后，她又回到了自己的“小窝”，把自己整个人埋在了一条印有俄罗斯传统花纹的毯子里，平静了约5分钟，再次上场，直接要了个她要挑战的新的世界纪录——5.05米，又是比她之前保持的世界纪录5.04米多了一厘米。5.05米第一次，伊辛巴耶娃做出每次要刷新世界纪录时的固定动作——双臂高举过头顶击掌，用她明星般的气质，带动全场一起为她即将诞生的新纪录加油、呐喊，整个鸟巢顿时爆发出震耳欲聋的欢呼。伊娃在右手虎口处涂上镁粉，嘴里默念着什么，之后便是在全场瞩目下，助跑、起跳，但她的膝盖碰到了横杆，横杆随她一起，落到了垫子上，但久经沙场的她很平静，走到场边听教练临场指导后，又慢慢走了回去，回到了她那条毯子下的世界里。5.05米，第二次，伊辛巴耶娃同样振臂欢呼，高调出场，但这一次，因为大腿碰到了横杆，又一次失败。5.05米第三次，走出自己的小窝的伊辛巴耶娃，虽然依然自信，但也难掩紧张，走上起跑点时，握杆子的手也有些微微颤抖，凝神屏气后，助跑、起跳、腾空跃起，当她高高跃过的一刹那，横杆纹丝不动，伊娃双手握拳，为自己又一次以一厘米的高度刷新世界纪录而庆祝。仰面尖叫的她，做了个前空翻，然后冲到场边，身披一面国旗，绕场一周，接受现场观众的祝贺，5.05米的新纪录，北京奥运会撑杆跳冠军，在这个项目上，别人与伊辛巴耶娃的差距就是这么大，她就是这个赛场上绝对的女皇，因为她又在北京奥运会的赛场上创造了一个别人无法超越的高度。

二、场面特写

场面特写重在摄取新闻事件中最典型、最集中、最感人的场面，通过再现场面的特色、规模、气氛等，完成对整个事件或社会风貌的把握。比起其他报道形式来，特写在场景的再现上有着不可替代的优势，最能产生画面般的可视感。

写作范例

一场特殊救人场面——救人者被救

四川北川2008年5月15日电　记者15日再次奔赴几乎被夷为平地的北川县

城。在路上碰见了令人感佩的一幕：几名救援队员轮流背负一个几乎陷入昏迷的年轻护士，向县城跑步前进。这是一场特殊的救人场面。

被抢救的女护士是北川县擂鼓镇卫生院的王福珍，这名20岁出头的女孩子，在遭受了罕见大地震后，略微清理了几乎变成废墟的家园，在身体极度疲惫的情况下，主动请缨来到县城废墟参加抢救工作。从15日不到6点钟开始，一直忙到下午2点多钟，近9个小时没有一刻休息。据同她一起的救援队员介绍，由于这两天气温上升，部分死难者的遗体开始腐烂发臭，在被严重污染的空气中，王福珍没有一点犹豫："尽快救援，恢复家园，这是所有人的共同心愿。"

在过度劳累中，王福珍晕倒了，嘴唇发紫，原本美丽的圆脸没有一点血色。由于交通阻断，没有车辆，救援队员赶紧背她去救援基地抢救。记者看见，三名队员轮流替换，其中包括一名女队员。这又是一场与时间赛跑的援救。

在大家的共同努力下，王福珍被及时抢救过来了。

三、专题特写

专题特写就是写一个问题或一种社会现象。写作专题特写时，作为对象的某一事件、问题等，或者某事件、现象中的侧面要通过细腻的笔法，集中表现特写的效果。专题特写常常带有现场目击的意味，这样才能使得描写显得更加生动和形象。

写作范例

"神七"升空　香江欢腾

香港2008年9月25日电　"……5、4、3、2、1！"25日晚，伴随着神舟七号发射升空的电视直播，正在此间参加香港九龙西区各界庆祝国庆59周年联欢晚会的数百位香港市民，一起聚集到电视屏幕前，齐声高喊着为飞船升空倒计时。

在飞船腾空而起的那一刻，全场欢声雷动，掌声、欢呼声、笑声，交织成一曲欢乐的乐章。

“这是中国在太空领域迈出的重大一步，是一个新的突破。”九龙西区各界庆祝国庆筹委会常务副主任委员邓佑才在接受记者采访时，语调无比激动。他笑着说，这个夜晚，香港同胞乃至全球华人都十分开心、十分荣幸。“在‘神七’升空之际，我们恰好举办庆祝国庆的晚会，这更加令人满怀喜悦、满怀豪情。”

邓佑才说，香港市民一直关注国家航天事业的发展，神舟五号、六号的成功让大家都非常开心。航天员是香港市民心目中的英雄，希望“神七”的航天员在成功返回后也能来香港访问，一定能和神舟五号、六号的航天员一样，受到香港市民的热烈欢迎。

香港特区行政长官曾荫权25日晚代表香港特区政府和全港市民，祝贺神舟七号成功发射。

今晚，神舟七号发射成为香港市民关注的焦点。在香港有电视大屏幕的街道上，来往行人纷纷驻足，仰头观看“神七”升空的历史性时刻。看到“神七”顺利发射飞向灿烂星空，香港的街道上一片欢腾，素不相识的人们相视而笑，用掌声或挥舞的手臂来表达自己的喜悦。

“我天天都看报纸，了解神舟七号的情况。”市民钟小姐说，一直坚信飞船一定能发射成功，“我对国家的航天科技有信心。”

香港社会福利服务机构庆祝国庆59周年筹备委员会主席陈圣光对记者说，这次“神七”升空，中国的航天员将进行第一次太空漫步，非常有意义，香港市民都很高兴。在电视上看到航天员说“无限风光在险峰”，令人非常感动，这对香港青年人很有教育意义。

“希望‘神七’航天员完成任务后来香港访问，给香港青年人以更大的鼓励。”陈圣光说，“香港同胞十分关注国家航天科技的发展，国家进步、国家好，香港也好。”

港人不仅关注、而且一直大力支持国家航天科技的发展。原全国人大常委会委员、香港金利来集团主席曾宪梓曾于2004年捐资1亿港元设立曾宪梓载人航天基金会，旨在奖励为载人航天事业作出重要贡献的优秀科技工作者，以吸引更多有志之士投身中国载人航天事业。

今天在接受记者采访时，曾宪梓动情地说：“‘神七’的顺利升空，说明我们中国人有智慧、有本事！这极大地振奋了我们中华民族的信心。”

他表示，“神七”升空显示了国家的经济实力，因为航天航空事业没有经济基础是不行的。中国航天技术发展很快，从“神五”到“神七”，不过几年时间，这次可以太空漫步了。

曾宪梓表示，载人航天基金已经颁奖两届，今年11月又将颁发1500万元人民币的奖金，奖励为航天事业作出贡献的人，包括航天员、工程师和科学家。

第九章

新闻述评的写作

第一节 新闻述评写作基本知识

一、新闻述评的含义及特点

1. 新闻述评的含义

新闻述评事实上就是新闻评论。因为新闻述评往往要引述具体的新闻事实，于是又称新闻述评。新闻述评是以一般新闻报道的事实为述评对象，针对现实生活中的重要问题直接发表意见、阐述观点、表明其表扬、批评，肯定、否定，推荐、商榷，介绍、探讨等态度的一种时事论说性新闻体裁。

2. 新闻述评的特点

（1）对新闻事实恰到好处的述评结合性。有述有评，边述边评，述评结合。新闻述评的述评功能是：在告知读者发生了什么事的同时，又回答了读者为什么会发生这样的事，其发展趋势又如何的问题。对新闻述评的这一特性，进一步的理解就是：新闻述评既有普通新闻的客观事实性（感性认识），又有新闻述评的主观思想性（理性认识）。主观评论（评）失去了客观事实（述）只能是无本之木，客观事实失去了主观评论则纯属现象罗列。新闻述评没有“述”则属于空谈，没有“评”则无疑肤浅。

（2）强烈的政策性与针对性。新闻述评的言说对象，或为国际国内形势，或为某种思想倾向，或为实际工作中有普遍意义的重要问题，或为群众普遍关心的社会问题，一般而言，都是重大题材，这就要求新闻述评的写作必须注意述评的政策性与针对性，以求努力揭示事物的本质及其发展规律和方向，给读者以正确的启迪与引导。不过，虽然新闻述评的写作也要注意于宏观处着眼而于微观处着笔，即以小见大引人思考。新闻述评的选题不一定件件都是大事，如能抓住那些不被人们注意但却关系到大多数人利益的事件、问题，并在特定的背景下进行分析，加以透视，一定你会给读者以更为强烈的启示。

（3）见解的正确性与独特性。新闻述评是一种熔叙述和议论于一炉而突出议论，合事实与理性为一体而彰显思想的新闻体裁，于是新闻述评就具有强烈的观点正确性和见解独特性，新闻述评也因此而成为一种“深度报道”类新闻文体。

目前，我国新闻界存着一种所谓“报道强势和思维弱势”的现象，其中的思维弱势，指的就是新闻述评中独特见解与深刻观点的缺失。这既是一种客观性现象，也是一种叫做“多报道，少评论”的主观性现象。“用事实说话”是对的，但是需要表明自己观点的时候，也需要毅然亮剑。另外，新闻述评虽然追求理论的纵深感，但是，不加节制的思辨即所谓“理性迷宫”也需要注意避免。

（4）语言的准确性与生动性。语言的生动性建立在语言的准确性之上。如果说语言的准确性是对语言的基本要求，则语言的生动性就是对语言的高级要求。新闻述评要实现语言的生动活泼，在表现手法上就应该灵活多变、不拘一格。就要注意结构的奇特别致、叙事的生动形象、情节的曲折多变、语言的诙谐深刻、修辞的自由多样等，以求得广大受众的喜闻乐见。

（5）对象的大众性与普遍性。新闻的两大功能，一是（给大众）传播信息，二是引导（大众）舆论。不论是电视新闻还是报纸新闻，新闻的接受对象具有明显的大众性，在这一点上，新闻述评也不例外。新闻述评写作对象的这一特点，要求新闻述评的写作一定要注意文字语汇的浅显畅晓，同时一定要注意语言口吻的平易近人。

二、新闻述评的要素

新闻评有以下三要素。

1. 论点

论点是从论题中提炼、引发出的观点，是评论者的主观意识与客观实际统一的产物。对论点的要求是正确、新颖、有针对性。

一些短评及编者按、新闻点评，一般只有一个总论点，而较高规格的评论在总论点下还有分论点。总论点就是评论的总观点、中心思想，或者叫立意。它是评论的灵魂，贯穿评论的始终，支配着评论的各个分论点及选材、布局。

2. 论据

论据是指证明论点的依据。对论据的要求是真实、充分、精当。论据必须真实，论据失实，论点不攻自破；论据必须充分，论据不充分，以点代面，以偏概全，论点难以成立；论据充分还要求论据和论点间有必然的内在联系，而不是偶然的联系；论据还要求精当，所谓精当指的是要选取与论点有紧密内在联系的、能够以一当十的典型材料。

（1）理论性论据。理论性论据指的是已经被实践证明，被人们普遍接受了的正确思想、观点、公理、准则、经验等，包括哲学、社会科学方面的成果，如马列主义、毛泽东思想的基本原理；党和政府正确的决议、路线、方针、政策、政令；自然科学方面某些为人们熟悉的公理、定律；前人的文化遗产以及格言、谚语、民谣等。

（2）事实性论据。事实性论据指的是证明观点的具体材料、具体事实。事实是不能以人的意志为转移的客观存在。

新闻述评中的事实性论据，从不同角度分为新闻事实和背景事实、当前事实和历史事实、典型事实和概括性事实等。

新闻事实，是新闻述评立论的基础，论点是从新闻事实中引申出来的，新闻事实是证明论点的主干材料。

背景事实，也是新闻述评的重要论据。和新闻报道中的背景材料一样，通过背景的衬托，新闻事实的意义就更突出，评论的道理就更易明白。

历史事实，是背景事实的一种。和历史的思想、文化遗产一样，历史事实，特别是当现实生活中出现了某些与历史有关的现象，或者类似于历史的现象时，历史事实也是观照现实的一面镜子，它给人们的认识启迪与借鉴往往更生动、更深刻。

典型事实，指的是对证明观点能起到以一当十的那种最有说服力的具体事实。可以是新闻事实，也可以是背景事实，这是证明论点的最生动、最有力的论据。

概括性事实，是指全局性的事实，常以统计数据出现。

在实际新闻写作中，常常需组合多种事实，证明其论点的正确或驳斥论敌观点的谬误。事实性论据必须真实，论据失实，论点就不能成立。

3. 论证

（1）论证的基本方式。论证的基本方式，从不同的角度可分为立论、驳论、直接论证和间接论证四种。

①立论，就是自己提出一个观点，再用论据证明自己观点的正确性。

②驳论，就是批驳，证明论敌观点的错误，从而间接证明自己观点的正确。在实际写作中，立论和驳论两种方式常结合运用。一篇立论性评论，为了说理更有力，常常要树立一个靶子，树立一个假设的论敌，在局部范围里采用驳论手法。同样，一篇驳论性评论，在分论点时，有时也采用立论手法。

③直接论证，就是用论据直接证真或证伪，即直接证明自己观点的真理性、正确性，或者直接证明论敌观点的错误荒谬性。

④间接论证，就是通过否定论敌观点的正确性，证明自己观点的正确；或通过证明自己观点的正确，证明论敌观点的错误。

（2）论证的推理形式。论证的推理形式，包括演绎推理和归纳推理两种论证推理形式。

①演绎推理，是从已知的公理、定理出发，推证尚待证明的论点的方法。是由一般到个别的推理方法。运用理论论据，就得采用演绎推理。

演绎推理的论据，必须恰当地证明具体事物的本质、属性，必须对论证对象有理论的涵盖性；这些论据还必须是受众公认的真理，而不是一部分人的偏见，否则就会“言不及义”，证明不了观点。

②归纳推理，是与演绎推理相对应的一种论证方法，是从个别、从具体到一般的论证方法。就是将几个具体的事物归纳起来，抽象出其共同的本质、共同的属性的方法。

这也可以说是从事实到理性的方法，这种方法以事实性论据为依托。

运用归纳推理，必须选择和论点有内在联系的典型事实。所谓典型，是说材料与观点间的内在联系是必然的，不是偶然的；是紧密的，不是松散的；是那些“举此一端，可概其余”的事实。如果事实和论点间没有必然联系，仅仅是偶然的联系，或者是牵强附会式的“联系”，必然导致论点的不可靠。

（3）论证的具体方法。论证的方法是多种多样的，使用较多的大体上有以下几种：

①归纳法与例证法。归纳论证法由若干个别事实归纳出共性，从而得出一般原理性的结论，是一种由个别到一般的论证方法。归纳论证法只用于事实论据，先摆出一件件事实，然后作出综合概括，评定判断。常见的是先说出结论，再举事实以进行证明，这就是例证法。从行文次序上看，例证法与归纳法正好相反。

②演绎法。就是从已知的公理、定理出发，推证尚待证明的论点的方法，是由一般到个别的推理的方法。

③对比法。对比法是与类比法相对应的一种说理方法。主要是将性质上相反的两个事物或者一个事物在不同条件下的两个相反方面作比较，有破有立，在比较中明理。类比论证，侧重求同，理在同中；对比论证侧重求异，理在异中。

④引证法。引证法就是运用演绎推理的方法进行论证，是运用已被证明的理论、原则或者公认的道理做论据来证明论点。引证法常引用经典的言论或者名言、名句作为立论的根据。引证的材料要注意科学性、准确性和权威性，且必须是完整的，不能断章取义。引用时还要注意适量，不能靠引用的话来代替自己的论述。运用引证法论证问题时要注意：一是引用的原理必须正确；二是不要引证过多；三是要注意具体分析。

⑤类比法。类比法是将性质类似的事物放在一起比较以显示其共同的本质。类比论证的比体，可以是事实，包括现实生活中的事实、历史上的事件，也可以是文学形象等。但对象必须是受众熟悉的事或人，且其性质、其中蕴涵的哲理等是受众公认的。

⑥喻证法。用比喻的方法进行证明或者说明。这种方法能使文章生动富于文采。有的问题道理比较抽象，直接说明不容易把道理讲清楚，这时如果用一个恰当的比喻，即用人们容易理解的浅显的事物或道理来说明不容易理解的深奥的事物或道理，那么，就能生动地把道理讲得深入浅出，给读者打一个鲜明的烙印。因为比喻有这样的优点，所以这种方法被广泛地应用于评

论的论证里。

⑦反证法。作者从反面设法证明对立面的观点错误，用以驳倒对方，从而说明自己观点的正确性。在驳论中，运用反证法是为了证明对方论点是错误的，先证明与其相矛盾的另一个论点是正确的，从而以后者的正确证明前者的错误。

反证法的使用主要是出于这样两种情况：一种情况是直接正面说不便下手，讲不出什么道理。好比爬山，正面太陡，只好绕到背面。另一种情况是运用反证法，更能充分地展开论述，有力地论证问题，从而把文章写好。

⑧归谬法。鲁迅写过一篇文章，叫《文艺的大众化》，是批判所谓“作品愈高，知音愈少”论的。文中说：“倘若说，作品愈高，知音愈少，那么，推论起来，谁也不懂的东西，就是世界上的绝作了。”鲁迅这里用的就是归谬法。由此可知，所谓归谬法，是明明知道对方的论点完全错了，却先假定它是对的，沿着其方向往下推，验证于其他事物，引出一个显然荒谬可笑的结论。由于结论错得一目了然，无须再作任何解释，所以对方的观点便不攻自破，敌论因此而被彻底驳倒了。这种论证方法，用于驳论性评论，批驳那些论据和论点之间没有必然联系的论点。

三、新闻述评的分类

依据用途的不同，新闻述评主要分为以下几种：

1. 社论

社论是代表报社或主办报纸的机关就全局性或重大问题发表的指导性评论，是影响社会舆论的主要评论。

2. 评论员文章

评论员文章的规格仅次于社论。它通常不去全面论述重大问题、重大决策，而是选一个重要角度从侧面展开，对决策、问题作深层次分析。

3. 短评

短评的规格低于评论员文章，属于新闻述评中的“轻武器”、“短兵器”。

往往一针见血地对事件、问题评其一点。

4. 编者按

编者按是编者对新闻报道所作的说明和批注，一般放在报道的文前，有时也可以放在文中。

5. 编辑部文章

编辑部文章是新闻述评的一种，也称“编辑部评论”。

6. 专栏评论

专栏评论是一种形式灵活、个人署名、长短不一，在各种专栏里发表、播出的评论。这种评论理从事出，上谈国政、下议衣食住行，不拘一格。

7. 杂文

杂文既用于文学作品，又用于社会论文，还是报刊上常用的新闻言论体裁之一，人们通常称杂文为三栖文体。

四、新闻述评的写作要点

新闻述评的写作要点简而言之就是：清楚地转述新闻事实、明确地阐述自己的观点、针对性地给人解惑释疑。具体而言，可以总结为以下几个方面：

1. 对新闻事实的转述要清楚准确

新闻述评的第一步就是对新闻事实的转述与复述，是评论之前必要的事实引用。一般要注意：将未来的评析寓于当下的复述之中、复述时要抓住重点和要点。

2. 要有宏观远大的全局性视野

新闻的数量远远大于新闻述评的数量，因为不是所有的新闻都需要述评，也不是所有的新闻都有述评的价值。评什么不评什么，如何评，这都要求通讯员要有战略思维，要能够着眼全局发现问题、思考问题，“善于站在宏观、全局的高度对新闻事件的发展趋势、方向作出正确判断，从而引发具有实际指导意义的观点和见解，起到引导读者正确理解形势、识别事物本质的作用”。

3. 要有较强的述评针对性

新闻述评一直被认为是具有强烈政策性与时事针对性的新闻文体，它要求首选那些公众普遍关心的、迫切需要回答与解决的、与当前当下的生活趋向关系密切的实际问题，通过具体科学的分析，实事求是地给予说明、回答和指导。为此通讯员需要主动地实践新闻写作的“三贴近”原则，即深入现实生活，热爱人民大众，体会老百姓的酸甜苦辣，从而让新闻述评的观点闪烁出现实生活的智慧之光。

4. 观点要鲜明，见解要独特

新闻述评所持见解的正确性与独特性，要求新闻述评的观点必然是鲜明而正确的，鲜明的观点是新闻述评的灵魂。

鲜明的观点首先来自于有力的论据，为此，新闻述评用来阐明观点的新闻事实和有关材料必须典型而有说服力。述评的终极目标是新颖独到的观点而非新闻事实，于是新闻作品突出强调的新闻事实性在新闻述评里一变而为证据事实性。也许有的读者之前并没有读到相关的新闻，他们对新闻事实的了解，直接得之于新闻述评，于是新闻述评使用的论据性事实就显得更为重要。有时候，作者为说明观点而列出的具体事例也许更能让读者感到触目惊心。所以，新闻述评的写作能否成功，首先取决于输入的各种新闻性事实、信息和资料的丰富性与准确性。

其次，鲜明的观点来自于论证的严密。新闻述评的理论评说要有一定的思辨深度。所谓思辨深度，强调的是新闻述评对事物本质的揭示，只有对事物本质的揭示，才能保证新闻述评的思想性，也才能保证解疑释惑的目的之实现。

5. 语言要尽可能地形象生动

新闻述评的语言第一要求固然是准确，固然要求叙述清楚、议论严谨。但是新闻述评的语言更要求基于准确性的形象性以及基于形象性的生动性。新闻述评虽然是评论性文字，但是新闻述评的语言却并不排除语言的形象化与生动性。这就要求新闻述评的写作语言要力避老话套话，力求深入浅出，力求有文采，力争使读者爱看喜看。

6. 要以事见理，事理融合

新闻述评的述而评之叙议结合这一特点，决定了新闻述评的写作应该以事见理，事理融合，即强调面对事实、突出事实、用事实说话，而不是摆开学者的架势俨然一副评论家的派头。新闻述评以事见理的第一个原则，是寻求细节性事实的佐证。新闻述评以事见理的第二个原则，是寻求戏剧性事实的佐证。新闻述评的观点甚至可以在戏剧化事件的冲突中得以展现，即新闻述评有必要借助故事的力量来增加其说服力。新闻述评的故事性论说与新闻事实的客观真实性并不矛盾。戏剧其实正发端于现实之中。为此，新闻述评的作者既要善于带着思考去观察事物，也要养成在新闻事实中抓出观点的习惯，使观点和材料紧密结合，述与评两兼齐备。

7. 要注意读者对象的接受特点

新闻述评的写作对象，具有显而易见的大众性与普遍性，新闻述评写作对象的这一特点，要求新闻述评的写作一定要注意文字语汇的浅显畅晓，同时一定要注意语言口吻的平易近人。为此，新闻述评的叙述亲历化特点渐渐呈现。这种叙述的亲历化口吻，主要表现为作者多以第一人称来叙述事实，并向读者述说自己的感想和观点，这样的口吻既增强了事实的可信性，也增强了观点的接受性，真正发挥着新闻述评的舆论导向作用。

第二节 新闻述评写作问答

一、新闻述评有哪些结构原则

新闻述评的结构，是指通过谋篇布局揭示主题、展开论证的内容组合，主要包括评论的开头、主体和结尾等。那么新闻述评到底有哪些结构原则呢?

1. 评论的结构要准确地反映客观事物或矛盾内部的本质联系，对内容的组织安排要具有内在逻辑性

这是结构安排的根本性原则。新闻述评是客观事物的反映。文章内容的组合构造以客观事物的内部联系为基础，文章的结构形式必须反映客观事物内部联系的规律性。论据证明论点，是评论文章的主要内容。所以必须根据论点与论据之间的内在逻辑联系来确定结构的方式。一篇评论开头的安排，观点的安排，怎样组织材料，中间如何过渡承接，段落层次如何安排，最后如何收尾，各个部分之间都要有一种内在的逻辑关系。新闻述评要以理服人、要加强评论的逻辑力量，当然要正确地反映客观实际，提出正确的思想和观点，一定要通过恰当的说理论述的方法和合乎逻辑的结构方式，才能把正确的思想和观点传达给广大受众。

2. 评论结构的安排必须服从于主题思想并且要为主题思想服务

评论文章的论点是全文的中心。有些评论文章有好几个分论点，但这些分论点都应该是服从于一个中心论点的。文章的结构安排都必须集中地为论述中心论点服务。有时候一篇文章只有一个论点，那么材料运用、结构安排都全力地为中心论点服务。刘勰在《文心雕龙·附会》中说："凡大体文章，类多枝派，整派者依源，理枝者循干。是以附辞会义，务总纲领，驱万途于同归，贞百虑于一致。使众理虽繁，而无倒置之乖，群言虽多，而无棼丝之乱……"尽管材料丰富，内容繁多，分论点不少，线索有几多，但"整派者依源，理枝者循干"，务必抓住中心思想并且紧密围绕中心线索确定文章内容的主次详略、先后次序及其相互联系，从而做到纲举目张、条理井然。从新闻述评的特点考虑，为了更好地表达和突出文章的中心论点，结构安排时除了要反映出所要论述的问题内在的逻辑联系外，还要从读者的情况出发，适应读者的认识规律与认识水平。因此，也要注意从文章的具体内容出发，根据不同的读者（听众、观众）群的实际情况去安排评论结构。

3. 结构要完整、严谨、匀称，有独特风格

古人说："文无定法。"文章的结构布局，当然也不可能有千篇一律的格式。但就一般新闻述评的布局来说，还是有一定的规律可循。而结构形式的完整、严谨、匀称，则是对一篇文章最基本的要求。

文章的中心线索要连贯、有头有尾，不要顾此失彼、残缺不全，这就是所谓的完整，也指的是文章结构的整体性。要求文章不能有主干不全、结构残缺的毛病，使文章是一个完整的有机体，更要求文章首尾圆合，有一股文气贯注于全体，使文章脉络相承、神意相通。文章的层次、段落的划分和安排要有内在的逻辑性，各个部分之间、各个环节联系紧凑、顺理成章、自然和谐，既不颠三倒四、前后脱节，也没有顾此失彼、漏洞百出。

层次、段落的大小不会出现过分悬殊的情况，主次详略应得当，各个部分之间的搭配要均匀，就是匀称。评论文章一般比较短，因此也应该提倡短段落。但既要长短适度，又要开合有致。该长则长，该短则短。长短相间，使文章的整体布局匀称、优美。

评论文章要有独特的风格，这要求比较高。古代的许多文章大家、近现代的许多著名评论家，都形成了自己独特的文章风格

二、怎样写好新闻述评的标题

新闻述评的标题起画龙点睛的作用。一篇好的新闻述评，配上一个准确、鲜明、生动的标题，就相当于广告，能吸引读者，就好像神奇的吸铁石能一下吸引住读者的目光一样，不仅可以使文章增色生辉，而且可以深入人心，给读者以经久不息、永难忘却的印象。如列宁的《进一步，退两步》、毛泽东的《别了，司徒雷登》等都是精彩的标题。现代社会生活节奏快，可接受的信息铺天盖地，一个抢眼的标题则有先声夺人之效，好标题的文章往往最先被读者注意到，而题目一般的文章往往被忽略。

当然，光有好标题，没有好文章，同样收不到好的效果。定一个好的新闻述评标题，须下一番工夫，有时文章清样都出来了，标题仍空着，或者有几个标题无法定夺，足见标题的重要性。新闻述评主题突出，同一主题也许年年重复，题目却不能篇篇雷同，这给新闻述评的命题带来难度。如今年纠不正之风，明年还要纠不正之风；女排“三连冠”要评，“四连冠”要评，“五连冠”还要评，如果都以“赞拼搏精神”为标题显然没有新意；“元旦”年年有，“十一”年年庆，如何出新是关键。那评论的标题怎样写好呢？

新闻述评的标题应具备具体、鲜明、简洁的特点。

1. 具体

新闻述评不是上纲上线的大问题，不一定需要拟一个有“气派”的大题

目才与之相称，实际上，大而不当的题目容易流于空泛，小而具体的题目更集中深刻。

2. 鲜明

新闻述评的鲜明性，是让人一看便知道作者的态度、立场，提倡什么，反对什么。所以新闻述评应是非分明，不可含混不清、模棱两可。1941年6月22日，德国法西斯进攻苏联，6月29日《解放日报》社论的题目为《苏必胜，德必败》，这个题目再清楚不过了，立场观点十分明确。

3. 简洁

新闻述评的标题应当醒目、易记，文字不宜过长。太长不易记，达不到评论的效果。写新闻述评时，要使标题简洁明了，就应做到以下几点。

（1）力避长句，善用问句。如《南京政府向何处去》、《双休日怎么过》等。

（2）借用诗文词句作标题。如《人民日报》1984年9月23日的评论《劝君莫为粮多愁》就借用了“劝君莫惜金缕衣”、“劝君惜取少年时”的诗句，反映了有些地方卖粮难、储粮难的现象，加以分析引导。

（3）不可落入俗套。纪念反法西斯战争胜利40周年的时候，各报都发社论，等见报一看，发现社论的标题大同小异，但《人民日报》社论的题目为《历史的昭示》，简洁有气势，显示出中央大报不同凡响之处。这就告诉我们在拟题时，学会从共性中抓住个性。自己拟题时，还要想到别人会拟什么题，要做到人无我有，人有我新，这样的标题才会与众不同、吸引眼球。

三、写好新闻述评的开头应注意哪些问题

一篇新闻述评有了选题，拟定了标题后，接着便开始正文的写作了。新闻述评的开头很重要，常言“万事开头难”，新闻述评要想引人入胜，开头部分尤为费神。古人讲：“立片言以居要，乃一篇之警策。”高尔基说过：“开头第一句是最困难的，好像在音乐里定调一样，往往要费很长的时间才能找到它。”

新闻述评篇幅较短，不容你在开头部分讲大道理引题，应当开门见山，直奔主题。如“今年是建军××周年”、“今天是我们伟大的祖国××生日”、“2×××年元旦又快到了”、“新春伊始”等，都是可有可无的语句，陈规俗套难有新意。

1949年4月4日，新华社发表社论《南京政府向何处去》，文章开头也很有特色，让人读后顿有触动：

两条路摆在南京国民党政府及其军政人员的面前：一条是向蒋介石战犯集团及其主人美帝国主义靠拢，这就是继续与人民为敌，在人民解放战争中与蒋介石战犯集团同归于尽；一条是向人民靠拢，这就是与蒋介石战犯集团和美帝国主义决裂，在人民解放战争中立功赎罪，以求得人民的宽恕和谅解，任何第三条路是没有的。

文章开头便提到大是大非的高度，让国民党政府及其军政人员做出选择，并明确正告“任何第三条路是没有的”。开头很有气势，态度也非常坚定。

新闻述评的开头要力避老套，不要动不动就写“在……形势下”，“在一片……中”，要增加文采。如《人民日报》1982年4月4日发表社论《讲求生财之道》，开头这样写道：

宋朝政治家王安石说过：“因天下之力，以生天下之财；取天下之财，以供天下之费。自古治世，未尝以不足为天下之公患也，患在治财无其道耳。”

阐述生财有道，才是解决财力不足的根本出路。新闻述评是理论性很强的文章，在开头使用一些富有哲理的句子，常能收到良好的效果。如1985年5月30日《人民日报》发表评论员文章《大好时光忙些啥》开篇写道：

年年月月日日时时，时间老人给每个人的赠与十分公平。时时日日月月年年，每个人对时间老人的回赠却大不相同。大好时光忙些啥？的确应该好好想一想，做领导工作的同志更应该多想一想。

下面以纪念抗日战争和反法西斯战争胜利四十周年的社论为例，来看一看这些社论的开头是如何写的。有的写：

“九月三日是中国抗日战争和世界反法西斯战争胜利四十周年纪念日。”

“今天是抗日战争胜利四十周年纪念日，也是整个反法西斯战争胜利四十周年的日子。”

“1945年9月2日，日本政府的代表正式签署了无条件投降的文件，中国人民坚持八年之久的抗日战争，以及世界反法西斯战争，终于赢得了最后的胜利。”(《中国青年报》)

“我们胜利了！”

“四十年前的今天，在经历了火与血洗礼的神州大地上，中国人民热烈地发出了这样的呼喊。”(《北京日报》)

以上开头，头几条皆无特色，属大众化语言。只有《中国青年报》、《北京日报》开头写得有些特色，能引起读者对昔日战争的回忆，重温历史，增强纪念的气氛。

俗语有云：“好的开头是成功的一半。”我们应努力琢磨一个富有文采的开头，这将使你的文章魅力大增。

四、怎样写好新闻述评的结尾

大多数通讯员认为新闻述评的写作手法应当“虎头熊腰豹尾”，足见结尾的重要性。如果新闻述评的结尾都是“一定要实现”、“一定能达到”、“胜利前进”之类的话，便有“虎头蛇尾”之嫌了。好的结尾应当起到归纳、点睛、升华的作用，空泛的结尾软而无力，达不到新闻述评应有的社会效果。

《人民日报》1996年2月2日发表一篇评论叫《为何要叫“老板菜”》，指出社会上流行“老板”的称呼，连一袋普普通通的榨菜也取名叫“老板菜”，这是庸俗的典型表现。文章结尾写道：看来，在有些人的心目中，贪图享受的意识浓了，诚实劳动的意识淡了；急于求成、坐享其成的意识增强了，脚踏实地、艰苦奋斗的意识弱了……

“老板”意识的流行，对社会，特别是对青少年有着误导作用。对此，我们不该掉以轻心。文末点题，寓意深刻。

结尾是全文的升华，应当富有鼓舞性和号召力。如1949年7月31日新华社社论《我们是能够克服困难的》一文这样结尾：我们是能够克服困难的，不管什么样的困难也不怕，人民解放军二十二年的斗争史给了我们这样一种经验和信心，只须共产党、人民解放军和全国人民明白了自己所遇困难的性质，坚决地执行克服困难的各项根本政策，我们就能达到目的。

文中总结两条经验：一是了解困难的性质，二是执行克服困难的政策，这样我们就能够克服困难，可谓说理充分，有点睛之效。再如，《论联合政府》的结尾写道：成千成万的先烈，为着人民的利益在我们的前头英勇地牺牲了，让我们高举起他们的旗帜，踏着他们的血迹前进吧！这样的结尾能坚定人的意志，激发人的斗志，有强烈的感召力。

总之，新闻述评是报刊上经常使用的一种文体，以其鲜明的针对性与指导性见长。我们在掌握新闻述评的特点与写作方法的基础上，写出新意，写出文采，以便产生更佳的社会效果。

五、新闻述评对论点有哪些要求

对于新闻述评而言，论点是极其重要的。因而新闻述评的论点，必须具备一定的条件，才能担负按照历史唯物主义揭示事物本质的重任。具体要求如下。

（1）正确、鲜明，这是相对于荒谬、悖理和吞吞吐吐、模棱两可而言的。这两个概念本身不难理解，问题在于怎样把认识和表达统一起来，恰当地体现于评论作品之中，认识错误、是非不明，当然不可能形成正确、鲜明的论点。

（2）中肯以正确为前提，就是在正确的基础上突出重点，力求论点切中要害，准确揭示事物本质或问题实质。其对立面包括背离正确前提的片面性，满足于现象的表面性，以及虽然正确却于事无补的“药中甘草”。

正确、鲜明、中肯，这是论点的基本要求，也是检验论点存在价值的基本准则。如果进而力求新颖、隽永，那就等于给论点增添了引人入胜、耐人寻味的魅力。

（3）新颖就是“言人之所不能言”。新颖的论点，既要求“惟陈言之务去”，避免人云亦云，也要求“匠心独运”，蕴涵非同寻常的见解。

（4）隽永就是耐人寻味、发人深省。隽永的论点大多是规律性认识的概括，因此能够启发人们思考和联想，具有举一反三的内在力量。这样的论点不一定“言人之所不能言”，却能使人恍然大悟；不深奥，却能像橄榄那样耐人咀嚼、耐人回味。

其实，论点的这几个要求彼此间是相互联系、相辅相成、互为依托的，如果把它们割裂开来，孤立地看或片面地强调某一要求，就会陷入形而上学的论调中去。此外，论点的这些要求，又都带有相对性，除正确之外，其余要求并没有什么绝对标准，因此论点既要注重提炼，也不能勉强从事，否则不是沦于肤浅，就是陷于牵强附会。

六、新闻述评的立论应具备哪些基本要求

一篇成功的新闻述评作品，就其立论而言，理应具备以下基本要求：前瞻性、新颖性、准确性和针砭性。

1. 前瞻性

立论的前瞻性指的是能及时洞察矛盾和预测将会出现的矛盾，尽早地去探寻事物的内在规律及其发展趋势，进而设想出解决矛盾的办法和途径，以便站在时代潮流的前头引导舆论，推动事物的发展。换句话说，前瞻性要求立论具有一定的洞察力、敏锐度和预见性。

2. 新颖性

从读者的认识规律和阅读心理而言，总是最烦这样的评论文章：满篇人

云亦云，车轱辘话，没有一点新鲜的见解和材料。所以，新闻述评的佳作，不仅立论要具有明确的针砭性，而且要力求立论的新颖性，阅后能给予人们以新的养料、新的收获和启迪，而这也正是为文的难点所在。

3. 准确性

立论的求新理应以准确为前提。这是立论的又一基本要求。立论违背了准确性，其后果必然是失去人们的信赖，甚至直接导致人们思想上和行动上的混乱。

立论的准确性，主要表现在这样几个方面：

一是论点的准确，包括概念、论断、提法和分寸的准确。

二是论据和引语的准确。

三是完整、准确地阐明党和政府的方针政策和法规。

四是坚持一切从实际出发，实事求是，力戒浮夸和武断。当强调更新观念时，对提出的新观念务必要想一想，它是否符合客观实际，是否遵循客观规律，是否遵守政策法律，是否尊重伦理道德和社会公德。

4. 针砭性

选题立论是否具有针砭性是衡量一篇新闻述评作品能否产生社会效应，能否促进事物发展的一项首要标准。所谓针砭性，就是能够正视时弊，针对不良社会风气和倾向性矛盾，针对偏颇乃至错误思想，运用批评或正面引导的方式对症下药，积极引导，以促使矛盾转化，产生积极的社会效应。

七、新闻述评语言的特点

语言是思想的直接体现，是作者表达思想的工具。同时语言也是思想和思维的载体。其实，无论是直观思维还是抽象思维，抑或是描情状物的发散思维，大凡思维的结果都离不开语言的参与和表达。人们的生存空间充塞着大量的信息，视觉和听觉里或者是图形、图像，或者是语言文字，大部分时间视听的也是和自己的生活、生产密切相关的信息。以报刊为主的新闻述评，是一种实用性很强的应用文，因而，在语言表达上比较灵活，基本上没有固定的格式。但任何事实都有它的特殊性和质的规定性，新闻述评的语言同样如此，它具有以下特点。

1. 准确

新闻述评要做到以理服人，必须概念明确，判断恰当，推理合乎逻辑。而准确的概念、判断和推理，又要借助于准确的语言来表达。如果语言表述不准确，出现漏洞，甚至前后矛盾，就形不成明确的概念，从而必然影响恰当的判断，影响正确的推理。新闻述评的语句须是经过字斟句酌、反复推敲的。文稿的语句表达，应选用最恰当的词语，准确地揭示事物的本质，贴切地表达出文稿所蕴涵的思想。可见，语言与概念、判断和推理之间的关系就是这样一环扣一环，互相制约的。因此，准确是评论语言的第一个要求。在评论写作中，每一个问题的提出，每一句话的判断，每一个概念，甚至一个关联词语的运用，都必须力求准确、恰当，有分寸感，决不能含糊其辞、模棱两可。

2. 简练

新闻述评是抽象思维（不排斥适当的形象思维）的表现形式。它在就“事”论“理”时，尽管也需要引述事实、描写形象，但无论是“事”的引述，还是形象的穿插，都是为了从中析“理”。因此，叙述要力求简练，不是为叙述而叙述，而是为了议论而叙述。当然，在惜墨如金、讲究简练的同时，为描摹物态或进行细致入微的心理刻画，也可适当地用繁笔，但切忌冗长。1962年毛泽东同志在七千人大会上的讲话中，引用项羽和刘邦争天下的故事，说明独断专行、听不得不同意见终归要失败时，只用了简明扼要的几句话，这同《史记》、《资治通鉴》等书中记述项、刘故事的方法就不一样，是采用高度概括的笔法。如果不注意这一点，当概括不概括，大量使用记叙、描写的语言，评论文就将变成记叙文了。要使语言通俗易懂，首要的是尽量做到口语化。这里很重要的一条，就是避免使用半文半白的语言形式，另外，不要为了节省篇幅把不应该省的字也省掉了。

3. 严肃与生动

真理是科学的结晶，阐述真理必须严肃，用语必须质朴、庄重，这是毫无疑问的。但质朴并不排斥优美，庄重也并不拒绝活泼。古人说：“言之无文，行而不远”，“辞达而理举”。为了传播真理使人“敬而爱之”，“信而悦之”，评论也要讲究“语言美”，要求文采飘逸、生动形象，每句话、每个词都要反复斟酌、精心写作。但是，有一些新闻述评工作者却把评论的严肃性和生动性对立起来看，他们笔下的评论往往毫无趣味可言。

第三节 常见新闻述评类型的写作

一、社论

1. 社论的含义

社论，是报纸的旗帜，体现报纸的方向，是大型、重型的评论武器。它就现实中某一个阶段或时期的重大问题，代表报纸编辑部发言，集中反映一定阶段和社会政治集团对当前重大问题和事件的立场、观点、主张，是影响社会舆论的重要方式。

撰写社论，是一项极为严肃的政治任务，必须认真学习党的方针政策，进行广泛深入的调查研究，发挥集体智慧，反复修改、推敲，精益求精。

根据社论的内容，可将其分为解释性社论、问题性社论、驳论性社论、纪念性社论、外交礼节性社论五类。

2. 社论的写作要求

因为各种类型的社论内容各有不同，格局也不一样，现就比较普遍使用的问题性社论为例，介绍一下其写作要求。

（1）概述提出问题的背景。在什么样的形势下提出问题，即问题的背景情况，是解决问题的前提。

（2）把握主体部分。在主体部分中要分析问题产生的原因、解决问题的重大现实意义及如何解决问题，讲措施、讲办法。这部分要理论联系实际，把问题论述透彻。具体问题，具体分析。最后，表示出坚定的信念和决心。

3. 社论写作范例

写作范例

“一国两制”实践的又一成功范例

——祝贺澳门回归祖国10周年

新华网北京2009年12月20日电 2009年12月20日，这个时刻属于祖国的澳门。

十年前的今天，中国政府恢复对澳门行使主权，中华人民共和国澳门特别行政区成立。十年之后，时间将这座城市的变化和发展，写成繁荣稳定的澳门现实。回归十年，在“一国两制”、“澳人治澳”、高度自治的方针指引下，澳门实力增强，活力迸发。这是继香港回归之后，“一国两制”由构想变为现实的又一成功范例，是祖国和平统一征程上的又一里程碑。

澳门回归祖国十年，是“一国两制”成功实践的10年。回归祖国后的澳门，继续保持资本主义制度，继续保持中西文化融合交汇的多元特色；澳门特别行政区的政制民主按照基本法的规定稳步发展，广大澳门同胞依法享有广泛的民主权利；澳门经济实现持续快速增长，人均地区生产总值跃居亚洲前列；一系列重大基础设施建成，城市面貌焕然一新，社会事业不断进步；对外交往更加活跃，国际影响不断扩大。今日澳门，经济发展，民生改善，社会安定，一派欣欣向荣景象。事实证明，“一国两制”方针具有强大生命力，澳门同胞完全有智慧、有能力、有办法管理好、建设好、发展好澳门。

澳门回归祖国十年，是澳门与祖国内地同进步、共发展的10年。回归祖国后的澳门，与内地联系日益密切。一方面，澳门同胞以前所未有的积极性和创造性参与澳门管理和建设，参与国家现代化建设，对国家发展贡献良多，也分享着祖国的尊严和荣耀。另一方面，中央政府高度重视澳门发展，坚定地支持澳门特别行政区政府依法施政，并采取了一系列政策举措支持澳门特别行政区发展经济、改善民生，积极实施内地与澳门更紧密经贸关系安排，开放内地居民赴澳门个人游，促进粤港澳合作和泛珠江三角洲区域合作，批准港珠澳大桥建设和横琴岛开发规划，等等。这一切，为澳门长远发展提供了更多机遇和更大空间。事实证明，澳门前进的脚步，离不开祖国温暖有力的扶持，伟大祖国始终是澳门的坚强后盾。

澳门回归祖国十年，书写历史华章，也留下重要启示。这十年，澳门用成功的实践告诉我们，保持澳门长期繁荣稳定，必须全面准确地理解和贯彻“一国两制”、“澳人治澳”、高度自治的方针，严格按照《澳门特别行政区基本法》办事，集中精力发展经济，切实有效改善民生，循序渐进推进民主，包容共济促进和谐。这十年，澳门同胞与内地人民在日益紧密的联系中认识到，“一国两制”之所以具有强大生命力，在于它融汇了高瞻远瞩的政治智慧、血浓于水的民族情感、爱国爱澳的理念认同、风雨同舟的精神力量，它是完成祖国和平统一大业的正确方针。

面向未来，澳门站在了一个新的起点上。在祖国的怀抱里，在中华民族伟大复兴的发展进程中，澳门找准了自己的角色，找到了在世界的位置。我们坚信，有伟大祖国日益昌盛提供强大支持，有澳门同胞秉持爱国爱澳精神不懈奋斗，澳门一定能够开创更加美好的明天，为“一国两制”的伟大实践谱写新的光辉篇章。

二、评论员文章

1. 评论员文章的含义

评论员文章，是报纸、广播电台、电视台节目中，以“本报（本台）评论员”为署名的一种评论，它不是完全代表编辑部，也不完全是个人发议论，是一种半官半民、以官方代表为主的身份所发的评论。

2. 评论员文章的写作要求

评论员文章要求发表评论必须客观，不带有个人爱憎分明的感情色彩，针对问题、事件褒贬有加、立场鲜明。

3. 评论员文章写作范例

写作范例

和谐城市需要文化滋养

人民日报2009年6月7日电　随着上海世博会的举行，“城市，如何让生活更美好”的探讨也逐步走向深入。透过世博会这个窗口，人们的目光越过日新月异的建筑形态，聚焦于城市的内在品质，寻求和谐城市之道。

和谐城市需要文化的滋养。

自人类有城市以来，无论其怎样变化、更新，都离不开自己一脉相承的历史和文化。它穿越时空，不断丰富、积淀，是一个城市区别于其他城市的独特印记，也是城市文明发展的根基。那些有着丰厚文化底蕴的城市总是显出与众不同的气质，从民主城邦雅典到人文之城威尼斯；从时尚之都巴黎到名刹环绕的奈良，独特的文化精神令城市历经千年，依然灿烂。人们看到，有什么样的文化精神，才会有什么样的规章制度，形成什么样的产业结构，结出什么样的经济之果，形成什么样的城市社会。

文化，作为人类创造的物质财富和精神财富的总和，犹如取之不竭的智慧宝库。被列为世界文化遗产的中国都江堰水利工程，之所以历经2200多年仍经久不衰、持续发展，不仅在于其科学选址和合理建构，还在于它深刻的文化动因。在这一传奇水利工程背后，是与自然和谐相处的治水之道，是“道法自然”、“天人合一”科学精神，以及“以人为本”人文理念的充分体现，正是对传统文化的尊重、传承和创新运用，使得一个水利工程不仅滋润了一方土地，更滋润了社会科学精神。

文化的滋养让城市注满爱与关怀，正如上海世博会城市最佳实践区内那些生动案例。从西班牙马德里公共廉租屋的创新实践，到城乡一体化发展的天津市华明示范小城镇；从基于社区居民参与地方管治的巴西阿雷格里港案例，到以促进社会融合为方向的深圳城中村大芬村的再生故事。那些来自传统文化中的人文精神，给城市的前行者们以创新的勇气和探索的力量，促进城市的平衡稳定和可持续发展。

经济致用，文化致远——在当今时代，文化不仅是城市实力的重要组成部分，更是一种核心力量。它具有巨大的经济容量和社会功能，提升着城市竞争力，孕育着城市未来。无数历史证明，地震、洪水或是战火可以毁灭一个城市的肌体，却扼杀不了一个城市的精神。只要从特有的文化开始，城市不仅可以迅速重建，而且能超越自己，绽放出前所未有的光辉。

历史也同样证明，现代城市文明的标志不是竞相争锋的摩天大楼取代郁郁葱葱的森林，不是宽阔道路上拥挤的汽车淹没安静的街巷、清新的空气。现代城市文明是人与自然、人与社会、人与人之间的和谐发展，是物质世界和精神世界的相互协调、相互促进。

向着新文明阶梯进发的现代城市，当是历史文化的传承者和守望者——这是任何一个致力于未来的城市管理者必须的意识觉醒。文化传承与创新体现在城市建设的每一个细节，可以是历史建筑、文物等有形文化资产的保护，也可以是地方方言、庙会等非物质文化遗产的传承与创新。它既需要政府的热情，也离不开民间的力量。而无论何种文化传承，创新必须贯穿其中。只有不断积累、创新，与时俱进，历史文化才显现其巨大的生命力和发展力。

数千年人类历史，创造出无数光辉灿烂的文化。不同形态、不同地域文化的积累、渗透与传承创新，又推动着人类文明不断演进——从正在举行的以"城市"为主题的上海世博会，我们可以清晰地看见城市文明的足迹。这足迹激发我们思考，激励我们前行。

三、短评

1. 短评的含义

短评，是一种短小精悍的对新闻事件进行评论，揭示其本质意义的新闻文体，常常是配合新闻报道同时发表。

2. 短评的特点

短评的特点可概括为：短小精悍，新鲜独到，生动灵活，重在分析。

（1）短小精悍。短评应该短小精悍，这首先体现在篇幅的短小上，一般来说，短评的字数多在500字左右。短评的短小精悍还体现在评析内容的具体、立论角度的集中、结构的简约和文字的精练上。短评不是社论或评论员文章的缩写形式，它抓住新闻报道或所评析事物的某一点进行议论，力求行文精粹，不蔓不枝。

（2）新鲜独特。短评的"新"，首先表现在选题更新鲜、及时，抓住最具时效性的新闻报道或新鲜事实作出分析和评价；其次表现在立论角度的新颖和观点的独到上，能够从新的视角观察事物，作出与众不同的分析并得出具有个性的见解和结论；此外还表现在引入新的论据，采用新的表述方式，使评论给人以新的信息和新的启迪，等等。

（3）生动灵活。首先，短评的分析说理应该生动引人，议论丰盛，运用多种议论手法使文章富有生气；其次，短评的结构方式应灵活多样，依据不同的评析对象变换文章开头、结尾与谋篇布局；最后，短评的语言文字也应生动活泼，使文章在言之有物的同时短而有趣。

3. 短评写作范例

写作范例

评央行加息

——利率、汇率有联动关系

加息就是提高利率，所谓利率是指利息率。那么利息是什么？利息就是借贷人民币的使用费，相当于租赁房屋获得的租金。房租提高，意味着用房需求扩大，房子也会更值钱，这也就意味着房价的间接提升。同样的道理，加息，提高存贷利率，意味着对人民币的租借费用上涨了，也就意味着人民币汇率的间接升值。因为所谓汇率。无非就是人民币作为一种货币商品的国际市场价格。换句话说，加息后，人民币（作为商品）的使用价格更贵了。

央行此举的主观意图也许是要表示实施适度收缩的货币政策，从而压制通胀。但实际上，在国内外资本市场已经相当程度利通，国际资金已经相当程度可以通流的现实情况下，中国本国的货币政策绝不可以忽略了外部货币市场资本流动的影响。实际上，开放条件下的各国现代经济史早已经证明，以单一的货币政策抑制通胀效果相当有限。因此央行此举未必能抑制通胀，原因是：

（1）人民币利率上升，并不能阻止美日低息贷款资金对新兴市场的炒作。由于加息加大了中国货币市场利率和美日金融市场利率之间的利差（美日利率基本接近零），会引发更多的外部套利资金涌入中国。

换句话说，加息，对于人民币汇率也等于间接升值——吸引热钱（所以国际股市才应声而暴跌），会导致国内股市扬升、出口商品间接上涨、美元汇率间接续跌，国内通胀压力反而加大。

同时，外资进入量将加大（有花旗、汇丰等跨国银行，高盛、大摩等国际投行，外币迂回绕过外储局以及人行的监管措施流入流出，进行资本流动操作并无困难），会导致国内资金（换汇人民币）进一步宽松，房市仍有上涨空间。总而言之，加息意味着人民币的间接升值，因而可以吸引国际热钱。

（2）作为以上分析的旁证，据报载：受中国央行自2007年12月以来首次加息消息影响，周二美国股市大幅收低，道指收盘跌破11000点关口。

截至收盘，道琼斯工业平均指数下跌165.07点，收于10978.62点，跌幅1.48%；纳斯达克综合指数下跌43.71点，收于2436.95点，跌幅1.76%；标准普尔500指数下跌18.81点，收于1165.90点，跌幅1.59%。

在中国加息的影响下，周二欧洲股市收低。欧洲斯托克600指数收盘跌0.5%，至265.24点。三大主要股市中，英国富时100指数收跌0.67%，德国股市DAX指数收挫0.4%，法国CAC-40指数回落0.71%。

纽约黄金期货价格收低2.6%，收于每盎司1336美元。原油期货价格下跌4.3%，收盘跌破每桶80美元。

美欧股市大跌，表明大量资金在迅速离场，离场去了哪里？当然是进入中国资本市场。所以近期国内股市也有了一轮小阳春。

大量外部资金进入，加之国内市场已经投入流通的人民币货币总量不会减少，所以加息对于抑制国内通货膨胀效果，必定微乎其微。

（3）因此，在当代银行已经跨国化、资本流动高度跨国化，而国家的货币管制政策效能相当有限的现实背景下，以加息作为抑制国内通胀的货币政策手段，效果必然相当有限，甚至完全可能适得其反。

但是，也许央行此举的真正目的未必是为了抑制资本市场的炒作热情，而是为了在今后几年保持某种程度可控的通胀，继续实施“量化宽松”以吸引外部资金继续留在国内。那么，近几年自外部大量进入而引起通膨的美元欧元将会进一步流入中国资本市场，其实际后果就另当别论了。

四、编者按

1. 编者按的含义

“按”是“按语”的简称，“按语”也写作“案语”，就是写在前面（或后面）的话。过去的文人，写一点关于某事的主旨、相关情况、说明等叫做“案语”，后来也写作“按语”。

编者按，是编者对新闻报道所作的说明和批注，是一种最简短、最轻便的评论形式。通常是开门见山、言简意赅地表明某种观点、态度，给读者一些启示性的说明。

2. 编者按的写作要求

（1）以文章为由头，借题发挥，表明编者对问题的看法和态度。按语要比文章看得深、想得远，给读者以启发。

（2）开门见山，抓住要点。在批评一种倾向时，要注意分寸。

（3）要有感情、有气势，别开生面，不落俗套。

3. 编者按写作范例

写作范例

2005年12月1日是第18个“世界艾滋病日”。其主题是：遏止艾滋，坚守承诺。

艾滋病是一种危害大、死亡率极高的严重传染病，目前世界上没有治愈的药物和疫苗。预防传播是控制这一疾病的唯一办法。在我国艾滋病蔓延形势严峻，全国已有艾滋病感染者约84万人，疫情波及31个省（自治区、直辖市），艾滋病病例报告数呈上升趋势。但由于社会对艾滋病病人普遍的歧视与恐惧心理，导致有些艾滋病病毒感染者处于隐蔽状态，因此专家估计，中国现有艾滋病感染者人数已超过了100万人！并且艾滋病正由从高危人群向一般人群传播，女性感染者大幅增加，经性传播和母婴传播艾滋病的比例逐年增长。北京艾滋病感染者年增幅度40.6%。

我们需要加强艾滋病的防治宣传工作。一是了解艾滋病的传播途径；二是掌握艾滋病的预防措施；三是积极参与到艾滋病的公益事业上来。在艾滋病宣传日的今天，我们将和你一起去了解艾滋病，了解它的传播途径、预防措施，一同去关爱艾滋病病人，参与艾滋病的防治工作，为营造和谐社会、和谐家庭作出努力。

五、编辑部文章

1. 编辑部文章的含义

编辑部文章，是代表报社编辑部的一种比社论分量轻而比短评分量重的中型新闻述评。它通常标明“编辑部文章”或署“本报评论员”、“本报特约评论员”。它往往就国内外某一重大事件、问题发表评论，其作用介于社论和短评之间，帮助人们辨明是非，坚持正确的思想认识，克服和抵制一切错误的认识和倾向。从文章的思想内容上分，其评论的大体内容有贯彻党中央指示精神的、提高思想认识的、批评错误认识的、讲究事业心工作方法方面的。

2. 编辑部文章的写作要求

编辑部文章属于新闻述评的一种，对论点的要求是正确、鲜明、有针对性；对论据的要求是真实、充分、有典型性；对论证的要求是透彻、有力、有逻辑性。其写法灵活多变，现只介绍如下三种：

（1）深入一点，具体分析。评论的篇幅有限，不可能面面俱到。因此，常常是深入一点，作具体的分析。广东中山县由一个落后的农业县变为县级市，再到地级市；行政升级很快，经济发展也很快；从告别贫困到步入小康，再到户户富裕，短短十几年。为什么?《突出一个“实”字》这样概括：“他们创建文明城市的一个突出特点是：着眼实处、着手实事、着重实效，从始至终贯穿着求真务实的精神。”文章从三个方面做“实”字的文章：首先，中山市在精神文明建设中特别忌空、忌虚，牢牢把握“实”、十分突出“实”、非常崇尚“实”。从住房改善到文明小区、从乘车困难到公交新风、从满天黄沙到见缝插绿等，都是让人民群众称心如意的实事。其次，阐明了创建精神文明需要实，巩固和提高精神文明建设成果更要下实实在在的工夫。再次，论述了文明创建在实，领导干部是关键。通篇在“实”字上做文章，主线突出，中心明确，主题集中。

（2）全面观察，辩证分析。“下岗”与“就业”是一个问题的两个方面。如何看待，如何解决，是人们非常关心的话题。《放开眼光看就业》（1998年6月3日《人民日报》评论员文章）对“下岗”与“就业”的问题进行了辩证的分析。第一层阐述了“如何看下岗”，分析了国有企业严重超员的原因，论述了“下岗分流，减员增效”的必然性。第二层阐述“如何看就业”，分析了今后一段时期的扩大再就业主要在第三产业，论述了关键是转换择业观念，观念一变，就会看到就业的门路。第三层阐述怎么样解决再就业问题。通篇都闪烁着辩证法的思想光辉。

（3）变换角度，透彻分析。同一个问题可以从不同侧面来加以深入分析，不是泛泛而谈。《论正确对待困难》（1998年6月11日《人民日报》评论员文章）阐述了工作就是解决困难、如何正确对待困难。文章提出三个论点：“困难就是矛盾”、“困难是具体的”、“困难是座熔炉”。文章逐个加以分析，论述了怎样解决困难和解决困难的意义。一个中心，三个侧面，逻辑严密，说理清楚。

3. 编辑部文章写作范例

写作
范例

论新形势下创新农村社会管理

农民日报3月25日发表题为《构建农村和谐社会的基础性工程——深刻认识新形势下创新农村社会管理、做好农村群众工作的重大意义》的编辑部文章。文章重点论述了新形势下密切联系农民群众、加强农村社会管理及创新的重要性、紧迫性以及关键任务，指出这既是构建农村和谐社会的重大基础性工程，也是全社会加强和创新社会管理的重要基础支撑。

文章分析说，农村社会是中国社会的基础，加强社会管理的重点应该在基层、在农村。这是农村经济社会发展阶段变化的客观要求，是城镇化和新农村建设的重要内容，也是农村社会和谐稳定的重要保障。文章提出，深刻认识和把握这些情况和内涵，要求我们必须整体提升农村社会管理能力和公共服务水平，既要从国家长治久安的大局谋划，又要从维护农民群众的根本利益考虑；既要从城乡统筹、政策倾斜上着力，又要从解决农村社会每一项实际问题着手；既要坚持党委领导、政府负责，又要依靠社会协同、公众参与。

文章进一步分析指出，近年来，随着中央各项强农惠农政策力度不断加大，我国农业农村经济社会实现了较快发展，但同时我国正处于经济社会转型期，各种经济、社会矛盾交织，情况复杂，而随着农村文化教育事业和信息网络技术的快速发展，群众了解知识、政策、信息的渠道越来越广，诉求也越来越多，这些因素都使得当前既是农村群众得到实惠最多的时期，也是社会矛盾和问题相对较多的时期。农民增收难、农村公共事业发展滞后、农民的土地权益被侵害、新生代农民工问题突出、乡村社会治理日趋复杂、变相加重农民负担等问题，给我国农村社会管理带来许多新的挑战。

文章特别强调，以上问题都是因为经济社会的发展而产生的，对此，我们应该抱着积极、客观的态度来对待，不能回避问题，同时要逐步采取综合措施，在发展中努力加以解决。针对新形势下如何加强和创新农村社会管理，文章提出了五条建议：一、发展经济、促进农民增收，这是农村和谐社会建设最重要的内容；二、要转变工作作风，深入基层、进一步密切党与农民群众的血肉联系；三、要建立健全农村社会矛盾协调化解机制，着力解决好影响农村社会和谐稳定的突出问题；四、要加强乡村治理和建设，构建与农村和谐社会相适应的社会管理模式；五、要强化农村文化建设，以社会主义先进文化引领农村文化发展，为新时期农村和谐发展构建思想保障。

六、专栏评论

1. 专栏评论的含义

专栏评论，是指在评论中，那些一般有固定栏目名称、定期刊发的、作者个人署名的、短小的新闻述评的统称。专栏评论的名目并不唯一，有的叫小型评论，有的叫微型评论，有的叫小言论。从内容看，分为思想评论与小型言论、微型评论、袖珍评论两大类。前者如“每周评论”、“百家论坛”等，着重从思想、理论问题入手，写作上要求更像政论文体，说得比较透彻；后者如“大家谈”、“群言堂”等，写得更短小，两三百字，更具有新闻性。

在我国，专栏评论是20世纪70年代末80年代初随着新闻改革的客观形势而重新兴起的一种评论形式。如:《哈尔滨日报》1978年1月创办的《大家谈》;《解放日报》1978年7月创办的《解放论坛》。最早出现并影响最为广泛的是1980年1月2日《人民日报》创办的《今日谈》。

2. 专栏评论的写作要求

专栏言论一般在千字以内，三五百字的最多。但内容广泛，可谈天下大事，也可讲个人见闻中的心得体会；其行文风格、结构布局也无所拘泥，自由活泼。专栏评论的写作，需要注意这样几点：

（1）选题要小，题目也要小。专栏评论的题材广泛，凡属在实际生活中需要引起重视的问题，都是选题议论的范围。大至经济体制改革、反对不正之风、建设社会主义的物质文明和精神文明，小至个人衣食住行方面的见闻观感，都可以三言两语、事理融合地加以议论。

专栏评论文章的写作应从大局着眼，从小处落笔。评论的选题角度要小、标题也要小，从小处落笔，然后反映大局中的某个问题。

选题角度小，题目具体，可能更有利于把问题说得比较深入。

立论要深，指的是角度新颖，分析得深刻，有新意。总之专栏评论的选题要小、要具体之外，视野要广而立论要深，感触要深，才能写好。

在新闻述评中，社论、评论员文章是重型、中型评论，而专栏评论却是轻型评论。有些话如用社论、评论员文章、短评来说，可能言重了，要用专栏评论的形式来说话。因为它是作者个人署名，不一定代表编辑部来说，个人说话说得有点片面性也不要紧，第二天可以再说，甚至可以有不同意见的讨论。

（2）短而有物。专栏评论虽然文章不长，但短而有物，有内容，不是泛泛空论。也就是说，专栏评论既要有新闻事实，又要时代感强，要有鲜明的针对性、强烈的新闻性，又要事实准确，内容充实。在写作上，往往是根据某个具体的新闻事实为由头，因事说理，才能及时地反映社会生活，引导生活，推动社会生活的前进。

专栏评论的由头，既可是当日新闻，也可是前几日的，还可是次日将见报的某条新闻；可以是本报的，也可以是别的报纸杂志上的某个新闻性事实，甚至还可以通过评论带出一些难以单独发表的新闻事实。总之，专栏评论所依托的评论对象是多种多样的。

3. 专栏评论写作范例

写作范例

法国媒体：演出如诗如画，这是最美的奥运开幕式

巴黎2008年8月8日电 “这是最美的奥运会开幕式！”巴黎时间8日14时起，法国国家电视台直播了北京奥运会开幕式，该台评论员在进行解说时作出了上面的评述。

法国国家电视台的评论员说，这个精彩绝伦的开幕式是中国人精心准备了超过三年时间的结果，这个“鸟巢”虽然是由外国人设计的，但开幕式演出百分之百是中国味的。他赞叹中国历史的悠久古老、中国文化的博大精深。

法国的评论员说，北京奥运会是全体中国人的节日，全球五分之一的人口都在作为主人欢庆这个时刻；今天的开幕式也的确让我们想到了本届奥运会的口号“同一个世界，同一个梦想”，这个巨大的球体象征着我们的整个世界。

他评价演出是“精彩绝伦”、“如诗如画”、“令人叹为观止”，他在解说时对法国观众说：“大家睁大眼睛，好好享受吧。”

除电视媒体，法国的《费加罗报》、《世界报》和《队报》等主流纸质媒体也迅速在其网站上对北京奥运会开幕式进行了报道。

法新社评论说，北京奥运会揭开了序幕，开幕典礼十分壮观，烟花照亮了整个北京夜空。“从古老的朝代到现代大国，北京奥运会开幕式描绘了丰富多彩的中国历史。”

法国媒体在直播北京奥运会开幕式前，还播出了对法国总统萨科齐的专访。萨科齐说，中国是联合国常任理事国，世界的稳定需要中国。如果法国总统不参加北京奥运会开幕式，法国将陷入孤立。

今天，法国许多普通民众也都守在电视机旁，观看实况转播。《巴黎竞赛杂志》原编辑博斯克先生在看完北京奥运会开幕式演出后对本社记者说，我

真幸运看到这样的演出，演出非常成功，令人震撼，它完美无瑕地展示了当代中国人民的形象和世界人民的愿望。

七、杂文

1. 杂文的含义

杂文既是文学作品，又是社会论文，又是报刊上常用的新闻言论体裁之一。

2. 杂文的写作要求

（1）虚实相生，叙议结合。写杂文，首先要处理好虚实结合的问题。“实”，指的是作为杂文写作由头的新闻事件或其他的种种社会现实；“虚”，指的是由事实生发出来的思想认识、理论观点。而杂文的“虚”处，常是作者深入思考后的思想精华所在，与“实”处相比，有事实与理念、现象与哲理的区别。一般来说，“实”处用“叙”，“虚”处是“议”。这就是我们说的写杂文要虚实相生，叙议结合。

（2）多用曲笔，讽刺辛辣。杂文较多地使用反语、暗喻等言此意彼的手法，目的是利用归谬、反讽造成错位，从而形成巨大的张力，给读者以深刻震撼，给时弊以强烈的嘲讽。

3. 杂文写作范例

写作范例

“农村子弟弃考”又是谁的耻辱

《人民日报》2011年8月28日　囿于“学费贵、就业难”等原因，读书改变命运，正受到现实的挑战，许多农村寒门子弟放弃高考，而其他的向上通道也越来越窄。8月27日，北大党委书记朱善璐看望报到新生时表示，“如果有学生因为经济困难而辍学，那就是学校的耻辱”，“相信寒门依旧出才子”。

朱善璐针对大学贫困生的上述表态，当然令人欣慰。它或许表明，时下的大学管理者，对于高等教育的基本公平使命还是不乏清醒认识的。

但与此同时，又不得不承认，这种欣慰的程度，实际上又是相当有限的。

因为一个严峻逼仄的现实是，眼下贫困的寒门子弟与大学之间的关系，远不仅仅表现在大学校园之内，更多体现在大学校园的门槛之外。在贫困的制约之下，许多农村寒门子弟在尚未来得及迈进大学门槛之前的上游阶段，就已经大量“弃考”、纷纷“辍学”了。数据显示，2009年全国有84万应届毕业生退出高考，2010年弃考人数接近100万，相当一部分是来自农村的考生。

而对于像“北大”这样的名牌重点大学来说，寒门子弟早早便“不得其门而入”的程度，实际上表现得更为严重。研究显示，中国重点大学农村学生比例自1990年代起不断滑落。北大农村学生所占比例从三成落至一成，清华2010级农村生源仅占17%。“在重点高校，中产家庭、官员、公务员子女则是城乡无业、失业人员子女的17倍”。

面对如此几近“上品无寒门，下品无势族”的大学生源结构，年年不断看涨的寒门子弟弃考行情，人们显然又要追问：这究竟又是谁的耻辱？如果从现象上具体考察分析，需要为这种耻辱承担责任的主体，无疑非常之多。比如，教育范畴内的教育资源配置的严重不均衡，过度应试化的高考制度本身，高中大学等非义务阶段教育公益性的严重不足，导致学费昂贵。再如，社会本身范畴内的城乡二元对立结构的长期固化，城乡收入差距的加速扩大，真正“自由竞争、选贤任能”的市场化就业体制的远未形成，等等。

不过，总结归纳起来，“农村子弟弃考”现象背后的耻辱，说到底其实还是以“制约政府权力、保障公民权利”为核心的许多改革进展迟缓、效果不彰。其中包括：强化政府公共投入责任、维护教育公益属性并确保民众廉价受教育权的教育经费保障体制的改革；有效约束政府权力、确保市场机制充分发挥资源配置作用的市场化改革，进行就业体制改革。

显然，如果我们不能拿出“知耻而后勇”的改革勇气和决心，加速推进上述这些改革，在教育和社会经济等各个领域充分兑现和落实“制约政府权力、保障公民权利”的法治原则，那么，这种以“农村子弟弃考”为表征的教育悲剧、社会公平正义创伤，就不仅不可能真正彻底避免，而且还有可能不断蔓延恶化，并导致阶层加剧分化。

第十章

调查报告的写作

第一节 调查报告写作基本知识

一、调查报告的含义及特点

1. 调查报告的含义

调查报告是通过对典型的问题、情况、事件的深入调查，经过分析、综合，从而揭示出其本质或客观规律的书面报告。是调查与分析、实践与理论、客观与主观相结合的实用性文体，从调查目的通向社会效益和经济效益的桥梁和工具，它在社会生活、经济活动和人类的其他实践活动中具有十分重要的作用。

2. 调查报告的特点

调查报告有以下几个特点：

（1）社会性。调查报告作为时代的镜子，从各个不同的侧面客观地反映社会情况和问题，具有明显的社会功能。调查报告所总结的典型经验，对社会各方面具有指导意义；调查报告所揭露的问题对社会各方面具有警戒作用；调查报告作为一种社会舆论，社会事实的发言代表，能够比较客观地反映人民的愿望，能鼓舞人们克服前进道路上的各种困难，信心百倍地争取胜利。

（2）针对性。调查报告总是针对某一种思想倾向、具体实践或实际问题而写作的，通过对客观事物的真实反映来表达作者的立场观点和思想倾向。作者反对什么、赞成什么在调查报告中泾渭分明，而不是棱模两可。

（3）真实性。任何社会调查的目的都是为了了解客观实际，发现问题，解决问题，掌握规律。调查报告的生命在于用事实说话，材料的真实和准确是首要的。调查报告采用的材料应是经过科学处理和认真核实鉴别的，而不是道听途说的，是具体的，既有点又有面的，而不是抽象的。

（4）典型性。调查报告具有典型性，典型事物最能反映一般事物的本质与规律，是为了解决某个问题，总结某项经验，研究事物的发展趋势而写作的，因此需要恰当的选择典型，解剖麻雀，探索事物的发展规律，寻求解决矛盾的办法。

二、调查报告的种类

调查报告的分类有多种，可以从调查研究的对象和内容上分为介绍典型经验的调查报告、揭露问题的调查报告、反映新生事物的调查报告、社会情况的调查报告；也可以从涉及的范围层次上分为宏观问题的调查报告、中观问题的调查报告和微观问题的调查报告；也可以从调查研究的侧重点上分为澄清事实型调查报告、思路启发型调查报告、可行对策型调查报告；还可从调查研究的方式上分为调查报告、研究报告、调查研究报告等。

实际写作中往往有些交叉，比如反映新生事物与总结典型经验的两种调查报告可能混为一体，有些问题中观与宏观也分不太清楚。因此，调查报告要从效果出发，怎么有利于反映主题说明问题就怎么写。

1. 介绍典型经验的调查报告

某一地区、某一单位、某一企业，在贯彻落实党和国家的各项方针政策过程中，或在日常的思想政治、经济建设、科学教育等方面取得了突出的成绩，为了把他们的具体做法和成功奥秘反映出来，可以对他们进行专题的调查，然后写出调查报告，这种类型就是介绍经验的调查报告。

介绍经验的调查报告跟工作通讯中那些以反映工作成绩为主的类型有些相似，区别在于调查报告重在调查，特别注重对调查过程和调查所得数据的叙述和列举。

2. 揭露问题的调查报告

跟上种类型相反，这是针对某一存在问题展开调查，以揭示这一问题的种种现象和深层原因为主要目的的调查报告。它的主要功能是揭露和批判，探究问题产生的原因，分析问题的症结所在，提供解决问题的思路和方法。

3. 反映新生事物的调查报告

这是针对社会现实中某种新近产生或新近有了长足发展的事物而写的调查报告。

在现实社会中，新生事物总是不断涌现的。这些新生事物，究竟是显示了社会发展的某种趋势，有着光明的发展前景，还是昙花一现的偶然现象？对这些新生事物，究竟应该肯定，还是应该引起足够的警惕？反映新生事物的调查报告的文体功能，就是全面地报道某一新生事物的背景、情况和特点，分析它的性质和意义，指出它的发展规律和前景。

4. 社会情况的调查报告

这是针对一些社会情况所写的调查报告。这里所说的社会情况，主要是指社会风气、百姓意愿、婚恋、赡养、衣食住行等群众生活各方面的基本情况。

这类调查报告虽不直接反映政治、经济等重大问题，但百姓生活也是跟政治、经济密切相关的。另外，这也是群众最为关心的一些问题。因此，各种新闻媒体都十分重视这一领域的报道，《中国青年报》、《文汇报》等都曾开辟过公众调查专版。

三、调查报告的组成部分

调查报告一般由标题和正文两部分组成。

1. 标题

标题可以有两种写法。一种是规范化的标题格式，即“发文主题”加“文种”，基本格式为“××关于××××的调查报告”、“关于××××的调查报告”、“××××调查”等。另一种是自由式标题，包括陈述式、提问式和正副题结合使用三种。陈述式如《东北师范大学硕士毕业生就业情况调查》，提问式如《为什么大学毕业生择业倾向沿海和京津地区》，正副标题结合式，正题陈述调查报告的主要结论或提出中心问题，副题标明调查的对象、范围、问题，这实际上类似于“发文主题”加“文种”的规范格式，如《高校发展重在学科建设——××××大学学科建设实践思考》等。作为公文，最好用规范化的标题格式或自由式中正副题结合式标题。

2. 正文

正文一般分前言、主体、结尾三部分。

（1）前言。有几种写法：第一种是写明调查的起因或目的、时间和地点、对象或范围、经过与方法，以及人员组成等调查本身的情况，从中引出中心问题或基本结论来；第二种是写明调查对象的历史背景、大致发展经过、现实状况、主要成绩、突出问题等基本情况，进而提出中心问题或主要观点来；第三种是开门见山，直接概括出调查的结果，如肯定做法、指出问题、提示影响、说明中心内容等。前言起到画龙点睛的作用，要精练概括，直切主题。

（2）主体。这是调查报告最主要的部分，这部分详述调查研究的基本情况、做法、经验，以及分析调查研究所得材料中得出的各种具体认识、观点和基本结论。

（3）结尾。结尾的写法也比较多，可以提出解决问题的方法、对策或下一步改进工作的建议；或总结全文的主要观点，进一步深化主题；或提出问题，引发人们的进一步思考；或展望前景，发出鼓舞和号召。

四、调查报告的写作要求

一般调查报告通常简称为调查报告，其基本写作要求是：

1. 调查全面，深入准确

资料如果不完整、不全面、不系统，或不真实、不准确、不可靠，必然会使研究遭到损害或失败。因此，只有围绕调查的目的或意图全面进行调查研究，深入实质，准确揭示，才可能得出正确的结论。否则，调查报告就成了无源之水，无本之木了。

2. 明确中心，提炼主题

主题，是一篇调查报告的灵魂和统帅。体现调查报告价值的关键则是明确中心，提炼主题。在写作调查报告之前，应该做到心中有数，如“为什么调查”、“调查些什么”、“通过调查要解决什么”、“用什么形式来报告调查结果”等，这些问题明确了，要为调查报告准备什么样的材料也就清楚了。然后，根据一个一个的素材资料，研究其内在联系，找出贯穿其中的典型“共性”，发现具有对比性的材料并挖掘出这个对比的实质性的含义，从中反复提炼出一个有价值的主题。这就是调查报告的主题。

3. 精心鉴别，严选材料

调查报告中事实是说话的基础。然而，它又是由具体材料构成的。尤其是那些大规模的社会调查中所获得的材料更是丰富而复杂。因此使用这些材料时就需要进行核实、鉴别、分析和判断。精心鉴别和严格挑选材料的总原则是：“去粗取精、去伪存真，由表及里，由此及彼。”如果材料不完整、不典型，就需要补充，不要草率地使用；如果材料陈旧、琐屑而无意义，则不要勉强使用。剔除、补充、核实是为了要完整地使用典型材料、综合材料、对比材料和统计材料，它能更好更充分地正确说明观点，表现主题，使调查报告具有说服力。

4. 理顺思路，拟写提纲

写作提纲是调查报告构成的蓝图和基本逻辑框架。写作如果“照图施工”，一个部分一个部分地操作下去，不致于出现跑题或失调现象。如果没有提纲，想到什么就写什么，很容易出现下笔千言、离题万里，层次不清、结构混乱，详略失当等毛病。

提纲有两种写作类型：一种是简略式，即简单地把各层次的内容概括出来；一种是详列式，即用完整的语言具体明确地把各层次的内容概括起来。无论采用何种形式，都应围绕主题，有纲有目，层次清晰，高度概括，简洁醒目。调查报告如果是多人合作，提纲则可使各位撰写者了解自己所写部分在报告中的地位和要求，从而保证系统一致并互相衔接，避免重复和脱节。

5. 行文客观，周密分析

这是写好调查报告的关键。那些只罗列了某种现象与事实，缺乏分析与归纳，没有形成观点的调查报告，要么不知所云，要么平淡无奇；如果只有撰写者的观点与看法，未能用充足的材料予以阐述与印证，观点势必虚空，结论难以令人置信，那么调查报告就会缺乏说服力。因此，行文时要注意：①运用简洁的语言表达，并用实例来解释说明。②叙述调查事实时，力求客观，避免带有个人主观或感情色彩浓厚的语句。叙述时一般采用第三人称或非人称代词，如“作者发现……”、“笔者认为……”、“这些数据表明……”等。③行文时应以一种向读者报告的口气撰写，而不应以征服者或力图说服读者的某种观点和看法的身份出现。因为读者更关心事实，更关心其结果和发现。调查报告不同于文学作品、议论文等文体，以简洁、准确和通俗为原则，但在保证其准确性的前提下，恰当地运用格言、俗语、警句、佳言等，效果则会更好。撰写调查报告时，只有周密分析、客观行文，其主题与材料高度统一，材料才会充分显示其意义，主题才会有坚实的基础，结论才会有强大的说服力，整个调查报告才会显得血肉丰满，周密完善。

五、写作调查报告应注意的问题

调查报告写作的关键是要有一个鲜明的主题贯穿始终，统率全文，且使主题与材料达到和谐统一，给读者以深刻印象。这就要求在写作中详细地占有材料。写调查报告，调查研究是基础，没有扎实的基础，没有对所调查事物内在规律的理论认识是写不好调查报告的。

（1）收集查阅现有的文献资料、政策规定、研究成果。

（2）深入基层了解事情的全过程，直接掌握第一手材料。

（3）要找出规律性的东西，通过研究分析揭示事物内部的规律性，以推动指导当前的实际工作。因此材料割舍是要去粗取精，去伪存真，下一番由表及里的改造创作工夫，得出合乎实际的正确结论。

（4）要学会运用对比的方法突出主题。

（5）要善于运用统计数字来说明主题。恰当地运用数字，尤其是不同时期、不同类型、不同情况下的统计数字，往往可以增强调查报告的概括力和表现力，从而达到直接说明主题的效果。

（6）要了解读者需求。

第二节 调查报告写作问答

一、调查报告的结构形式

调查报告的结构没有固定模式，常见的是实际情况、存在问题、对策建议三大部分。

新生事物的调查报告，一般是写新生事物产生的背景，发展的经过、特点和意义。典型经验的调查报告，一般是先写成绩效果，而后把经验做法归纳几条，再从理性思考上提出带规律性的认识。揭露问题的调查报告，除讲清问题外，还要分析原因，提出看法和解决问题的方法，以帮助人们从中吸取教训、提高认识、改进工作。

二、调查报告的标题类型有哪些

1. 单标题

（1）公式化写法。公式化写法就是按照“调查对象+调查课题+文体名称”的公式拟制标题。如《一个富裕居委会的财务调查》就是这样的标题，其中“一个富裕居委会”是调查对象，“财务”是调查课题，“调查”显示文体是调查报告。这样写的好处是要素清楚，读者一看就知道这是写的什么单位，涉及的是哪些问题，文种也很明确。这样写的不足之处是太模式化，不够新鲜活泼。

（2）常规文章标题写法。具体方式灵活多样。可以用问题做标题，如《儿童究竟需要什么读物》。可以显示作者自己的观点，如《莘莘打工者，维权何其难》。可以直接叙述事实，如《三个孩子去蛇岛》。可以用形象画面暗示文章内容，如《“航空母舰”逐浪经济海洋》。还有其他一些写法，不再一一列举。

2. 双标题

双标题由正副标题组成，其中正标题一般采用常规文章标题写法，具体手段如上所述。副标题则采用公式化写法，由调查对象、调查课题、文体名称组成。如《明晰产权起风波——对太原市一集体企业被强行接管的调查》。

三、调查报告前言的常用类型有哪些

调查报告的前言一般要根据主体部分组织材料的结构顺序来安排，常用的有以下几种类型：

1. 提要式

提要式就是把调查对象最主要的情况进行概括后写在开头，使读者一入篇就对它的基本情况有一个大致的了解。

2. 交代式

在开头简单地交代调查的目的、方法、时间、范围、背景等，使读者在入篇时就对调查的过程和基本情况有所了解。

3. 问题式

在开头提出问题来，引起读者对调查课题的关注，促使读者思考。这样的开头可以采用提问的方式引出问题，也可以直接将问题摆出来。

四、调查报告主体的结构形态有哪些

前言之后、结语之前的文字，都属于主体。这部分的材料丰富、内容复杂，在写作中最主要的问题是结构的安排。其主要结构形态有三种：

1. 用观点串联材料

由几个从不同方面表现基本观点的层次组成主体，以基本观点为中心线索将它们贯穿在一起。

2. 以材料的性质归类分层

课题比较单一、材料比较分散的调查报告，可采用这种结构形式。作者经分析、归纳之后，根据材料的不同性质，将它们梳理成几种类型，每一个类型的材料集中在一起进行表达，形成一个层次。每个层次之前可以加小标题或序号，也可以不加。

3. 以调查过程的不同阶段自然形成层次

事件单一、过程性强的调查报告，可采用这种结构形式。它实际上是以时间为线索来谋篇布局的，类似于记叙文的时间顺序写法。

五、常见调查报告结语的写法

调查报告常在结尾部分显示作者的观点，对主体部分的内容进行概括、升华，因此，它的结尾往往是比较重要的一个部分。常见的写法有下述三种：

1. 概括全文，明确主旨

在结束的时候将全文归结到一个思想的立足点上，例如《关于邯郸钢铁总厂管理经验的调查报告》的结尾：

邯钢的实践证明，国有企业适应建立社会主义市场经济体制要求，必须在转换经营机制的基础上转换经营方式，切实转变经济增长方式，这样才能充分挖掘企业的内部潜力，提高企业的整体素质和市场竞争力。邯钢的作法为国有企业实行从传统的计划经济体制向社会主义市场经济体制，从粗放经营向集约经营两个具有全局意义的根本性转变提供了借鉴的经验。

这样的结尾，提供了清醒的理性认识。

2. 指出问题，启发思考

如果一些存在的问题还没有引起人们的注意，如果限于各种因素的制约作者也不可能提出解决问题的办法，那么，只要把问题指出来，引起有关方面的注意，或者启发人们对这一问题的思考，也是很有价值的。例如《暗访北京站前发票非法交易》一文的结尾：

记者随后又转了几个地方，16时10分从北京站前离开。在这40分钟里，碰见了大约20名卖发票的不法人员。听口音他们大都是外地人。从言谈举止可以感觉到他们知道自己的行为是违法的。在广场、路口维持秩序的公安、保安人员不少，也许是司空见惯了吧，记者没有看到他们出面制止这种不法行为。

对发票非法交易的现象，到底该由谁来管，怎么管？作者指出这一问题，相信能引起有关部门的重视。

3. 针对问题，提出建议

在揭示有关问题之后，对解决问题提供一些可行的建议。例如1999年11月23日《人民日报》刊登的专题调查《人情消费，让人如何承受你！》就写了一个建议性的结尾：

在人情消费已成为一种风气的情况下，制止大操大办单靠哪一个人、哪一个单位很难从根本上奏效，如喝喜酒，往往是通知范围大了人们反感，范围小了没接到通知的人也有意见。遏制人情消费，建立新型的人际关系，倡导社会新风，是一项社会系统工程，需要各级各部门共同努力。首先要加强宣传和教育。提倡新事新办，勤俭持家，厉行节约，建立新型的社会主义人际关系。节日期间，报纸、电台、电视台可举办专题栏目、节目进行宣传，文化部门应挑选一批优秀的影片（主要是婚丧嫁娶新事新办方面的）在各乡镇、村巡回播放。通过广泛深入的宣传教育，使人们树立正确的人情消费观。其次要制定社会规范。在政府机关和企事业单位建立红白理事会，推行节俭办红白喜事。建立约束机制，对人情消费进行引导、规范、管理。最后是严格稽查。对大操大办甚至借机敛财的干部要严肃处理，直至在新闻媒体上曝光。

提出了三条建议来解决人情消费的严重问题，其中不乏切实可行的措施。

第三节 常见调查报告类型的写作

一、介绍典型经验的调查报告

写作范例

关于国营大中型企业推行承包制的情况调查

根据工作计划，部派出工作组对东北地区沈阳飞机制造公司、黎明发动机制造公司和哈尔滨飞机制造公司、东安发动机制造公司推行承包经营责任制的情况进行了调查。

一、基本情况和印象

调查的这四个公司，均为“一五”时期的国家重点建设项目。四企业现有全民所有制正式职工7万余人，拥有固定资产原值16.3亿元，是航空工业的骨干企业，飞机及航空发动机生产基地。进入八十年代以来，在党的十一届三中全会路线指引下，贯彻“军民结合，以民养军”方针，在满足国防需要的同时，根据市场需要相继开发出了一批支柱民品，保证了企业顺利地实现由军工企业向军民结合型企业的转轨变型。四企业在航空工业企业改革中属于起步早，经营、管理等各项工作具有特色的单位。1980年以来，根据中央和原航空工业部关于改革、放权的一系列规定，把增强企业内部的经营活力作为改革的中心环节，结合工厂实际情况，进行了以企业内部承包经营责任制和经济责任制为主要形式的多方位的配套改革，取得了明显效果。1987年下半年后，四企业先后同部签订了为期三年的厂长任期目标承包合同。从承包情况看，四公司在实现和上缴利润、固定资产增值、产品创优和全员劳动生产率等六项承包指标和工业总产值、技术改造投资、出口创汇、企业管理等六项检查指标都较好地完成了合同规定的指标。在调研中给我们深刻印象的是，企业实行承包以来，不仅经济效益有了明显提高，而且在坚持社会主义公有制性质的前提下，企业开始形成既有激励机制，又有一定约束机制的新的经营方式，促进了企业内部的各项配套改革，产品结构及各项管理工作不断得到优化，军民结合体制已经初步形成，基本实现了由单纯生产型向生产经营型的转变，企业有了活力，开始走出困境，职工队伍的精神面貌发生了可喜变化，企业凝聚力增强。在调研中我们虽然也发现承包制作为一种新的事物存在着这样或那样的弊病，但是瑕不掩瑜，承包制作为企业经营管理体制改革的有益尝试，不失为大中型企业转换经营机制、深化改革的重大措施。

二、主要做法和特点

调查发现，各单位在落实承包制过程中，积累了很多好的经验，具体做法各有特点。概括起来主要有五个方面：

（一）企业根据不同情况，采取不同的内部经济责任制形式是落实承包制应遵循的原则。（略）

（二）不断改善企业生产经营机制是顺利推行承包制的关键。（略）

（三）建立健全自我约束机制是搞好承包制的重要措施。（略）

（四）搞好配套改革是承包制健康发展的必要条件。（略）

（五）加强思想政治工作和精神文明建设，是搞好承包制的根本保证。（略）

三、存在问题和建议

企业在充分肯定承包制积极作用的同时，也提出了目前存在的一些问题，主要表现在：部对企业承包基数的确定和增长比例以及上缴利润幅度的方法缺乏科学性，有碍企业积极性的发挥；承包合同中，对承包者的要求严格具体，对发包方的规范不够；承包中的不稳定因素较多，市场、物价、政策等外部环境制约着企业；企业各项费用增多，靠承包留利难以消化；设备陈旧老化，技改资金紧张，影响企业发展后劲，这些问题，有的是属于承包制本身还不完善，需要有一个完善和提高的过程，有的则属于我们具体工作欠“火”，需要不断学习，总结经验教训，把握规律，切实改进工作。对此，我们建议：

（一）航空工业现行的承包模式应继续坚持。对集团承包和全员承包问题，企业反映不一。有的认为集团承包就是领导班子承包，就是领导班子集体负责，担心集体负责变成无人负责。认为航空工业大中型企业不具备全员承包的条件，担心全员承包给大家换成新的“铁饭碗”，吃上新的“大锅饭”，又回到老路上去。我们认为，根据航空工业现状，目前不宜急于实行集团承包和全员承包，现行的厂长、经理（法人代表）承包已经取得了好效果，应继续坚持并不断完善。至于大中型企业内部的经济责任制形式怎么搞，我们意见不搞统一模式，大中型企业在保证完成国家承包合同的前提下，企业内部如何搞活，可根据本单位情况灵活一些，不搞一刀切。

（二）研究制定比较科学的确定承包基数方法。不合理的承包基数成了阻碍推行承包制的一个障碍，应尽快研究解决，否则承包制的优越性就很难充分显示出来。我们调查的几个大企业一致反映，鞭打快牛的基数计算法影响着企业承包的积极性。建议部将“合理承包基数确定法”作为一项管理科研课题进行招标论证，以求尽快解决。

（三）制定政策要考虑企业的沉重负担。企业的各项费用支出逐年增加，新增因素增多，加上调整时期国家实行“双紧”方针，民品销售不畅，航空产品由于品种多，数量少，影响成本。企业反映，国家保军政策并不落实，军品生产线靠企业自己维护困难很大。这些“一五”期间的老军工企业，设备陈旧老化，简单再生产难以维持。建议部对效益好、贡献大的骨干企业要有倾斜政策，给他们以休养生息的机会。

（四）时刻不能放松政治思想工作。我们所到企业领导同志都有一条共同体会，坚强的思想政治工作是企业承包制健康发展的根本保证。作为大中型航空工业企业，要为国家作大贡献，必须保持一支有坚定正确的政治方向，思想作风过得硬的干部、职工队伍。培养和造就这样一支队伍必须加强党的领导，加强思想政治工作和精神文明建设，这既是新时期对企业的要求，也是航空工业的优良传统。

二、揭露问题的调查报告

写作范例

推进城镇化进程政策法律问题调研报告

最近随市政协“推进城镇化进程”课题组视察走访了几个县（市）区，对我市推进城镇化进程几个有关政策法律的问题，进行调研探讨。现将情况汇报如下：

一、对推进城镇化进程几个有关政策法律问题的分析

（一）行政区划制度存在严重缺陷。目前行政区划缺乏整合力度，本市两区规模偏小，行政体制各自独立，矛盾错综复杂，行政区划规划与城镇规划不相协调，造成“一城多府”、“城中有村”、“乡中有城”，迟迟未被纳入城镇管理范畴。如三元区的城东乡下辖村分列四个街道，梅列区的徐碧乡下辖村分列三个街道。这主要是缺乏区域协调机制，相邻地区各自为政、盲目竞争，事权、财权不够明晰，区政府又职能不全，土地、规划、权责不配套，造成办事效率低下，服务不到位。

（二）土地管理制度的法律法规与政策容量存在矛盾。一是不同法律之间、政策与法律之间存在矛盾，如集体土地使用权流转政策与现行的土地法规有不相容之处，操作起来遇到法律规定的障碍。又如我国的《宪法》、《土地法》都规定城市市区的土地属国家所有，其土地使用权当然由国家进行支配。而《宪法》、《民法通则》也规定了公民的私有财产、集体财产受法律保护，任何单位、个人不得侵占或毁坏。两者的权益保护效力均等。列东老街拆迁改造在列东村集体土地未征为国有就直接开发，违反了重新修订的《土地管理法》第十六条“在土地所有权和使用权争议解决前，任何一方不得改变土地现状、不得破坏土地的附着物”的规定，就是极典型的有关政策法律问题。二是土地征用补偿费问题。国家规定农村集体土地标准较低，与城镇国有土地的补偿费用及实际价值存在较大差距。农民的利益在现值上得不到

弥补，在征地使用权流转和置换上存在一些障碍。

（三）土地利用与城镇发展的矛盾。一是城镇发展面临用地紧缺与耕地保护的问题十分突出，如何使农村土地转为城市用地，在政策上急待解决。二是现行的用地政策限制了城镇化进程的健康发展。现行的用地政策，实行的是一整套严格的规定，要求在行政区域内实行耕地的动态占补平衡，但操作起来难度很大，往往制约了城镇发展的空间。三是城市规划与土地利用规划不相协调。两个规划分属两个部门，由于职能各有侧重，考虑问题的角度不同，在规划编制和实施过程中难以衔接，土地利用规划不能对城市土地市场用地活动进行有效调节和控制。四是城镇土地收益未真正用于城镇基础设施建设。土地不是再生资源，国家政策规定城镇土地收益要用于基础设施建设。事实上由于多种原因目前城镇土地收益没有真正用于城镇基础设施的建设。

（四）城市房屋拆迁工作困难重重，进展缓慢，已成为影响我市政治、社会稳定的一大因素，并且严重阻碍了推进城镇化进程。梅列区正在开发的列东老街、龙岗小区、明辉花园等6片，三元区正在开发的下洋花园和龙船巷两片等都进展缓慢、等待观望。其中，列东老街应拆迁104户，63户不同意拆迁；下洋花园应96户拆迁、6家单位拆迁，目前未拆83户、单位4家；龙船巷应拆迁77户，未拆迁1户。主要反映：一是政府在旧城拆迁改造中，没有正式批文，常以会议纪要代替行文，应规范并正式形成批文；二是市里缺乏强制拆迁手段，遇到钉子户，委托的市拆迁公司力量较弱、力度不够大；三是部分拆迁户要价过高，异地安置的地块无法满足；四是拆迁难，难在手续不全，国有土地使用权批准办法难变通。被拆迁户则反映：补偿安置方案不合理，补偿费太低；计委超越权限批准立项，集体土地未征用为国有即进行商品房开发；拆迁许可证不合法；原老街一期开发安置的房屋质量差，采光、结构不好。由于开发商未向政府交清土地出让金，到今安置户有的房产证、土地证尚未拿到；开发商自恃特殊，对政府的依赖思想严重，不主动与拆迁户协商，不积极采取措施化解矛盾。

究其原因，随着改革的深入和社会主义市场经济的发展，现行《城市房屋拆迁管理条例》内不少规定已经明显不适应城市房屋拆迁工作的需要。条款上带有浓重的计划经济时期的痕迹，内容上存在着局限性。主要有以下几方面的问题：

1. 混淆了国家土地征用开发与商业土地开发的两种性质，导致了《条例》中规定的条款模糊性，出现两种性质均可通用的条款，形成政企不分的弊端。

2. 政府参与商业土地的拆迁工作，赋予了国家的强制力作后盾，服从于国家的需要，就会使人感到有"强拆强迁"之嫌。特别是在拆迁过程中，拆近单位或个人常打着政府代理人的旗号进行拆迁活动，因为利益之间的关系，请求当地政府和法院、公安等部门参与拆迁活动。一旦发生拆迁纠纷，就把解决问题的责任推给政府，而被拆迁当事人也觉得由政府解决问题更有办法，政府不可能不管。拆迁矛盾转化为政府与被拆迁人之间的关系。把政府、法院等部门变成了拆迁单位的一个前期工作部门，影响了人民政府的形象。另一方面使政府作出的房屋拆迁行政裁决的居间地位受到动摇，裁决的公正性无法令人信服。

3. 对被拆迁房屋的所有人的补偿标准过低，房屋所有人的积极性不高，对拆迁房屋产生抵触情绪。

4. 安置方式单一，对房屋使用人仅规定了实物安置一种方式，导致了被安置房屋地点等的条件不满。迟迟不搬迁，影响拆迁进度。

5. 将户口因素作为确定安置面积的标准，在实践中被一些人所利用，以谋取不正当的利益。

6. 对拆迁单位的拆迁补偿安置资金运用缺乏有效的监管。有的拆迁人取得拆迁许可证后抽逃资金，导致安置房不能及时建设、补偿安置资金不能及时到位的情况时有发生。

户籍制度限制了人口的合理流动。体制上城乡分立的二元结构和严格的城市户籍管理制度，是制约人口合理流动的根本症结。过分强调农民"离土不离乡"、"进厂不进城"，过多限制农民进城的"门槛"。进城农民在就业、社会保障等方面缺乏保障。教育、医疗等相关政策也不配套，造成城乡居民权利的不平等。另一方面，由于现行的土地制度和农村计划生育管理政策，农民不愿放弃拥有的土地、房租收益和生育上的"一胎半"优惠，有的甚至出现回迁现象。导致农民进城的推力不足。

二、为此，提出对策如下

推进城镇化进程的法制建设和政策调整问题确实很多，其原因除了立法滞后之外，还由我国历史和现实的特点所决定的，不能寄希望一朝一夕就将这些问题全部解决。应该看到，近年来，随着改革的深入和社会主义市场经济的发展，立法进程加快了，国家许多政策都在相适应进行调整，已经从根本上改变无法可依的局面。针对上述分析，建议采取对策如下：

（一）提高推进城镇化进程的战略意识和法制意识；适时调整与发展要求不相适应的政策规定。应把推进城镇化进程作为总体战略摆上突出位置，进行超前研究，提出符合实际的发展方案和相关政策。对原有一些制约城镇化进程的政策措施要及时加以调整，对与发展要求不相适应的政策规定要适时完善，对已经出台行之有效的具体措施要认真落实到位。从我市具体情况出发，突出解决城乡“二元结构”的体制矛盾，加快制度创新。

（二）要妥善处理好推进城镇化进程中全局与局部利益的矛盾。一是城镇化必须进行必要的行政区划的调整，这必然会涉及各方面利益的重新分配，就应处理好行政区域之间的全局利益和部门之间的局部利益，理顺辖区群众利益。二是城镇化进程涉及诸多部门的工作，既需要在政策上作较大调整，兼顾政策的协调性和配套完善，也需要加大本部门推进城镇化进程的工作力度。

（三）要摆正土地管理与城镇建设的关系。推进城镇化进程是党中央、国务院作出的加快经济发展的重大决策之一。强化土地管理又是我国的三大基本国策之一，同时我国已形成了比较配套的城镇建设和土地管理法规体系，但随形势的变化，也暴露出许多矛盾，所以应注意摆正和解决好以下几个问题：一是土地利用规划与城镇发展规划协调的问题。如土地利用规划中划定的基本农田保护区有些在城镇建设用地控制区内的，甚至在近期建设用地范围的，就应协调好；二是土地管理与建设规划管理步调要一致；三是城镇土地收益要真正用于城镇基础设施建设；四是城镇土地市场化运作要逐步规范，搞活土地资本运营。要认真执行不久前刚颁布的《福建省国有土地使用权招标拍卖管理办法》。

（四）规范房屋拆迁管理程序，促进政府职能转变。新修订的《城市房屋拆迁管理条例》将于2001年11月1日起施行。主要有四个方面新的规定：一是取消了拆迁方式中的统一拆迁。目的是适应转变政府职能的要求，把政府管理与市场主体剥离开，政府要依法行政，管好政府该管的事情，建设单位要依法从事建设活动；二是体现了政府对拆迁中属于民事关系的行为，原则上不干预的原则。对于拆迁当事人之间的民事行为，应当根据双方的协议，按照《民法通则》、《合同法》等法律去规范；三是对于一些涉及拆迁当事人合法权益，可能影响社会稳定的问题，增加了若干规定，要求户屋拆迁管理部门加强管理；四是进一步规范了拆迁的行政管理程序。

（五）深化改革，努力提高城市管理水平。俗话说“三分建、七分管”，建是基础，管是关键。因此，必须在抓好建设的同时下大力气把城市管好。加强公安、工商、城建、卫生、环保、交通等各有关职能部门之间的沟通协调，依法行政，公正执法；针对城区市容市貌、环境卫生、房地产、规划管理等方面，制定可供操作的规定措施，规范城市管理行为；重点要在加强社区建设上下工夫，把经营的理念引进城市管理中；用足用好国家和省、市政策，建立有利于推进城镇化进程的集聚机制，如加快户籍管理制度改革，实行积极的人口迁移政策，鼓励和引导农村人口向城镇聚居等。

三、反映新生事物的调查报告

写作范例

关于发展低碳经济问题研究调研报告

低碳经济就是以低能耗、低污染、低排放为基础的经济模式。国家即将出台新能源产业振兴和发展规划，规划内容将以核电、太阳能等可再生能源为主，实质是加快能源结构调整，推进能源发展方式转变，大力发展低碳经济。发展低碳经济，对于能源资源相对贫乏、环境容量有限的湖北而言意义重大，是加快推进发展方式转变、积极应对国际金融危机、实现“弯道超越”、“提档进位”的重要途径。本报告在深入基层企业调研、占有大量翔实资料的基础上，对国际国内低碳经济的历史背景和最新动向、湖北发展低碳经济的重要性和紧迫性，以及如何抢占发展先机等方面进行了深入分析，提出了湖北发展低碳经济的战略思路和政策建议。

一、低碳经济的历史背景及国内外动向

（一）何谓低碳经济。

低碳经济就是以低能耗、低污染、低排放为基础的经济模式，是人类社会继原始文明、农业文明、工业文明之后的又一大进步。其实质是提高能源利用效率和创建清洁能源结构，发展低碳技术、产品和服务，确保经济稳定增长的同时消减温室气体的排放量。核心是技术创新、制度创新和发展观的转变。发展低碳经济是一场涉及生产模式、生活方式、价值观念和国家权益的全球性革命。

（二）发展低碳经济的历史背景。

进入21世纪，人类社会面临着三大问题：一是能源问题，主要是以煤炭、石油为代表的石化能源危机；二是环境问题，由于工业化进程的加快，全球气候变暖已经是一个不争的事实，气候变暖对自然生态系统、人类生存和发展环境产生的严重后果已越来越明显；三是粮食问题，也就是贫困人口和粮食安全问题。要解决上述问题，仅靠传统方式是难以奏效的，必须有新的技术和新的革命，而发展低碳经济，对于缓解能源紧张、减少碳排放、保护环境将有着重要的作用。

低碳经济概念始于英国2003年的《能源白皮书》，低碳经济是通过更少的自然资源消耗和更少的环境污染，获得更多的经济产出；低碳经济是创造更高的生活标准和更好的生活质量的途径和机会，也为发展、应用和输出先进技术创造了机会，同时也能创造新的商机和更多的就业机会。

（三）低碳经济的国际动向。

目前，欧美一些发达国家正在掀起一场以高能效、低排放为核心的“新工业革命”。大力发展低碳经济，意在占领新时期产业制高点，为自身经济寻找新的增长动力。如英国提出，到2050年将二氧化碳的排放量相对比于1990年消减掉60%，并将英国创建为低碳经济国；德国称，该国环保技术产业有望在2020年赶超传统的汽车及机械制造业，成为德国的主导产业；日本提出，1993~2020年用于能源和环境技术研发的财政预算支出达110亿美元；美国投入巨资研发低碳技术，从生物燃料、太阳能设备到二氧化碳零排放的发电厂，都制定了宏大的开发计划。美国总统奥巴马上任伊始就明确提出，大力发展生物质等可再生能源，催生一个新型产业，带领美国经济走向复苏。这正是对下一轮经济增长周期的复苏带来的强烈信号。许多专家认为，低碳能源必将成为未来世界的主要能源，低碳经济也是世界经济保持可持续发展的唯一选择。种种迹象表明：低碳经济时代正在向我们走来，激烈的低碳经济市场争夺战已悄然打响。

（四）低碳经济的国内动向。

中国高层领导对发展低碳经济问题高度重视，2007年，国家主席胡锦涛在出席亚太经合组织（APEC）会议明确主张发展低碳经济，并提出促进低碳经济发展的若干设想。有资料表明，低碳经济的研究和试验在国内一些地方已开始启动。如吉林市已被国家有关部门列为低碳经济区案例研究试点城市；广东提出，建议将珠海申请为中国第一个“低碳经济示范区”；上海已拟定在南汇区临港新城、崇明岛等地建立“低碳经济实践区”；河南省已率先组建了低碳集团有限公司，其发展势头很好。目前，一些新闻媒体对低碳经济的宣传频率愈来愈高。

（五）低碳经济的前景分析及主要特征。

众所周知，我国社会经济正处于资源、环境约束最为严重的时期，工业化、城市化、现代化进程远未实现，发展经济、改善民生任务艰巨。如何化解经济快速发展对资源、能源消耗的高度依赖，如何跨越资源、能源的瓶颈约束成为今后一个时期面临的主要难题。低碳之路无疑为中国的可持续发展提供了一条新的途径。发展低碳经济有可能演变为中国未来社会经济发展的主流模式，成为促进国内节能减排和应对全球气候变化的重要战略选择。

1. 低碳经济是经济发展新模式。改革开放以来，我国经济快速增长，各项建设成就巨大，但也付出了很大的资源和环境代价，经济发展与资源环境的矛盾日趋尖锐。这种状况与经济结构不合理，增长方式粗放直接相关。不改变这种状况，资源支撑不住，环境容纳不下，社会承受不起，经济发展难以为继。低碳经济，就是最大限度地减少煤炭和石油等碳能源消耗的经济，也就是以低能耗、低污染、低排放为特征的经济发展模式。它与科学发展观、节能减排、循环经济、建设节约型社会、构建和谐社会的总体要求是完全一致的。

2．低碳经济是新的产业革命。低碳经济的本质是通过提高效率、转变能源结构、发展低碳技术、产品及服务，确保经济稳定持续增长，同时消减温室气体的排放量，以保护生态环境。发展低碳经济，涉及到经济、社会、生活的各个方面，有助于加快经济结构和产业结构的调整步伐；有助于促进经济转型；有助于转变人民的生活消费观念；有助于推动生态文明建设，其意义十分深远。以德国为代表的一些欧洲国家通过提高能源和资源效率，大力发展可再生能源，已形成了相对成熟和完备的绿色产业，在世界未来经济发展中抢占了有利的战略支点。可再生能源产业已经成为了世界经济的新热点，大量的投资、研发和广阔的市场前景，正在掀开通向低碳经济发展的新一轮技术和产业革命。

二、湖北发展低碳经济的重要性和紧迫性

从湖北省情来看，发展不够是湖北最大的实际。但由于湖北能源资源相对贫乏，环境容量有限，进一步发展又面临较大的能源资源和环境压力，而且，国家批准武汉城市圈为全国资源节约型和环境友好型社会建设综合配套改革试验区，对湖北改革和发展的定位已十分明确。因此，在这种情况下，湖北当前及今后的发展，必须按照“两型社会”建设的要求，高度重视发展低碳经济，积极探索和率先走出一条低碳经济的发展新路。

（一）能源结构、经济结构和环境状况，决定了湖北必须走发展低碳经济之路。

1．湖北能源资源相对贫乏。湖北是一个能源资源相对短缺的省份，缺煤少油乏气，煤炭、石油等能源产品供给主要依靠从外省调入，水电资源虽然较为丰富，但电力的支配权在国家电网，电力由国家统一调配，从而形成了能源消费对外依赖性强的格局。2007年，湖北煤炭生产量为1084万吨，但煤炭净调入量达8000万吨，相当于煤炭产量的8倍；原油生产量为85.84万吨，原油净调入量达805万吨，相当于原油产量的10倍；成品油净调入量也达到273万吨。

2．湖北能源消费以煤炭为主。与发达国家用能方式不同，煤炭在湖北终端能源消费中扮演着主要角色，如工业锅炉和火力发电耗煤量大。目前，煤炭在全省一次性能源消费中的比例仍然高达70%，尽管近年来湖北能源消费结构有所调整，但煤炭消费总量仍在不断上升。2008年，煤炭实物消费量达到10012万吨，是2000年的1.54倍，年均增长5.6%。

3. 湖北经济结构偏重。湖北重化工业结构特征十分明显，2007年，规模以上重工业总产值比重达到73.8%，比全国高3.3个百分点。重工业中，高能耗传统行业比重大，能耗水平高。2008年，石油加工炼焦及核燃料加工业、化学原料及化学制品制造业、黑色金属冶炼及压延加工业、有色金属冶炼及压延加工业、非金属矿物制品业、电力热力的生产和供应业等6大高耗能行业完成的总产值占规模以上工业的37.6%，而能源消费共计5264万吨标准煤，占规模以上工业企业能源消费总量的82.5%。高耗能行业的能源投入所占比重明显大于产出所占比重。

4. 湖北能源强度仍然较高。近年来，湖北在产业结构调整、产品结构调整、节能技术改造、淘汰落后产能等方面取得较大进展，使得湖北单位GDP能耗逐年降低。2008年，湖北单位GDP能耗为1.31吨/万元，比2005年的1.51吨/万元下降12.46%，降幅比全国快2.38个百分点，但单位GDP能耗仍比全国高18%。也就是说，湖北的经济发展仍主要依靠大量投入，特别是能源的投入实现的，成本代价过高。

从产品单位能耗作进一步观察可以看出，湖北产品单耗水平偏高。2008年，湖北吨钢综合能耗为630.59千克标准煤/吨，高出全国3.3%；每吨水泥综合能耗为107.23千克标准煤/吨，高出全国3.6%；火力发电单位能耗为332.26克标准煤/千瓦时，高出全国2.5%；单位电解铝综合能耗1794.92千克标准煤/吨，高出全国0.9%；单位粗铜综合能耗506.46千克标准煤/吨，高出全国35.6%。

5. 湖北环境形势依然严峻。环境问题已成为影响湖北可持续发展的瓶颈，经济社会快速发展与环境容量有限的矛盾在今后一个时期将显得尤为突出，主要表现为主要污染物存量大、增量多，一些地区环境容量小。全省化学需氧量和二氧化硫排放量尽管在2007年首次实现双下降，但截至目前，湖北省二氧化硫减排只完成“十一五”目标任务的55%，后两年的减排任务依然十分艰巨。同时，随着湖北省经济的持续快速发展和人口的增长，新增污染物排放量还将大幅增加，短期内大幅削减污染物排放总量十分困难，环境恶化的趋势仍将存在，环境风险防范任务也很艰巨。

（二）武汉城市圈“两型社会”建设试验区获得国家批准，为湖北抢占发展低碳经济的先机提供了平台。

1. 发展低碳经济与“两型社会”建设的根本要求是一致的。2007年12月，中央批准武汉城市圈为全国资源节约型和环境友好型社会建设综合配套改革试验区。其主要任务就是：以改革创新为动力，以节约能源资源、保护生态环境为切入点，以转变发展方式、实现又好又快发展为目的，走出一条有别于传统模式的工业化、城市化发展新路，为中部乃至全国深化体制改革、推动科学发展、促进社会和谐发挥示范和带动作用。这与通过提高能源效率、节约能源、发展和利用可再生能源、减少煤碳的使用，实现低能耗、低污染、低排放、可循环、高产出的低碳经济内涵是一致的。

2. 湖北应努力抢占发展低碳经济的先机。发展低碳经济有可能演变为中国未来经济社会发展的主流模式，成为促进国内节能减排和应对全球气候变化的重要战略选择。相对国内其他地区，湖北建设生态文明的条件和基础比较好，经济发展与人口、资源环境的关系还比较协调，特别是湖北拥有武汉城市圈“两型社会”建设试验区这个平台，中央给了湖北在资源节约、环境友好方面先行先试的权力，具有建立低碳经济示范区的良好基础和先决条件。因此，我们应进一步解决思想，发扬敢闯敢试、敢为人先的精神，按照“两型社会”和低碳经济模式的要求，积极主动抓好低碳经济示范区建设，努力争取国家把湖北纳入全国“低碳经济示范区”试点地区。

3. 湖北能够抢占发展低碳经济的先机。湖北抢占发展低碳经济的基础和条件较好，择其要者，有以下几个方面：

一是武汉城市圈逐步成为科学发展的示范区域。武汉城市圈的产业调整，正逐步向大力发展高端服务业、高端制造业和高新技术产业等“三高”产业方向发展，产业结构的低碳特征明显。

二是具有发展低碳经济的产业基础。湖北具备发展风能、核能、太阳能和生物质能的优势。目前风能和生物质能已形成产业基础。作为湖北低碳技术产业的龙头，武汉凯迪电力和东湖高新，已形成了以脱硫、生物发电、生物柴油、环保工程为核心的产业链。

三是发展空间较为充足。低碳经济示范区主要将在能源、建筑、交通运输、城市建设等方面进行创新研发，需要足够的土地资源储备，湖北武汉城市圈具有较为充足的土地资源。

四是科教人才优势明显。湖北省聚集了一大批科研机构、高等院校，具备研发、实施低碳经济的人才基础。因此，只要我们坚定信心，扎实工作，抢占发展低碳经济的先机就大有希望。

（三）应对国际金融危机，为湖北发展低碳经济提供了机遇。

纵观世界经济发展进程，我们不难发现这样一个规律：即每一次危机都孕育着以此为新起点的产业革命和技术革命。发达国家的经验表明，面对经济金融危机，通过开展技术创新，转变产业结构，发展占领未来市场制高点的战略性产业，就能获得新一轮大发展，转危为机。上世纪70、80年代，美国在克服滞涨危机时，通过大力发展以电子和空间技术为代表的第三次新经济浪潮，成为最大的受益者，获得了后来近20年的快速增长。在世界范围内，在当前及今后相当长的一段时间里，什么产业、什么热点是拉动经济走出低谷的重要力量？从世界经济发展的现实状况和趋势判断，那就是新能源，就是低碳经济。实现经济发展模式的调整和产业结构的转型，通过核心的低碳技术研发与应用，着力发展低碳经济，是今后发展的战略先机。作为应对金融危机的重要举措，美国奥巴马政府提出7000亿美元的巨额经济刺激计划，把发展新能源作为摆脱经济衰退、创造就业机会、抢占未来发展制高点的重要战略产业。其他发达国家也都把发展新能源作为应对金融危机、扩大就业、抢占未来制高点和防止气候变暖的重要手段。

党中央、国务院高瞻远瞩，积极应对国际金融危机的冲击，果断实施积极的财政政策和适度宽松的货币政策，加大了投资力度。这些投资主要用于保增长、扩内需和调结构，特别是用于调整经济结构，节约资源、保护环境等方面的投资明显增加，这无疑为湖北发展低碳经济提供了重大战略机遇。因此，湖北面对国际国内复杂多变的形势，应坚持“应急”和“谋远”两手抓的方略，在保证当前经济增长的同时，做好打基础，利长远的工作。要利用国际金融危机形成的倒逼机制，以发展低碳经济为突破口，着力调整优化经济结构，切实转变经济发展方式，缓解资源环境瓶颈制约，努力实现经济社会又好又快发展，为促进湖北成为中部地区崛起的重要战略支点而不懈努力。

三、创造条件率先突破抢占发展先机

有关专家预测，低碳经济将是第五次经济浪潮，必将给社会经济生活各个层面带来巨大变化。目前国家有关部门正在研究如何在我国发展低碳经济，可能在不久的将来会上升到国家战略层面。根据这一实况，湖北在低碳经济发展问题上，应创造条件，率先突破，抢占发展先机。

（一）尽快制定湖北低碳经济发展战略。

根据国际国内低碳经济发展的新形势与湖北省能源供需现状，为抢占先机，必须尽快制定湖北低碳经济发展战略，在制定低碳经济发展战略上，必须重点做到以下几个结合。

一是要与“一带两圈”发展战略相结合。为构建湖北成为中部崛起战略支点，加快发展步伐，湖北省委省政府结合本省实际提出了“一带两圈、双轮驱动”发展战略。而低碳经济战略是提升“一带两圈”战略的重要载体。为确保“一带两圈”战略的有效实施，应把低碳经济发展战略融于“一带两圈”之中。

二是要与“两型社会”建设战略相结合。2007年12月武汉城市圈获批全国资源节约型和环境友好型建设综合配套改革试验区，去年9月，国务院批复了武汉城市圈改革试验总体方案。作为“两型社会”试验区，如何推动经济转型升级？方向何在？显然切入点是节约能源资源和保护生态环境，关键是转变发展方式，而低碳经济因具有低能耗、低污染、低排放特征，发展低碳经济与“两型社会”建设正合其时，因此，低碳经济应与“两型社会”建设总体方案有机结合，通盘运作。

三是要与产业结构调整战略相结合。发展低碳经济，就是要优先发展低碳产业。所谓低碳产业是指能源利用效率高、排放低、污染少的产业及应用前景广的新能源产业等，包括先进制造业、节能建筑、服务业和新能源、资源的循环利用等。目前，湖北第二、三产业增加值在全省生产总值中的比重基本相同，但能耗所占比重相差较大。2008年，第二、三产业每万元增加值能耗分别为2.05吨标煤和0.35吨标煤。按此计算在湖北省单位生产总值能耗构成中，工业单位增加值能耗是非工业部门的8.1倍左右，工业增加值占GDP的比重每提高1个百分点，需要多消耗能源约120万吨标煤。与此同时，工业内部不同行业能耗差别也较大，2008年，火力发电业、非金属矿物制品业、黑色金属冶炼及压延加工业、有色金属冶炼及压延加工业、化学原料及化学制品制造业、石油加工等这六大行业万元增加值综合能耗为3.72吨标准煤，比电子信息等七大先进制造业高出2.8倍。可见降低工业增加值单位能耗将是降低全省万元GDP能耗的主要可行手段之一，而发展先进制造业是最有效的途径。要把服务业的发展放在更加突出的位置，逐步实现经济增长主要依靠第二产业带动向第一、第二、第三产业协同带动转变。要通过发展低碳产业，促进全省产业结构转型升级，从而实现发展方式的根本转变。

四是要与节能减排战略相结合。根据国家总体部署，“十一五”时期，湖北单位GDP能耗水平要下降20%，主要污染物排放减少10%以上，大气环境质量优良率达到85%以上。要实现上述目标，必须大力降低煤炭、石油等高碳产品的消费量。有关专家预测，“十二五”时期，我国很有可能制定并出台降低碳排放量的考核政策。因此，发展低碳经济，是实现节能减排的一项重要举措。

（二）多措并举，大力发展新能源产业。

根据科学发展观的新要求，发展低碳经济必须多措并举，有序推进。在低碳经济发展指导思想上，既要着眼于解决能源瓶颈制约问题，又要通过其带动相关产业发展，力争使低碳经济产业成为湖北新的支柱产业。低碳经济的核心是大力发展新能源产业。

1. 积极发展核电。核能是一种安全、清洁、可靠的经济能源。与火电相比，核电不排放二氧化碳、二氧化硫、烟尘等氮氧化物。对于缺煤、少油、乏气的湖北来说，发展核电其经济意义更为显著。目前，核电已成为一种成熟技术，在世界上得到广泛应用，核电在世界能源结构中居于重要地位。据有关资料统计，核电年发电量已占到世界发电总量的17%左右。

经过前期的不懈努力，湖北发展核电工作正在有序推进。2008年初，国家正式明确启动我国内陆核电建设，同意湖北开展前期工作，并明确湖北核电投资业主。当前，一是要科学编制湖北核电中长期发展规划；二是科学做好核电厂址选定工作；三是要广泛应用世界最先进的核电技术，提高科技含量；四是对已确定的核电项目要加快进程，力求早日开工建设；五是积极研发核电项目与相关产业的关联效应，力争通过核电站的建设带动一批产业。

2. 大力开发风力发电。在国家政策的大力支持下，我国各地正在兴起风电建设热潮。湖北风能资源比较丰富，发展潜力较大。合理开发风力发电，可以有效缓解全省水电丰枯矛盾，实现风电水电互补。而且风电是环保型能源，没有废气排放，且建设周期短，见效快。因此，大力发展风力发电大有可为。为实现湖北风力发电的快速发展，一是要加大风能资源勘测力度，尽快摸清全省风力资源潜力，为合理开发风力发电提供科学依据；二是大力吸收先进风力发电技术，当前重点是支持发展磁悬浮风力发电技术；三是鼓励风电多元投资，风力发电具有规模较小，适合分散投资等特点，应出台相关政策，允许多元投资风电；四是加快风电设备产业的发展，以满足风力发电的需要。

3. 稳步开发生物质能。生物质能是唯一可以转化为液体燃料的可再生能源，不仅具有能源功能，而且还有其他可再生能源不具备的材料功能，同时，还具有生态保护功能。湖北具备发展森林木本生物能源的广阔空间。现有林地1.29亿亩，其中可改造的低产低效林、可利用的荒山、荒地、荒滩、荒坡约4000多万亩，为湖北木本生物能源的种植提供了充足空间。湖北已初步具备木本生物质能源工业化的技术条件。凯迪研究院经过四年多的艰苦探索，已成功掌握具有自主知识产权的从生物质中提取各类能源的核心技术，该技术具有世界领先地位。为加快湖北生物质能的开发利用，一是要尽快制订扶持生物质能源的优惠政策，包括支持公司和农户开发改造能源林规模等；二是争取国家能源林基地建设的财政补贴；三是建立融资平台，多渠道筹措生物质能源产业发展的建设资金；四是加大生物质能源研发投入。

4. 加快发展太阳能产业。湖北太阳能产业具有广阔前景，开发利用潜力大，除鄂西南外，大部分地区均具有较好的太阳能光能资源，年平均太阳辐射能大于100千卡/平方厘米。太阳能具有能量大、利用范围广、清洁安全等优点。当前，在太阳能利用方面有很多文章可做，从近期来看，可从以下方面进行开发利用。一是积极稳妥推广太阳能热利用产品应用，以减少高碳能源的消费；二是大力发展太阳能热利用产业集群，扩大太阳能发展规模；三是加大太阳能热利用宣传和推广力度，扩大覆盖面；四是加快光伏产业发展步伐，充分利用武汉“中国光谷”，开辟光伏产业发展新路。

（三）对加快湖北低碳经济发展的几点建议。

1. 成立省低碳经济工作领导小组。发展低碳经济是一项系统工程，涉及面广，工作难度大，要求很高，为了统筹全省低碳经济发展，建议成立省低碳经济工作领导小组。其主要任务是：研究全省低碳经济发展战略和规划；研究低碳经济开发、推广、对外合作、技术引进等重大政策；组织协调解决低碳经济发展中的矛盾和困难。

2. 着手建立湖北低碳经济试验区。低碳经济是一场新的技术革命，无论是产品开发，还是技术推广都需要在实践中不断探索、总结和完善，为了把握低碳经济发展机遇，建议设立低碳经济试验区。对于试验区，省里可安排一些低碳经济重点开发项目，并从资金、技术、税收等方面给予必要的支持和倾斜。

3. 积极争取国家在湖北设立低碳经济试验区。湖北争取国家在鄂设立低碳经济试验区有利条件较多：一是湖北是能源匮乏省份，需要大力发展新能源；二是武汉城市圈是国家“两型社会”建设试验区，“两型社会”建设的要求与发展低碳经济完全一致；三是湖北科教实力雄厚、自然资源丰富，为低碳经济发展提供了前提条件。省有关部门应尽早向国家相关部委做好汇报，多争取一些低碳经济试验和推广项目。

4. 抓紧出台扶持激励政策。建议责成有关部门就发展低碳经济政策、技术、应用等问题作出专题研究，并从税收、信贷、土地、产业等方面，对促进低碳经济发展提出具体支持意见，特别是新能源和高效节能技术研发和成果转化应给予激励政策。

5. 加大低碳经济宣传力度。低碳经济是一项新生事物，推广应用低碳经济利国利民，为使广大民众了解低碳经济发展的好处，并变为全社会自觉行动，需要加大宣传力度。建议省委常委会组织一次低碳经济的集中学习，以起到示范作用。同时，要充分发挥新闻媒体的重要作用，广泛宣传发展低碳经济的作用、意义和好处，形成政府推动、市场引导、全民参与的浓厚氛围。

四、以发展低碳经济为契机，加快推进发展方式转变

面临日益趋紧的资源环境瓶颈制约，向低碳经济转型已经成为世界经济发展的大趋势。湖北是全国老工业基地之一，传统产业、重化工业比重大，

经济增长的粗放型特征比较明显，能源资源相对缺乏，环境容量有限，可持续发展面临巨大挑战。而低碳经济正好反映了建设资源节约型、环境友好型社会的共性要求，有利于发挥湖北综合优势，激活各种经济资源，形成湖北发展的新动力源和新支撑点。因此，发展低碳经济将为湖北加快推进发展方式转变，优化经济结构，提高核心竞争力，增强经济实力，实现“弯道超越”、“提档进位”，加快把湖北建成促进中部地区崛起的重要战略支点带来新的契机。

（一）用低碳经济的理念改造提升传统产业，促进传统产业节能减排。

汽车、钢铁、有色金属、石油化工、电力、建材、纺织等是湖北的传统支柱产业，这些产业在全省经济发展中具有举足轻重的作用。同时，这些产业多为高耗能、高排放产业，是节能减排的压力所在。这种状况若得不到有效改观，就不可能实现可持续发展。传统的产业不能用传统的办法求发展，而必须运用低碳经济的新理念和新发展模式来谋划传统产业又好又快发展。目前，用低碳经济的理念改造提升传统产业，促进传统产业节能减排，应着力抓好以下几个方面的工作：

一是狠抓重点行业和重点企业节能。认真落实湖北节能降耗三体系方案，突出抓好石油化工、钢铁、建材、电力、有色金属、机械汽车等重点耗能行业的节能降耗。强化年综合能耗5000吨标准煤以上重点企业节能管理。

二是加快节能降耗技术开发与推广运用。把技术创新作为推进工业节能降耗的重要手段，建立以企业为主体、产学研相结合的节能技术创新体系。对重点行业现有生产能力进行调整和改造，找准行业节能的关键点，用高新技术、清洁生产技术改造和提升传统生产工艺，提高现有生产能力的能源利用水平。

三是大力发展循环经济。深入推进全省循环经济发展，在搞好和总结第一批工业循环经济试点的基础上尽快启动第二批试点。逐步完善企业、产业园区和区域3个层面的循环链条，形成一批循环经济优秀示范企业、工业园区和工业循环经济示范县（市、区）。

四是加快淘汰落后生产能力。加大淘汰电力、钢铁、建材、电解铝、铁合金、平板玻璃、造纸等行业的落后产能，重点落实小造纸、小水泥、小煤矿、小炼焦等“十五小”和“新五小”专项治理工作，从源头上控制能源消耗和环境污染。

五是形成有效的工业节能降耗激励约束机制。积极稳妥推进资源配置和价格改革，加大对黄磷、电石、铁合金、水泥等高耗能行业实施差别电价的力度。贯彻落实国家促进节能降耗的财税、金融、价格、准入等政策措施。

（二）大力发展高新技术产业，推进高新技术产业化。

高新技术产业是低能耗、低污染、高技术含量、高附加值的产业，是低碳经济发展模式中潜力巨大、前景广阔的产业之一。科教优势是湖北最大的优势。发挥科技优势，关键要在推进产业化上下工夫。要进一步深化科技体制改革，推动科研人员进入国民经济主战场，促进科技成果向现实生产力转移，努力把科技能量、科教优势转化为新的资源财富、产能和市场需求，把科教实力转化为经济实力。要突破性发展高新技术产业，以东湖、襄樊两个国家级高新区为主要载体，围绕电子信息、生物医药等重点和优势领域，加快实施一批高新技术产业化重大项目。

完善智力资本股权激励政策，激励科研人员走向市场，领办、创办科技型企业。加大对重大科技创新成果转化的扶持力度，抓好科技创新、创业和科技成果转化平台建设，加快培育、壮大一批高新技术企业。要切实用好重大科技成果转化基金、生物和光电子信息产业专项扶持资金、高新技术产业风险投资基金和创新投资引导基金，发挥财政科技投入资金的作用。

（三）发挥水力资源优势，合理开发水力发电。

水电是清洁、可再生能源，具有明显的环保效益和建成后低成本的优势。湖北能源资源相对贫乏，缺煤、少油、乏气，但水能资源丰富。湖北山多、河多、湖多，充沛的水量、较大的河道落差，为湖北提供了宝贵的水能资源。全省水能资源理论蕴藏量为3591万千瓦，可开发的500千瓦及以上水力发电装机容量2994万千瓦，仅次于川、滇、藏而居全国第4位。如全部开发，年发电量可达到1493.5亿千瓦时，相当于6000万吨标准煤。

各地要坚持按客观规律办事，因地制宜，科学规划，讲求实效，把水电建设与生态环境建设结合起来，在财税、金融等方面给予支持，在保护生态基础上有序开发水电，合理建设水电项目，促进能源结构向清洁低碳化方向发展。同时，加强对洁净煤发电技术与节能技术的研究与应用，提高湖北电力行业环境保护水平，实现湖北电业的可持续发展。适应水火调节、负荷发展和跨省联网的需要，加强电网建设，提高供电可靠性。

（四）大力推广节能新技术，全面促进节能减排。

技术创新是发展低碳经济，实现节能减排的关键因素之一。发展低碳经济，应以技术进步为基础，大力发展低碳技术。在减缓气候变化呼声日益高涨的形势下，广泛应用清洁燃料交通工具、节能型建筑、节能型家电、环保型农业等领域的低碳技术具有广阔应用前景，其技术转移、设备制造、产品生产和相关服务将成为未来新的经济增长点。

要增强自主创新能力，大力开发低碳技术和低碳产品。能否利用后发优势在工业化进程中实现低碳经济发展，很大程度上取决于自主创新能力。我们必须高度重视研发工作，重点着眼于中长期战略技术的储备；融合市场现有的低碳技术，加以迅速推广和应用；理顺企业风险投融资体制，鼓励企业开发低碳等先进技术；加强地区间交流与合作，促进发达地区对湖北的技术转让。通过以上手段，实现低碳技术发展的“跨越式”进步。

新能源汽车作为现代交通领域可持续健康发展的趋势，已成为全球汽车企业争夺的焦点。从某种意义上说，谁能率先实现新能源在汽车上的产业化应用，谁就能占据未来的发展先机。在政府的支持下，武汉在全国率先启动电动汽车研发和运营，近年已为电动汽车建充电场站28个。目前，全市投入运营的319台各类新能源汽车运营总里程超过1600万公里，运送乘客超过3000万人次，减少二氧化碳排放3100吨，节油1100万升，其示范效应已全面凸显。国家有关部门负责人表示，预计到2012年，国家将通过税收及财政补贴的方式对新能源汽车的推广使用投入200多亿元。因此，我们必须抢抓这一机遇，加快新能源汽车产业化步伐，抢占新能源汽车市场的制高点。

为加快推进太阳能光电在城乡建筑领域的应用，今年，财政部出台了一系列政策措施，中央财政将根据2009年符合条件的光电建筑实际安装应用量，相应安排补贴资金，以确保光电建筑应用示范工作的顺利实施。各级政府也要按照《湖北省民用建筑节能条例》的规定，设立建筑节能专项资金，对建筑节能的科学技术研究和产品开发、既有建筑节能改造、可再生能源在建筑中的运用、新型墙体材料和绿色建筑的推广应用等建筑节能给予鼓励和扶持。对生产、使用列入推广目录的建筑节能新技术、新工艺、新设备、新产品和新材料的，依法享受税收优惠等扶持政策。

四、有关社会情况的调查报告

写作范例

关于农业社会化服务体系情况的调查报告

按照县政协关于“三农”问题调研课题的分工，县政协教科文卫体委员会组织了部分政协委员和供销社、农业局等有关部门负责人共14人组成调研组，在3月中下旬深入到三合镇、青杠街道办事处、福禄镇实地调查，走访了6个种养殖大户或龙头企业，听取了县农业局、供销社等相关部门情况介绍，并组织部分委员到铜梁县学习，调查中召开了各种座谈会5次。现将有关情况报告如下：

一、我县农业社会化服务体系的现状

（一）社会化服务机构健全。目前，农技、畜牧、农机、水产等机构，承担着对全县的农村种养殖业的技术推广、生产和生活资料的服务和管理工作。

农技包括县农技中心和13个街道（镇乡）农技中心。乡镇机构改革后，农经、农技、林业、水土保持并入农技中心。全县有农技人员390人，其中街道（镇乡）在编人员364人，在岗人员259人。在岗人员在年龄结构上，35岁以下的占26%，36岁至49岁的占67%，50岁以上的占7%，结构年轻化；在文化程度上，中专及其以上的占84%，中专以下的占16%；在技术职称上，有专业职称的仅占17%。

畜牧设有县畜牧中心和1个畜牧兽医联站，乡镇建制调整前的26个乡镇畜牧兽医站。有职工312人，其中在职251人，在年龄结构上，35岁以下的占31%，35岁至45岁的占34%，45岁以上的占35%，结构趋于合理；在文化程度上，中专及其以上的占66%，中专以下的占34%；在技术职称上，有专业职称的达83%。

农机体系，截至2003年6月底，镇乡农机站尚有在岗招聘干部24人，录用干部2人，合同制工人5人，提前退休1人，共32人，属自收自支事业单位。目前70%的农机站成了“牌子站”、“空壳站”，余下的也主要经营油料和承揽零星金加工业务，承担新机具推广、提蓄水灌溉和农业机械维护工作的很少。

水产只有县水产站，在岗人员9人，大专以上学历的8人，有职称的8人，但镇乡无1名专职水产员。

（二）社会化服务组织发展较快。初步建立了县、街道（镇乡）、村、社四级农业科技推广网络，成立了农村专业技术协会36个，其中县级8个，镇乡级19个，村级9个。组织和引导农民发展了以健龙藕协、狮子泰山果协等为代表的农村专业合作经济组织，延长和加粗了产业化链条，促进了农业板块经济带的建设。建立了城北蔬菜示范基地、丁家花卉繁育示范基地等13个科普示范基地，培育了一大批科技带头人和示范户，带动了农民依靠科技致富增收。供销合作社开展农业生产资料经营服务，建立农资超市10个。积极参与“两社两化”建设，发展综合服务社33个，兴办正兴薯业、大路蜜柚和壁城养殖等专业合作社5个，创办乡镇联佳超市16个，满足了当地农民的生产生活资料的需要。

（三）社会化服务领域不断延伸。农业社会化服务领域由产中服务向产前和产后服务两头不断延伸。建立了壁山农业信息网，并与相关农业网站实现了链接，全县各镇乡和龙头企业也设有信息网点；成立了中国农函大壁山分校，举办了蔬菜、果树、畜禽、种植等14个专业，各镇乡也相应建立了辅导站，对农村党员、干部、专业户、示范户进行了培训，为农业提供了产前服务。在产后服务上，支持和鼓励农民，按照“自我管理、自我服务、自我发展”的原则，发展了农村专业合作经济组织，或者按照“公司+农户或生产基地+农户”的形式，形成了一批如原野食用菌产销合作社、新堰蔬菜营销合作社、三业茶叶有限公司、温氏集团等实体。全县现有农村专业合作经济组织12个，会员1818人，带动了5176农户，经营总收入达2639万元，农户增加纯收入达314万元。

二、农业社会化服务体系中存在的问题

（一）资金投入不足。县级社会化服务机构人员经费仍按工改时人员编制核算，以后按照增人不增资进行预算，经费严重不足，造成了由工作经费来支付人员工资现象。调查中了解到，畜牧在从事春秋防疫、疫病普查、仔猪防疫等公益性工作时经费未纳入财政预算。镇乡（街道）社会化服务机构经费预算标准不统一，有全额、差额拨款或自收自支，经费紧张，工作正常运转困难，只有安排部分人员进行经营创收，三合、福禄农技中心有近40的人员从事经营创收，削弱了对农业生产的技术指导和服务。经费的不足，职工待遇低，致使个别中心负责人频繁更换，调查中了解，在这次乡镇建制调整中，二级机构负责人竞争上岗，有的镇乡竟无一人参与农技中心主任报名。

（二）服务队伍庞大，人才断层与知识老化严重。在镇乡农技中心反映尤为突出。一是人员臃肿、混岗现象突出。调查中统计，全县镇乡农技中心有在编人员364人，被安置到其他部门的有105人，占总数的29%。二是非专业技术人员过多。非专业技术人员的比例高达47%，学农业技术专业的仅占14%，其余39%学农经管理的，其中有一部分是党校经济管理函授生。三是知识断层。在职函授进修的119人中，进修农业专业的仅1人，进修非农专业的达99.16%，导致了农技推广队伍知识断层及知识老化现象。据统计，全县有3个镇乡农技中心找不出1名专业农技人员，他们根本无法有效向农民提供技术咨询服务和推广最新的农业技术。

（三）服务机制不适应市场经济的需要。一是服务体制是计划经济时期沿袭下来的体制，带有一定的行政命令，往往以“一级抓一级，层层抓落实”的方式进行。服务的层面只停留在镇乡级上，服务指导的形式绝大多数是以会代训的方式进行。在调查中发现，镇乡农技人员因经费紧张未驻村下社，真正到田间地头与农民接触的很少，农民得不到专业培训和技术指导。二是管理体制不规范。如镇乡农技中心与上级业务主管部门关系不明确，农业局、林业局、水利农机局都是主管部门，都可管，但都不便管。加之，服务体系（除畜牧外）“三权”下放到镇乡，镇乡管理模式不统一，县、乡两级业务出现断链，如镇乡水产、农机业务无法开展。

（四）服务市场不规范。随着市场经济发展，从事肥料、农药、种子、兽药等农业生产资料的经营户增加，无照个体经营比较严重。经营户进货渠道混乱，有假货充斥市场，加上监管市场力度不够，造成体系技物结合收入低，损害了农民的利益。如畜牧游医现象突出，三合镇就有游医30余人，游医因缺乏专业培训，滥用药物，使畜牧诊治得不到保障，肉品质量下降。

（五）社会化服务质量不高。政府行为的农业社会化服务体系存在公益性与经营性职能不分，公益性服务较少，有偿经营成为主业，服务功能弱化，服务机构有名无实。加之农民主动接受服务的积极性不高，大多依赖传统经验和习惯，致使农业社会化服务效果不明显。民办的各类经济专业合作经济组织数量太少，2003年底全县434个村民委员会中仅有12个，约占3%，远远不能满足农业发展的需要。专业合作组织在发展中普遍存在会员综合素质不高，周转资金困难，信息来源和传递渠道单一，主要依赖当地政府和农业部门提供，组织化程度较低，带动力也不强等问题。

三、加强我县农业社会化服务体系的建议意见

（一）改革农业社会化服务机构，强化服务功能。各级农业部门是开展农业社会化服务的主力军，必须有正确的定位，要理顺行政、事业和社会服务组织职能，对服务体系实行“一稳一放两分离”，稳定公益性、放开经营性，实现公益性机构与经营性组织彻底分离。根据我县农业主导产业和特色产业发展实际，合理设置公益性机构，所需经费（包括工资、工作、项目等）由财政全额拨付，服务人员不再从事任何经营创收活动，只对农技推广、指导等进行无偿服务。经营性服务组织实行企业化管理，通过创办科技示范场、开展农资连锁经营、实行多形式的技术承包等方式，全面推向市场。现有镇乡农技推广机构的经营门市、物资等资产，可以通过变卖、配送分流人员等方式改制成私人经营，保留其为农技推广服务的性质。农业主管部门对公益性和经营性组织进行业务指导，重点对公益性机构实施从业人员职业资格准入制度，对经营性组织实行行业管理，确保经营市场有序竞争。

（二）强化服务队伍建设，提高服务能力。社会化服务组织转变观念，找准位置，积极主动加强自身机构和队伍建设。公益性服务人员实行竞争上岗，双向选择，实行职业资格准入制度，新进人员实行考试聘用制度，保证从业人员持证上岗，推行全员聘用合同制度，变身份管理为岗位管理，公益性机构专业技术人员与职员可按85和15比例配置，逐步形成能上能下、能进能出的用人机制。建立服务人员绩效挂钩的考核制度，使收入与实际工作成

绩挂钩，做到责、权、利相结合，并适时对从业人员施行继续教育和职业培训，实行辞聘、解聘制度，形成以岗定酬、奖优罚劣的分配激励机制，切实为农业服务。

（三）更新服务理念，创新服务方式。一是树立以人为本的农技推广理念，将服务重点由生产过程中的技术指导逐步转移到提高农民素质上，运用教育、交流、咨询、提供信息等形式，帮助农民作出农业生产、经营等方面的科学决策；加强与农业科研、教育的协作，引导农民经济组织健康发展。二是利用农业信息技术改造传统农技推广方式，整合现有的信息网络资源，开通农技110工程，利用广播电视等通讯系统，向广大农村传递生产、技术、管理及市场等信息。三是服务中注重点面结合，突出面上咨询培训，点上示范指导，建立新技术、新品种试验示范点，推行“一人一村”农技推广制度。

（四）发展各类经济组织，实现服务主体多元化。

一是发展壮大村级集体经济组织。村级集体经济组织在担负管理集体经济资产的同时，应努力开展村级公共服务工作，如组织农民统一购买良种、化肥、农药、农膜等生产资料，统一组织浇水、灭虫和户间互助，统一销售农副产品等等，充分发挥“统分结合”的双层经营体制中的统一经营职能。另外，还可通过信息服务、科技服务、设立营销协会、农副品代办及深加工、货物中转等形式，兴办社会化服务产业，以突出村级集体经济组织的合作功能，推进农业社会化服务的发展。

二是大力发展各类农业专业合作经济组织。发挥资源优势，围绕支柱产业和主导产品组建各类专业合作经济组织。要坚持多样化发展，合作类型上可以是农民专业合作社也可以是农业产业协会，可提供技术、农资、信息、产品收购等一项或多项服务，也可提供产前、产中、产后系列化服务，可分村、乡镇、县三级兴办，可围绕一、二、三产业办，同类型的专业合作组织还可组建联合组织等，扩大合作领域。农村专业合作经济组织作为新生事物，要坚持边发展、边规范的原则，重点对组织内部管理和运行机制规范，建立健全民主管理制度、利益分配制度、财务管理制度以及其他的议事规则。

三是实行农业产业化经营，扩大服务领域。采取“公司+农户”、“生产基地+农户”或“公司+基地+农户”的模式，解决农民生产经营中的“一进一出”问题。龙头企业通过产业化经营带给农民技术信息，这是“一进”。“一出”就是农产品通过龙头企业进入了市场，劳动力走出了传统的农业生产领域。同时引导和壮大龙头企业，鼓励工商企业投资农业，发展农产品加工、运输、销售、储存、保鲜等产业，引导龙头企业主要抓产前和产后服务，把一般的种养环节让给农民，使农民在产业化进程中得到实惠。

（五）加大对体系的投资力度，为社会化服务提供保障。政府应继续加大投入，但必须调整投资方向，转变对农业的投入机制。投资主要用于农业的公共服务项目建设，实行普惠制，重点支持农村基础设施建设、农业信息工程、农业新技术和新品种引进和推广、成人教育与培训、环保工程和自然资源保护等公共服务事业，建立起以职业培训、农函大为主体的农业教育培训体系，提供先进的农业科技创新体系和农业技术推广体系，畅通县、乡镇、村、社四级信息网络支持体系，建立起财政支持信贷体系、农产品品牌扶持体系、农资供销加工出口体系。

（六）营造服务外部环境，提高服务效能。要配套理顺财政、计划、税务、金融等部门对农业的服务机制，形成农业社会化服务体系建设合力。财政部门要保证农业技术研究、技术和品种推广项目的资金投入。计划部门要对农业社会化服务建设项目优先立项，指导和制定服务发展规划。金融部门特别是农村信用社和农行要面向农业农村，贷款上给予优先照顾，为社会化服务组织提供信贷服务。税务部门要对农业社会化服务组织按农业企业和龙头企业的税收优惠规定给予扶持。工商、土地和规划等部门也要提供相应的优质服务，如登记上给予便利，兴办服务设施、对外开展服务等审批环节简化手续，为其创造良好的发展环境。供销合作社也应按有关规定，深入挖掘潜力，发挥应有的合作服务作用。

第十一章

现场短新闻的写作

第一节 现场短新闻写作基本知识

一、现场短新闻的含义及特点

1. 现场短新闻的含义

现场短新闻，也称“视觉新闻”、“目击新闻”、“现场速写”、“特写”等。它是记者或通讯员深入新闻事件发生的现场，运用视听等多种采访手段，捕捉事实变动的一个片断，并以具体形象的描述使之再现的短小精悍的新闻。

2. 现场短新闻的特点

现场短新闻的基本要素有：“现场”、“短”、“新闻”，其特点如下：

（1）现场感强。现场感强是现场短新闻的第一个特点。要求新闻作品使人读后如临其境、如见其人、如闻其声，显示立体，形象逼真，有强烈的形象冲击力和艺术感染力。这就要求在表述上具有以下几个特点：

①具有可感性。现场短新闻必须写出特定的现场氛围。这就要求新闻工作者具有敏锐的观察能力，在现场善于捕捉生活中的精彩镜头、典型场面，给予绘声绘色的聚焦描写。

②可视性。现场短新闻突出表现在“目击”和“视觉”中，写出能为突出主题服务的现场氛围、活动等，要善于挑选有意义且富有形象表现力的视觉材料，让人身临其境。

③可听性。语言是表达人物内心世界和精神状态的主要手段。现场短新闻要再现特定场景、特定形象，离不开人物语言，离不开各种音响。富有个性的语言，形象感强的环境音响，有助于受众如闻其声。

④可读性。现场短新闻接近生活，再现生活，有更广泛的读者群，文风应明快活泼，内容要新鲜别致，写作力求新颖，具有鲜明的时代感。总之，

采写现场短新闻必须身到、心到、情到、手到，亲临其境抓“活鱼”。

（2）短小精悍。短小精悍是现场短新闻的又一个重要特点。现场短新闻并不是长新闻的简化，也不是缩写，而是一个精粹的有机体。现场短新闻的短，是用精妙洗练的笔墨，传播信息量大、含“金”量高的最重要的信息，做到短而不淡，短而不俗，短而不浅，短而不空。

（3）具有较高新闻价值和宣传价值。具有较高新闻价值和宣传价值是现场短新闻的第三个特点。现场短新闻所报道的事情，必须是人们普遍关心、渴望知道的信息，是现实生活中迫切需要解决的问题。有现场、有新闻、篇幅短小，共同构成现场短新闻的三大要素。

二、现场短新闻的分类

现场短新闻按其表达方式可将其分为：特写式现场短新闻和动态式现场短新闻。

1. 特写式现场短新闻

特写式现场短新闻是新闻特写的一种，是发自新闻现场的特写式消息。它不仅报告主要的新闻事实，还描摹新闻事实的动态形象，描写和叙述两种表达方法缺一不可。

特写式现场短新闻与一般特写的差别，就在于现场性。一般意义上的特写消息，内涵更丰、外延更大，包括事件的、人物的、社会的、风貌的等，有的有场景，有的无场景，可以是现场采访，也可以是事后采访。特写式现场短新闻，侧重写事件，且必须是现场目击式采访。

2. 动态式现场短新闻

动态式现场短新闻，是动态消息的一种，篇幅短小，有的像短讯，只报告主要的新闻事实，表达方法基本是叙述，但都是发自新闻现场的目击式报道，有很强的现场感。

三、现场短新闻的写作要求

1. 抓住新闻发生、发展的动态

再现现场的事和人，要着力再现事和人的动态，动态最具传神写照作用。捕捉并再现现场动态，对写好现场短新闻至关重要。

2. 深入现场多感官采访

通讯员必须亲临新闻现场，运用多种感官全方位地感受现场的事件、人物、环境，感受现场的动态、色彩、声音、情感、气味等，深入认识新闻事件的原因、结果、意义，才可能写出“色、香、味”俱全的现场短新闻。深入现场，是写好现场短新闻的首要条件。通讯员身临其境，才能使受众如身临其境。

3. 捕捉细节

通讯、特写、现场短新闻等再现式报道，更要注意捕捉典型化细节，以突新闻意义，以传神写照。典型化细节，对于再现现场形象往往能起到“一滴水见太阳”的作用。

4. 点化场景

现场短新闻再现的主要是现场发生的新闻事实，但同时也要再现新闻发生的场景。再现场景，只需选择最能衬托新闻事实、最能烘托现场气氛的典型场景，简笔勾勒，境界全出。

第二节 现场短新闻写作问答

一、写好现场短新闻应把握的“六字经”

现场短新闻写作难度较大，《人民日报》高级记者段存章总结的写好现场短新闻需把握的“六字经”，对初入门的通讯员会有所启发。

1. 真——真实性

首先是事实真实，杜绝虚假。胡乱编造，一害国家，二害群众，三害自己。其次是本质真实。透过现象看本质，防止一叶障目，只见树木，不见森林。

2. 快——时效性

有些新闻生命很短，今天不报道，明天就变成旧闻。所以，要提倡抢新闻，快采、快写、快发稿，废寝忘食“捞活鱼”。

3. 新——时代性

新闻本姓“新”，现场短新闻应该具有强烈的时代感。既要看到昨天，又要看到今天，更要看到明天。未来无限好，全凭今朝干。

4. 短——集中性

现场短新闻一篇几百字，长的也不超过千字。最好一篇一个主题，内容集中，力戒分散。我们要当好“电焊工”，把现场一个个生动的新闻镜头巧妙地焊接起来，首尾相连，层次分明，字字精练，浑然一体。

5. 深——思想性

有人说：“短新闻，千把字，难以写深。”应该承认，它不能像长篇的深度报道那样阐述思想观点。但是，现场短新闻也要注意反映思想性。思想挖掘深了，宣传报道的指导性就强了。只要下工夫，短新闻也可以反映思想。

6. 活——实录性

为把读者带到现场，尽量少叙述，多描写；少概念，多形象；少做作，多朴实。应该给读者一个如临其境、如见其人、如闻其声的感觉。也就是说，学会用自己的眼睛写报道。我们还要学会用两种人的眼睛看事物：像孩童的眼睛那样，看到任何事物都感到新鲜有趣；又要像聪明的长者的眼睛那样，看到各种事物后能迅速分出大小、黑白、美丑来。

二、现场短新闻的采写要领有哪些

一般说来，现场短新闻的采写要领有三：

1. 寻找现场，感受现场，挖掘现场

显然，现场短新闻是通讯员亲临新闻发生的现场采写的新闻。而现场大致有三种：

一是被动现场。比如规定采访者只能站在警戒线外，或只能在楼下，不能到楼上，或只能在会外，不能进会场，等等。不过，采访者要有机动应变的能力，或想办法挤进第一现场，或寻找有利位置进行仔细观察。

二是主动现场。即通讯员自己寻找到的、或被采访对象约通讯员去的现场。这就要做好充分的准备，发挥主观能动性，或扩大采访范围和采访线索，或有目的、多侧面地发问。

三是随机现场，也就是事前并没有思想准备，偶然碰上的，或是突发事件的现场。这就必须有迅速判断新闻和抓住新闻的能力。

2. 提炼主题

正如“一千个读者就有一千个哈姆莱特”一样，同一个现场往往呈现出多个新闻信息。新闻工作者必须根据现实的需要，挑选其中最具新闻性的一个来确定主题。

3. 再现现场

使人如临其境、如见其人、如闻其声，是现场短新闻写作的关键。

第三节 常见现场短新闻类型的写作

一、特写式现场短新闻

写作范例

闭幕式熄灭圣火方式颇具诗意别具一格

北京2008年8月24日电　8月24日晚，北京奥运会圣火在北京国家体育场

“鸟巢”的主火炬塔缓缓熄灭，这一圣火熄灭的方式颇具诗意，以几名运动员卷起打开的画轴的方式熄灭8月8日开始燃烧的北京奥运会圣火。

闭幕式上，几名外国运动员登上标有北京奥运会会徽的飞机舷梯，在进入机舱前，他们从背包上拿出了一幅画轴，徐徐打开。“鸟巢”顶上的碗边显示屏幕上，展现出从8月8日至8月24日，北京奥运会每一天的精彩瞬间。画面展示至8月24日时，画轴合拢，主火炬塔上的火焰也同时熄灭。

这一创意同开幕式相呼应。北京奥运会主火炬塔圣火点燃，是以中国的奥运英雄李宁在国家体育场“鸟巢”顶端的碗边，以空中飞人的方式，奔跑在碗边上徐徐展开的，在全球进行火炬传递的精彩画面组成的画卷上，奔跑至北京、奔跑至“鸟巢”，点燃了“祥云”图案打造的主火炬塔。这一方式令人震撼。

二、动态式现场短新闻

写作范例

洪水中，5800名旅客安全疏散

通化2010年8月2日电 7月31日0时30分至9时30分，通化地区普降大到暴雨。铁路各站、区间多处封锁、慢行，梅集线、鸭大线中断行车，部分旅客滞留在干沟、二密河、柳河等站。

旅客的安危高于一切。沈阳铁路局和地方政府主要领导，铁路职工、地方驻军、公安民警等纷纷来到抗洪抢险一线。

10时10分，K7380次旅客列车已在干沟站停留4个多小时，车上滞留了580名旅客，其中有韩国旅游团成员26人。干沟站配合列车工作人员四处采购，为旅客准备了1000盒方便面。

这期间，沈阳铁路局积极与通化市政府沟通，紧急疏散旅客。沈阳铁路局局长王占柱冒雨指挥，通化车务段、长春客运段的干部职工和通化铁路公安处的民警，逐车厢组织旅客转乘。干部职工有带队引导的，有看护横越线路的，有搀扶重点旅客的……

面对这一场景，滞留旅客自发地鼓起掌来。

17时40分，转乘旅客安全到达梅河口站。局党委书记武汛坐镇指挥，580名旅客安全登上从梅河口站开行的K7380次列车。

截至记者发稿时，通化车务段管内共停运旅客列车30列，安全疏散旅客5800人，办理退票4211张。

第十二章

专业新闻的写作

第一节 专业新闻写作基本知识

一、经济新闻

1. 经济新闻的含义

《中国新闻实用大辞典》中定义："经济新闻是有关生产、流通、分配、消费等一切经济领域新闻的总称。"

经济新闻，一般是对有关国民经济、生产建设、人民生活等方面的新近发生的有价值的事实进行的报道。

经济新闻有广义和狭义之分，广义的经济新闻包括经济消息、经济通讯、经济调查报告和经济时事评论等文种；狭义的经济新闻专指经济消息。

经济消息是对当前经济领域中出现的具有一定社会价值或具有一定影响的事实所作的简要的报道。经济消息从反映的范围来说，是有关经济领域中的各种事情；从时间上来说，是近期出现的事情；从内容上来说，必须是有价值的事情，否则，即使是新近发生的事情也不一定能够成为消息。

2. 经济新闻的特点

（1）较强的专业性。经济新闻报道是一种专业性很强的报道，报道时往往要涉及一些业务性问题，尤其是经济述评等深度报道，不仅要求介绍较丰富的专业知识，还须具有一定的理论色彩，因为在许多经济观察的背后，往往是一系列的经济政策问题和经济理论问题。比如，经济评论《回答紧缩银根是否过度了》，就涉及金融学、经济学以及国家金融政策等多方面的知识，如果通讯员缺乏这些知识，就无法构筑这样一篇谈金融操作、市场状况及其发展的文章。

应当指出，经济新闻不同于经济工作总结，也不同于专门的学术论文，它不需要详尽展示经济工作的全过程，也不要求把业务问题说得很深，其着眼点在于通过经济业务问题，揭示所具有的新闻价值，给受众以政策方面的引导或思想方面的启迪。也就是说，在业务性与新闻性这对矛盾中，新闻性是矛盾的主要方面、业务性服务于新闻性。

（2）政策指导性。经济新闻旨在配合党和政府一个时期内的经济政策，并进行解释和宣传，其内容本身带有很强的政策性，一些报道经济工作动态、经济战线新人新事的经济新闻，虽然不直接阐明政策条文，但也渗透着政策精神，具体体现着政策。比如，关于农村税费改革的报道，关于宁波、杭州等地率先取消农业税的报道，无不显示着国家对“三农问题”政策的变化。因此，吃透国家、政府的经济政策，正确地反映经济政策，是经济新闻写作的一项重要要求。

此外，高水平的经济新闻还应善于从与群众生活密切相关的经济现象入手，以辩证科学的分析、通俗化的语言来透视现象、揭示本质、预测其发展趋向，帮助人们认清形势、明确方向。比如，对当前中国股市的分析与报道、对今年推行的国有银行改革试点的政策分析，可以有效地帮助人们洞察国家的金融市场动态，满足人们在经济工作中的更高需求。

（3）服务实用性。经济新闻的服务性主要体现在信息的服务上，既包括市场行情、物资供求状况和生产状况，也包括经济决策、法规、管理状况等，还包括自然资源状况、科技发展和规划状况、不同地区人们的消费心理及习惯等，这些丰富生动的经济信息，不仅是国家、企业参与经济竞争的眼睛，也是引导群众生产消费，反映群众呼声的重要渠道。在现代经济生活中，经济新闻中的许多宏观信息已成为决策者的重要参考资料，一些微观信息已经或正在帮助企业经营者摆脱困境。如，2009年《中国乡镇企业报》的文章《农村市场：农民富裕是前提》分三个部分为农村市场把脉开方：要从战略高度看待农村市场的开拓；要深入农村做市场调查，了解农民的需求；要健全农村市场购销网络，严把质量关。这则新闻实际上很好地体现了经济新闻服务厂商的特点，具有一定的经济实用性。

（4）相对保密性。有些经济信息由于直接关系到国家进出口计划、新技术、新工艺，不到一定的时候不宜报道，因此经济新闻还必须注意保密，注意做到内外有别，重大问题在报道前一定要请示有关主管部门。比如，我国或我方的进口计划一经制定就要坚决执行，即使国际行情看涨也要兑现，这种进口计划如果泄露，外商就会借机抬价，使我方蒙受损失。同样，如果外商了解了我国出口商品的库存积压情况，就会借机降价，使我国在外贸中处于不利地位。又比如，有的国家或外商与我国较友好，在出售给我国某一商品时价格较低，而出售给他国时价格高些，如果把成交价格公布出去，就会使对方难堪。正是由于经济新闻具有相对保密性，所以在报与不报、何时报道、从什么角度报道时，都要格外慎重和警惕。

3. 经济新闻的种类

经济新闻按题材的不同，可以分出许多种不同的类型。新华出版社于1993年出版的《经济新闻学初探》书中把经济新闻分为社会经济新闻、自然经济新闻、边缘经济新闻三大类。

社会经济新闻是人类参与各种社会经济活动的事实的报道，主要反映人与人及人与自然之间的经济关系。

自然经济新闻是关于与自然紧密关联的经济现象以及将影响经济的自然现象的报道。

边缘经济新闻是既涉及经济问题，又涉及其他领域问题的复合型报道。

在上述三大类之下，还可分出许许多多的小类，大致有：

（1）政策性经济新闻，用于报道最新的经济政策。

（2）分析性经济新闻，对新近发生的重要经济现象进行分析。

（3）述评性经济新闻，就是经济题材的述评。

（4）解释性经济新闻，侧重于对经济新闻事实的背景进行补充和解释。

（5）预测性经济新闻，侧重于对某一经济现象的发展方向和未来结局进行预测。

（6）信息性经济新闻，主要提供产品和市场的供求信息。

（7）经验性经济新闻，介绍经济领域里的成功经验。

（8）经济珍闻趣闻，报道经济领域里的一些奇闻趣事。

（9）人物经济新闻，报道经济领域中的主要人物如经济学家、企业家的言论动态。

4. 经济新闻的写作要求

（1）事实要准确，要求报道实事时尊重事实、反映事实。

（2）报道要及时，讲究实效性。

（3）表述要通俗简练，篇幅要短小精悍。

二、政治新闻

1. 政治新闻的含义

毫无疑问，政治新闻是关于政治的新闻报道，是关于社会阶级斗争和各阶级处理阶级内部关系、处理阶级与阶级关系、处理民族关系和国际关系的报道，是关于某个阶级的政党、社会集团、社会势力在国家政治生活和国际政治关系方面的方针、政策和活动的报道。换言之，凡属于阶级、政党、社会团体的政治生活及它们之间的关系的报道，凡属于国家与国家、民族与民族之间政治关系的报道，都属于政治新闻。

由此可知，凡属于党和国家重大政治活动、政治会议、政治节日、政治事件的报道，凡属于国家与国家、党与党、民族与民族之间关系的报道，都属于政治新闻报道。另外，党和国家领导人的重要内政、外交活动，党和国家最高权力机构作出的重要决定和对干部的任免，党和政府的组织建设、思想建设和民主作风建设以及各民主党派和各群众团体的重要活动和组织、思想建设，统一战线工作、民族工作和侨务工作，等等，这些都属于政治报道的范围。

2. 政治新闻的特点

与其他新闻比较，政治新闻有其显著特点：

（1）政治性强。与经济新闻、科技新闻、文艺新闻相比，政治新闻的政治色彩更浓，政治倾向更鲜明，政治性更强。政治新闻政治性强的特点，主要表现在以下几个方面：

①报道内容具有很强的政治色彩。政治新闻关注的是具有新闻价值的政治活动、政治事件、政治会议、党风党纪，或事关全局的重大政治决策等。

这些报道内容本身，其政治色彩就很强。

②报道的政治倾向性比较鲜明，赞成什么，反对什么，非常明确。政治新闻的政治立场往往比其他专业报道鲜明，无论是报道政治活动、政治会议、党风建设和政治事件，通讯员的立场都会通过不同的方式鲜明地表现出来。

（2）政策性强。政治新闻既然“是一定阶级的政党、社会集团、社会势力在国家政治生活和国际政治关系方面的方针、政策和活动的报道”，自然具有很强的政策性。政治新闻虽然不是连篇累牍地集中宣传党和国家的某项政治政策，但它们通过报道党和国家领导人关于内政、外交政策的讲话，通过报道大量的政治活动、思想政治工作、政治事件，直接或间接地反映党和国家关于内政、外交的政策和方针。

（3）具有重要性和显著性。政治新闻所报道的内容，无论是政治活动和政治会议，还是政治事件、政治思想倾向，都直接关系到党和国家的大政方针和利益，关系到广大人民群众的根本利益，极具重要性。正因为政治新闻具有重要性和显著性，许多受众对它们十分重视，希望通过阅读和收视（听）政治新闻，来了解国内外形势，了解党和国家的政策走向。这就是政治新闻收视率高的根本原因。

政治新闻的重要性和显著性的特点，决定了从事政治新闻报道的严肃性和准确性。政治新闻必须真实地、准确地反映报道内容，丝毫差错都不能有，稍有不慎，就会酿成政治性错误，甚至会引起国际事端，造成极为恶劣的后果。

（4）报道面宽，涉及范围广。政治时时有、处处有。政治新闻涉及的内容非常广泛，除上面提到的政治活动等方面外，还有党政工团的思想建设和组织建设、民主法制建设、廉政建设，等等。政治新闻报道所涉及的范围同样十分广泛。例如党风建设和人民群众行使民主权利这类政治新闻报道内容，无论是在中央领导机关，还是在工厂车间、农村村组，都会大量存在。在我国，这些组织和团体遍布城乡的每一个角落。因此，政治新闻的报道对象和范围无所不包，无处不至。这一特点，为我们从事政治新闻报道提供了广阔的天地和众多可供选择的报道素材、内容，同时，也为我们写好写活政治新闻提供了有利的条件。

三、科技新闻

1. 科技新闻的含义

科技新闻是科学技术领域新近发生的事实的报道。所谓科技事实可以是科技成果及其推广应用，可以是党和国家的科技政策，也可以是科技工作者的成就、科技界的活动。这些科技事实经过报道、传播，才成为科技新闻。

2. 科技新闻的特点

（1）科学性和知识性。人们对客观事物的本质特征和基本规律的准确发现和把握，就是科学；对这些特征和规律的成功利用，就是技术。而科学和技术实践中不断积累下来的符合规律的认识，就是知识。从科技新闻的功能来看，它一方面要报道最新的科学发现和技术创造，让读者了解最新的科技动态；另一方面要宣传现代科技知识，以满足人们强烈的求知欲望。

（2）通俗性和生动性。新闻是大众读物，不是学术论文，可是科技新闻又有很强的学术性，这就产生了矛盾：既要讲究科学的深刻和准确，又要让读者大众能够接受、乐意接受。不管二者兼顾起来有多难，我们都不能放弃努力。科学家们能把深奥的科学知识写成通俗生动的科普说明文，专业能力强的通讯员也应该能够做到这一点。

（3）时代性和时宜性。科技新闻是最具有时代感的文体之一。新的科技发现永远处于时代的前沿，即使是旧的科技事件的解密性报道，也很能让人联想起时代日新月异的变化：当年尖端的科技成果现在已经显得陈旧了。这就像看一张当年的旧照片一样能够引起人们的时代对比。为此有人说，科技新闻其实有着很浓的体现人类进步的人文特色，这种说法是有道理的。

3. 写作科技新闻应注意的问题

写作科技新闻要注意以下几点：

（1）做好采访前的准备。由于科技新闻范围广、专业性强，采访科技新闻，事先要做好准备，首先要明确报道思想，了解党的方针、政策。同时还要掌握相关的科技知识，熟悉有关资料，掌握报导信息。在此基础上拟订好采访提纲，包括采访对象、采访顺序、谈话题目、提问问题、采访方法。

（2）要捕捉有新闻价值的科技事实、材料。如科技领域的新发现、新理论、新发明，科学研究的重大突破，科技工作新成就及重大科技活动。在报道、传播这些有新闻价值的科技事实时，要用科学事实来说话，所报道、传播内容必须是真实的、有科学根据的。在报道科技成果时还须注意所报道的科技成果要经历时间的考验，并需经过专家鉴定。对于涉及保密内容的科技成果还需有关部门审查和批准。

（3）写作科技新闻要及时、迅速，使科技新闻能及时地报道、传播。由于报纸版面和广播播放时间的限制，科技新闻力求短小精悍，文字表达要通俗易懂、生动有趣。

四、社会新闻

1. 社会新闻的含义

社会新闻是涉及人民群众日常生活的社会事件、社会问题、社会风貌的报道，包括社会问题、社会事件和社会生活方面的内容，尤以社会道德伦理为基础反映社会风尚的新闻为主。它与经济新闻、政治新闻、科技新闻相比，具有社会性、广泛性、生动性、讲究趣味性、富有人情味等特点。

社会新闻报道领域宽广。它包括天灾人祸（如火灾、撞车、空难、凶杀、地震、海啸等），自然界的各种奇异现象（如“六胞胎”、“连体婴儿”、奇花异草、珍闻趣闻等），社会各个阶层的人情冷暖，恋爱、婚姻、家庭悲欢离合，各种富有人情味的新道德、新风尚（如“虎口救人”、勇斗歹徒、一人有难众人帮等），揭露各种破坏社会秩序的坏人坏事、恶风陋俗，报道各地奇特的自然景观或风土人情，等等。

2. 社会新闻的特点

社会新闻的主要特点：

（1）传通性大。与其他新闻文体相比，社会新闻极易引起社会各界的浓厚兴趣，不仅传得快，而且传得广。

（2）民间性强。社会新闻大多取材于民间，可以说是社会的一面镜子。人们之所以喜欢传播社会新闻，一个重要因素是它来自于民间，反映世情冷暖、人世沧桑，使人们对它产生心理上的接近性和普遍兴趣。

（3）人情味浓。社会新闻以人为本，着眼于人的命运、生存环境、人与自然、人与人之间的关系，且以情动人，能够激发受众的情感。

（4）涉及面广。社会新闻的触角伸向社会各个领域，且带有一定的边缘性。有时候，同一个新闻事件，由于取材的角度不同，可以写成政治新闻或文教卫生新闻，又可以写成社会新闻。

3. 社会新闻的写作要求

社会新闻的写作要求如下：

（1）取材广泛，不拘一格。在各种类型的新闻（消息）中，社会新闻的取材是最为广泛的，那些凡是能够触动社会趣味神经的，都可以被纳入社会新闻之列。

（2）生动形象，故事性强。大多数社会新闻不采取概括式信息报道的手法，而是采用形象化、情节化的手法，向人们生动地讲述故事，以故事性强取胜。

（3）避免片面性，防止副作用。社会新闻的写作者，要特别注意避免片面地追求新奇、寻求趣味。

五、法治新闻

1. 法制新闻的含义

法制新闻就是对新近发生或发现的有关法制的事实的报道。具体涉及十分广泛，既包括立法、司法、执法等方面，也包括守法、违法、犯法等方面；既涉及公安、检察、法院等机构，也涉及所有单位和所有社会成员。

法制新闻是社会新闻的一个重要组成部分，人们通过法制新闻，可以了解当前社会的现状、特征、发展动态。

2. 法制新闻的特点

（1）突出的政治性。法制新闻是对法律实践的及时报道，而法律是维护国家机器的正常运转和人民群众社会权益的武器，从根本上看，法制和政治是很难分开的，法制不管在什么国家都有着极强的政治性。

（2）以法律为准绳。法制新闻的内容，应以阐释法律、宣传法律、维护法律为原则。对遵纪守法的好人好事给以褒扬，对违法违纪的行为予以揭露，对复杂的案情进行分析，对种种有关法律的疑问给以解答，这一切都以国家的种种法律条文为依托，为准绳。可以说，法制新闻中所报道的人和事，都是经过法律的眼光测定过的。

（3）事实的确切性。法律是非常细致严谨的，事实差之毫厘，性质就有可能发生根本的变化。因此，法制新闻在对事实的报道过程中，特别讲究材料和数据的准确无误，以免出现差错。

（4）风格的严肃性。一般新闻为了增强可读性，可以写得轻松幽默、活泼风趣，但法制新闻很少有这种情况。受报道题材的限制，法制新闻一般都是比较庄重严肃的。

六、卫生新闻

1. 卫生新闻的含义

卫生新闻的定义与卫生的含义密切相关。“卫生”有广义“卫生”与狭义“卫生”两种含义。

从狭义上理解，卫生指的是疾病预防、公共卫生、大众健康和生存环境保护等。《辞海》对“卫生”一词，作出了这样的解释：“个人、集体的生活卫生和生产卫生的总称。一般指为增进人体健康，预防疾病，改善和创造合乎生理要求的生产环境、生活条件所采取的个人和社会的措施。在我国，还包括以除害灭病，讲卫生为中心的爱国卫生运动。”

在广义上，卫生还应包括医学知识、医疗工作和医学科研成果等。“卫生”一词，所指的内容十分丰富，其具体内容涵盖疾病预防、公共卫生、大众健康、环境保护、医学知识、医疗工作、医学科研成果等方面。所谓卫生新闻，也就是对上述领域所发生的新鲜、重要事实的报道。卫生新闻的定义，似乎应该这样来表达：卫生新闻是对医疗卫生领域新近发生或发现的重要事实的报道。

2. 卫生新闻的特点

卫生新闻，是关于卫生方面的报道。总的来讲，卫生新闻有以下四方面的特点：

（1）报道范围广泛。与其他新闻相比，卫生新闻的报道领域更为广阔，除了医疗工作、医学科研、医学知识、疾病预防、公共卫生、大众健康、环境保护等领域外，还涉及心理学、社会学、体育学、法学等许多学科领域，构成许多边缘卫生新闻。而且，随着社会的发展和科学技术的进步，卫生新闻的报道领域呈现扩大的趋势，如人工授精、试管婴儿、安乐死、变性人等，都从不同的角度向医学事业提出了新挑战，也为卫生新闻的采写开辟了新的报道领域。广阔的报道领域，丰富的报道内容，为从事卫生新闻报道工作的新闻从业者提供了施展才华的天地，提供了取之不尽的新闻素材。

（2）报道内容具有较强的接近性。防治疾病、增进健康、追求美感、改善生活环境、提高生活质量，这是人们的共同需要。卫生新闻所报道的内容，都与人们这些共同需要相关，因而卫生新闻具有较强的接近性，受到人们的关注。

（3）报道题材具有较强的知识性。卫生新闻所报道的内容，无论是防病治病，还是强体保健，抑或是医疗科技发明，都带有较强的理论色彩和知识性。患病的原因、治病的医学理论、健康长寿的诀窍等，无不蕴涵着丰富的医药学知识。因此，从一定意义上说来，卫生新闻就是科技新闻。在写作卫生新闻时，不仅要报道最新的卫生新闻信息，还应注意对相关内容进行必要的解释和说明，讲明医学道理，让受众知其所以然。

（4）报道内容具有较强的趣味性。卫生新闻涉及人类的生理卫生状况、健康与长寿之道、人们的心理与遗传现象，这些容易引起读者的阅读兴趣和注意力，具有较强的趣味性。有些卫生新闻会反映医疗卫生、人体生理方面的奇闻轶事，则具有更强的趣味性。

七、娱乐新闻

1. 娱乐新闻的含义

娱乐新闻是根据现代人的某种需要而产生的供消费的信息产品，是多角度、多方位对社会、生活中的人物和事件进行报道的一种文体。

2. 娱乐新闻的特点

娱乐新闻在内容上偏重于软新闻；在表现形式上，强调故事性、情节性，强化事件的戏剧性和悬念。娱乐新闻是新闻娱乐化大潮中的主力军。

3. 娱乐新闻的写作要注意哪些问题

（1）不能违背新闻报道的基本原则。新闻写作不像文学写作那样可以随心所欲不受事实的约束，而且由于新闻以传播信息为其基本功能，无论如何创新，不能违背新闻报道的基本原则。这一点，在娱乐新闻的写作上也一样。

（2）要具有可读性。从受众对娱乐新闻的要求看，其可读性是摆在相当重要的位置上的。一般的政治新闻、经济新闻、科技新闻枯燥一点，还是可以容忍的，但如果连娱乐新闻都不好看，那就让读者太失望了。

（3）娱乐新闻要好看。从娱乐新闻所传播的内容上看，一般只要选材没问题，好看是比较容易做到的。但是内容好并不等于好看，好看的新闻离不开规范和用心的写作，这就要求通讯员在写作时要多多把握了。

八、体育新闻

1. 体育新闻的含义

以消息的形式反映有关体育人物和事件的报道，就叫体育新闻。

2. 体育新闻的特点

体育新闻是以消息的形式反映有关体育人物和事件的报道。无论在哪一个国家，体育新闻都是广受欢迎的，其主要特点如下：

（1）时效性强。体育竞赛，万人瞩目，谁的报道最迅速及时，谁就会在新闻竞争中争得主动。一般而言，体育赛事的结果发生在何时何地都是事先预定了的，人们在赛事开始以前就已经期待着结果的发生，而且伴随着强烈的情感倾向。比赛一结束，新闻界必预马上向受众提供比赛的结果。因此，体育新闻具有很强的及时性，要求在最短的时间内把比赛结果报道出去。各新闻传播媒介和从事体育报道的通讯员，都深明此道，争分夺秒抢发体育新闻。

（2）受众广泛。体育运动、赛场竞技是人类的意志、毅力、竞技水平和竞争精神的综合反映，它象征着人类向自身的体质和心理素质的挑战和超越，具有很强的人情味和观赏性。摄影家们认为，体育比赛"最能体现人性的一部分"，"在这一系统世界里，我们可以看到人类的奇迹，也能看到人类的顽强、人类的精妙技能、人类的希望。当然，我们也能看到人类的失败……它诱惑着人们去通过它透视人的状况。"正因为这个缘故，各类体育比赛吸引着成千上万的观众，拥有数不胜数的体育迷。同样，以体育竞技活动为主要报道内容的体育新闻，拥有十分广泛的受众群。

（3）专业性强。体育新闻的报道内容涉及球类、田径、游泳、射击、举重、跳水、体操等数十个类别，每个比赛项目都有特定的技术要求和比赛规则，专业性较强。不懂得基本的体育专业知识，不仅欣赏不了体育比赛，也写不出像样的体育报道来。另外，由于体育竞赛规则的复杂性和技巧的专业性，一个体育报道者要想在各个项目上都成为内行，几乎是不可能的。为此，报道者都有自己的特长。

（4）以表现力量和竞争精神给人美感。体育新闻，特别是赛事新闻，在获得成绩的同时，都会有一种精神快感，也就是美感。这说明体育新闻有一定的审美功能。体育为何有美感？主要是来自体育比赛中表现出来的生命力。这种生命力通过两个途径呈现给观众：一是物理的力量；二是精神的力量。能够把这些力量传达给读者的体育新闻，就能使读者获得精神的愉悦。

3. 体育新闻的种类

（1）综合新闻。综合新闻即全貌性地综合反映某一时间或某一阶段、某一类别、某一范围的体育运动。

（2）比赛新闻。比赛新闻即反映体育竞技运动的情况。

（3）人物新闻。人物新闻即反映人们普遍关注的体育运动优秀人物的报道。

（4）会议新闻。会议新闻即有关体育方面重要或有特点的为人们普遍关心的会议的报道。

4. 写作体育新闻的要求

（1）学会预测与分析。科学、准确地预测报道往往令人拍案叫绝。一般来说，在重大的运动会或某些重要比赛之前，读者需要对比赛进行预测。这要求报道者在写作中能从总体上把握赛事的情况，根据历史的与新近的情况，分析各队的实力，对比赛的结果进行分析、估计。

这类报道，难度大，风险大，对读者的吸引力大，对通讯员是一种挑战。

（2）在深度上做文章。报刊体育新闻写作所追求的“制高点”就是：能从深度上来做文章，从分析体育现场入手，来揭示体育运动深层的规律。

（3）把握情趣与理趣。体育新闻写作应该跳出程序化、模式化报道，表现出体育新闻的情趣与理趣。

在体育新闻的写作中，通讯员只有全身心地投入到体育运动中去，才能体察到那份运动中特有的情趣，并用饱含深情的文字表达出来。体育新闻动人的关键就在于此。

体育新闻的情趣还表现在语言幽默、富于人情味等方面。

体育新闻的理趣，又是体育新闻写作另一方面的要求。

理是事物的内在联系、本质，是蕴涵在个别中具有普遍性的东西。理是深层的，无法直接由感官来把握，而需要透过可被直接感知的事与理，经过开掘、分析、研究才能认识。因此有理趣的体育新闻多给人以思想的启迪。

第二节 专业新闻写作问答

一、经济新闻从内容上划分包括哪些方面

经济新闻从内容上划分，主要有以下几个方面：

1. 广告

有些报纸广告，往往占报纸版面的二分之一到三分之二，以便招徕顾客。

2. 金融贸易的报道

如国内外市场行情、证券股票市场动向等。

3. 关于萧条、景气的报道

类似于我国报纸上刊登的介绍经济形势的报道。

4. 关于社会大众经济生活的报道

如物价的涨落、消费时尚的变化等。

经济报道的宗旨，是为了搞活社会主义商品生产，发展生产，促进社会主义各种经济成分的发展，方便人民生活。经济报道在整个新闻报道中占有十分重要的地位。由于社会主义经济报道内容越来越丰富多彩，这就为我们搞活经济报道提供了更为广阔的天地。

二、经济新闻的功能主要表现在哪些方面

所谓经济新闻，就是指对有关国民经济、生产建设、人民生活等方面的新近发生的有价值的事实进行的报道。所以在指导经济建设和人民群众的日常经济生活中，经济新闻发挥着重要的、不可替代的作用。经济新闻的功能，主要表现在以下几个方面：

1. 传达经济政令

经济政令指党和政府关于经济工作的部署、政策和法令。这些部署、政策和法令是我国经济工作的指导方针。要把经济政令传达给广大干部群众，最快捷、最有效的方法是用经济新闻的形式在报纸、广播、电视和互联网上发布。

2. 传递经济信息

“开发信息资源，服务四化建设”——邓小平同志1984年9月为《经济参考报》所作的这一题词，既指明了新闻传播媒介在四化建设中所担负的重要任务，又揭示了经济新闻在传递经济信息、促进四化建设方面所具有的重要功能。

3. 监督经济行为

经济新闻既可以传递大量经济信息，又可以对经济工作的过程、结果进行监督，对各类经济行为进行评判，以激励先进，批评后进，指导经济工作。经济新闻对经济行为的监督，是舆论监督在经济报道领域的具体体现。这种监督，说到底属于人民的监督，是人民通过新闻媒介对经济工作的监督。

4. 传播经济知识

如果说新闻是社会生活的百科全书，那么经济新闻则是人们经济生活的百科全书。经济新闻在传播经济知识方面的功能是显而易见的。

从广义上说，都是经济新闻所传播的知识。

从狭义上说，经济新闻所传播的知识主要指以下两方面的知识：

（1）与经济活动相关的历史知识、法律知识、科技知识、地理知识和其他知识。这些知识一般作为背景性材料出现在经济新闻中，以便对所涉及的新闻事实讲行说明和解释。这些知识涉及面广，内容丰富，启人心智，开人耳目。

（2）关于从事经济活动的业务知识。如：工农业生产知识、商品知识、经济政策与法规知识、经济管理知识，等等。

5. 指导经济生活

在指导经济生活方面，经济新闻的作用不可忽视。经济新闻对经济生活的指导，主要表现在促进经济生产（工农业生产）、商品流通和引导群众日常消费等方面。

三、从内容上可将政治新闻分为哪几类

从内容上划分，政治新闻可分为以下几大类：

1. 政治形势报道

即对一个时期以来国际政治形势、国内政治形势或本省、本地区的政治形势所进行的报道。这类报道涉及面较广，问题重大，需要通讯员在充分掌握大量材料和进行分析的基础上，高屋建瓴地提出有见解、有新意的观点，对政治形势进行精当的阐述。在进行政治形势报道中，常见的新闻体裁有消息、通讯等，通讯员述评则是报道政治形势时常用的一种消息类型。

2. 政治生活报道

即关于各级党组织、各级政府机构的民主作风建设、廉政建设和广大人民群众享受民主权利情况的报道。政治生活直接关系到人们所享有的民主自由权利，关系到党风党纪建设和廉政建设，因此，在党和群众的生活中占有重要地位。工矿企业中的职工代表大会、农村中的村民委员会选举、人代会、党代会、政协会等，都是我国人民政治生活中的大事，是我国广大共产党员和人民群众行使政治权利的重要场所，也是政治报道的重要内容。

3. 重大节日报道

"三八"国际劳动妇女节、"五一"国际劳动节、"七一"党的生日、"八一"建军节、"十一"国庆节等节日，都是重大的政治节日，也是政治报道的重要内容。抓好重大节日的报道，既可以总结过去的工作，又可以展望未来，意义重大。正因为如此，各新闻传媒对每年的重大节日报道都予以充分关注，投入的力量强，报道的时间长、版面（或节目时间）多。

4. 思想政治工作报道

政治思想工作极其重要，它是人们精神力量的源泉。向工人、农民进行爱国家、爱集体教育，向大、中、小学生进行正确的人生观、价值观教育，等等，都属于思想政治工作。健康向上的思想政治工作，是取得各项工作胜

利的重要保证。

5. 党的建设报道

党的建设是中国共产党的头等大事，直接关系到党的存亡和国家的兴衰。党的建设报道在我国新闻传媒的报道中也占有重要地位，一直受到新闻传媒的极大关注。许多报纸、电台、电视台还开办有“党的建设”、“党的生活”专栏或专题节目，经常地、大量地刊登关于党的建设方面的报道。许多报道由于事实感人、思想性强，受到广大受众的关注，有的还成为新闻名篇，广泛传颂。

6. 重大政治事件报道

所谓重大政治事件，即在政治上有重大影响的事件。这些事件将给党和国家的命运和前途带来重要的影响。

7. 民族与民族关系报道

民族问题与民族关系问题，属于政治问题，因此，关于民族和民族关系的报道，属于政治报道范围。鉴于此，国内各新闻单位把民族与民族关系的报道划归政治部或政治文教部去负责采写。

四、科技新闻的作用主要表现在哪些方面

概括说来，其作用表现在以下几个方面：

1. 传播科学思想，推动社会进步

科学不仅是一种知识体系和潜在的生产力，还是一种思想和文化。作为思想形态的科学，能对整个社会发生深刻的影响。在现代化建设的今天，科技新闻通过传播科学思想，可以增加人们对科学的了解，尊重和研究客观事实，促进社会进步。

2. 传递科技信息，推动生产发展

科技信息的开发、利用，成为现代社会进步的动力。科技新闻是最迅速、最广泛地传播科技信息的形式之一，在社会发展中起着越来越明显的作用。目前，衡量一个国家、一个社会的进步速度，一个重要的标志是信息的

传播速度。

3. 普及科学知识，促进文明建设

科技新闻通过对各种科学现象的报道，以具体的事实宣传辩证唯物主义的世界观，可以促进社会的文明建设。举例而言，科技新闻对天体的演化、人类的起源、地震的发生等现象进行必要的报道和解释，可以冲破群众的迷信思想，帮助人们学科学、用科学、相信科学。

4. 报道科技活动，繁荣科学事业

现代科技发展的一个重要特征，是学科的高度分化和高度综合。科技新闻报道科技活动，可以加强学科间的横向联系，广泛地进行内部交流，有利于科学事业的发展。

5. 宣传科技政策，建设科技队伍

科技新闻通过宣传党和政府的科技政策，可以使广大科技工作者明确方向。科技新闻还可以反映科技人员的要求和愿望，反映实践中的新问题，便于领导机构及时掌握情况，修正和改善管理方法。

五、科技新闻的科学性包括哪几方面的内容

科学性是科技新闻的首要特点，也是科技新闻的生命。内容的科学性与态度的科学性是科技新闻科学性的两方面。

1. 内容的科学性

科技新闻以报道科学现象、科研活动、科研成果为主要内容，其报道内容与科学技术休戚相关。

人们对客观事物的本质特征和基本规律的准确发现和把握，就是科学；对这些特征和规律的成功利用就是技术。科技新闻既要反映科学现象，又要反映科学现象的本质，要着重写出科技事实的实质和关键价值部分。在科学技术不断发展的今天，各学科的新情况、新进展、新成果、新交叉，是科技新闻的重要内容。

科学是通过技术这个手段，转化为生产力，并为人类造福的，发展技术

具有重要的科学意义。对技术成果及其有关事实进行报道，是科技新闻传播内容科学性的重要表现。

2. 态度的科学性

科学是老老实实的学问，报道科技新闻也必须具有科学严谨的态度。态度的科学性可以包括以下几个方面：

（1）科技事实是客观存在的，反映科技事实，真实的新闻报道必须做到事实确凿可靠，结果、进程清楚。科技新闻在注意“新奇”和“时效”的同时，在真实性上也要确保不出现问题，比如把正在进行的研究和实验说成是取得了成果，把正在观察中的事实说成是最终结果。

（2）科技事实本身往往存在着质与量的规定。科技新闻必须做到准确，即科技概念、科学原理、科技事实以及数字运用、程度表述、意义评价等都必须表达准确，与科技事实相符。科技新闻对事实的评价必须坚持实事求是。

另外，科技新闻的科学性还表现在：科学研究是一个过程，而不是突发性事件，科技新闻要报道其中的全过程和全部情况，将某一科技现象或科技成果的正面和反面、优点与缺点同时都加以报道，而不要仅仅报道某一个方面。

六、科技新闻的“新”包括哪几点内容

科技新闻具有新闻性，这是科技新闻区别于其他科普作品的根本特点，是科技新闻赖以生存的基础。科技新闻的“新”包括以下几点：

1. 事实新

科技新闻重点报道新近发生的新闻事实，如新进展、新理论、新现象、新纪录等。

2. 意义新

有些事实不是新发生的但却是第一次报道或重新提起。报道对其意义有新的认识、新的挖掘，能给人以新的启示。

3. 作用新

有的事实或情况虽然是以前已经发生或今后将要发生的，但对传播对象

有某种指导性和实用价值，能引起受众的广泛关注和兴趣。

七、法制新闻报道程序的严肃性主要表现在哪些方面

法制新闻报道程序的严肃性，主要表现在以下两个方面：

（1）要掌握好报道时机，根据案件的审理程度与进展情况进行报道。

（2）对案件性质的评价要符合法律程序，要依据司法部门的结论，不能自行其是。

鉴于法制报道的特性，在组织、采写报道的过程中，一定要按以上两个方面的要求和规定办事。如果自作主张，把不该报道的内容或不到报到时机的案例进行报道，或对案件妄加评论，就会影响执法部门的正常工作并给新闻单位本身带来负面影响。

八、法制新闻客观报道的手法表现在哪些方面

在法制报道中，客观报道手法表现在以下三个方面：

1. 为了具体展开诉讼过程，如实报道各方面的意见，不能只介绍某一方的看法

在报道中要注意报道原告方、被告方、律师、法官等各方的意见，让读者去评判事实，显示通讯员不偏向任何一方的客观立场，这样可取得较好的传播效果。

2. 注意交代新闻来源

新闻来源即新闻事实的出处。新闻来源由新闻事实的参加者、目击者和知情者构成。作为新闻事实的报道者，所报道的事实除本人现场目击的以外，都是靠新闻来源提供。所以，一个高明的报道者，离不开新闻来源的帮助。在新闻报道中提供新闻来源，不仅可以增强新闻报道的真实性与可信性，而且使报道中带结论性的话出处明确，在遇到新闻诉讼时，可使报道者

避免许多不必要的麻烦。

交代新闻来源的方法，就是在介绍关键性的、重要的结论、话语或新闻事实时，交代清楚它们的出处、来历，等等。

3. 在报道中少发或不发议论，让事实表达通讯员的倾向性

议论既是对所报道的事实所作的评论，也是作者倾向性的反映。新闻写作中不可能杜绝议论，但要慎重地使用议论。在法制报道中，更应慎重地运用议论手法。在某件案件尚未终审的情况下，不应使用议论，只宜忠实地报道新闻事实。

4. 用词要平和，不宜使用过分强烈的褒义词或贬义词

例如在介绍某犯罪嫌疑人时，要避免使用“气急败坏”、“气势汹汹”等贬义词语。

九、做好卫生新闻的采访与写作要注意哪些要求

卫生新闻所报道的内容，涉及人们十分关注的健康、长寿方面的问题，因而受到人们的广泛关注。那么，做好卫生新闻的采访与写好卫生新闻有哪些要求呢?

1. 从大卫生的视角着眼，开拓卫生新闻的报道领域

卫生新闻的报道领域极为广阔。卫生通讯员不仅应关注医疗卫生领域发生的新闻，而且应该跳出单一的医疗工作、防病治病、卫生工作的范围，把报道的着眼点投向更为广阔的领域。大众公共卫生领域、环境保护领域、计划生育工作领域、心理咨询与心理健康领域、医学与卫生法律等领域。这些领域蕴藏着极为丰富的卫生新闻源泉，其新闻的接近性和可读性往往比较强，产生的影响也较大。

2. 从卫生领域着手，从全局着眼，抓具有普遍意义的题材，反映带倾向性的社会问题

卫生界所发生的各类新闻事件或人物是卫生新闻报道的对象，这无可厚非。但是，卫生新闻不能仅仅报道这些事件或人物本身，而应立足于这些事

件和人物，反映更深一层的、带全局性的社会现象或社会问题，以便引起全社会的关注。若只报道这些事件或人物，就会把卫生新闻写成单纯的“治病新闻”或“卖药新闻”，卫生新闻的价值将大大减少。而如果从全社会着眼来报道这些人物和事件，突出其“社会意义”和“共同价值”，所产生的效果就会好得多。

3. 把好真实准确关，切忌报道失实

卫生新闻直接与人们的防病、治病、保健相关，直接关系到人的生死存亡，真实程度十分重要。报道者和编辑都应本着对人民群众的健康负责的高度责任感，严格把住真实准确关。

4. 认真做好解释和说明工作

力求把卫生新闻写得通俗易懂，因为卫生新闻的受众，既有卫生界的专业人员，又有非卫生界的人员，而且非专业人员在受众中所占的比重远远高于专业人员。同时，这点也表明卫生新闻在社会上受到人们的重视，也说明，要使这些受众看懂或听懂卫生新闻，从事卫生新闻工作的报道者必须认真做好解释和说明工作，必须把报道写得通俗易懂。

5. 多做形象性刻画，力求把卫生新闻写得生动些

卫生新闻也是新闻，它同样忌讳呆板老套，力求把卫生新闻的故事内容写得生动活泼。卫生新闻是丰富多彩的卫生生活的反映，只要通讯员认真观察生活，如实表现生活，定能把卫生新闻写得生动活泼。

6. 注意保密，做到内外有别

卫生新闻与科技新闻一样，要注意内外有别和保密工作。哪些内容可以公开报道，哪些内容不能公开报道，哪些内容现在不宜报道，通讯员应该心中有数。如果不甚清楚，就应向主管部门请示，万不可自以为是。卫生新闻所涉及的保密内容，主要有以下几个方面：一是有关医药科技成果中的配方、工艺流程；二是涉及军事医学的有关内容；三是国内发生的重大疫情和灾害。这些内容有的属于国家机密，未经允许，不得公开报道，以免为我国带来经济损失、政治损失和军事损失。

十、怎样才能更好地进行体育新闻的采访

体育新闻，是以消息的形式反映有关体育人物和事件的报道。我国的体育事业空前繁荣兴旺，出现了全国性的体育热潮，体育热促进了体育新闻热。体育是大众的话题，体育报道已经成为了引起读者广泛兴趣的新闻品种。体育新闻的每一个环节都特别重要，那么怎样才能更好地进行体育新闻的采访呢？

1. 认真做好采访前的资料准备工作

采访前的资料准备工作做得充分与否，将直接影响到体育报道的成败。前期准备资料，是体育新闻的背景材料，对于丰富体育新闻内容、交代清楚相关事实的来龙去脉，有着重要的作用。所谓资料准备，指要提前掌握所报道的比赛项目的比赛程序和要求，了解参赛双方的实力状况，熟悉双方主要运动员的基本情况和过去的参赛成绩。

2. 懂得体育专业知识，成为体育内行

体育比赛具有较强的专业性。各种比赛项目都有自身的规则和程序，都有独特的专业术语和专业要求。体育报道者应该学习这些专业知识，使自己成为内行。只有对该行熟悉了，才能与采访对象找到共同语言，才能提出有质量的问题，才能写出有深度的报道来。

3. 抓住特点，找准报道对象和内容

赛场上涌现的新闻人物、新闻事件以及新的风尚，就是体育新闻的报道对象，因此，报道者的注意力应着重放在以上几个方面，努力挖掘有价值的新闻。

在报道赛场人物方面，通讯员应把主要精力放在比赛的优胜者上，报道他（她）获胜的经过和结果，以及他（她）们的成长经历。但是，对于那些落马名将，也应予以适当关注；对于落马不落志、认真总结教训不断提高自己的运动员，也应予以报道。还有，对为培养优秀运动员作出贡献的教练员、陪练员和运动员的家长，都应予以注意，条件成熟时应加以报道。

赛场上发生的有意义的新事件、新风尚，也是重要报道内容。

报道对象和内容确定之后，怎样抓住特点去深入采访，挖掘出有特色的新闻事实，便成为突出的问题了。对于赛场老将，要写出新意则要困难得多。应设法采访到他们的新材料，以新的报道角度去报道他们，以免与以前的同类报道相重复。对于赛场上新冒出的“黑马”，其特点比较容易把握，因为人们还不了解他们，只要把他们的成绩及成长经历报道出来，人们就满足了。

十一、为什么写体育新闻必须进行现场观察

体育竞技具有很强的观赏价值，令人赏心悦目。体育新闻报道要力求把比赛现场紧张激烈的竞技场面、情节、细节和赛场气氛反映出来，把受众带入赛场，使他们产生身临其境之感。为此，体育报道者就应亲临赛场进行观察和个别访问，掌握大量生动、具体的第一手材料。采访不深入、仅凭道听途说，是写不出优秀的体育报道的。

我国著名记者、原新华通讯社社长穆青在分析一些新闻报道写得不生动感人的原因时指出：“病根就在于采访不深入，缺少细致的现场观察，只看到了轮廓，而没有找到典型场景和细节。因而只能告诉读者一个一般化的概念，构不成感染读者的具体、生动的形象。这是我们通讯员队伍里一个常见的‘顽固症’。要治好它，就要尽可能深入到现场，用眼睛去观察，用全副身心去体验。”体育采访中所说的深入现场观察，既包括到体育比赛的现场去认真察看、观察比赛场景，也包括到运动员的集训场地和生活区去观察了解他们的训练情况和生活情况。根据报道内容，定出每次的观察内容。

赛场观察的任务是：捕捉比赛过程中有意义的比赛情节、细节，赛场气氛，运动员、教练员有特点的话语，并及时记录下来。这种观察越是细致，写出的报道就会越有现场感。

第三节 常见专业新闻类型的写作

一、经济新闻

写作范例

国际金价18日收于1800美元上方刷新历史新高

芝加哥2011年8月18日电 由于当天公布的经济数据普遍低于预期，投资者关于美国经济面临“二次探底”的忧虑加剧，避险需求大增，纽约商品交易所黄金期货价格18日再度创下收盘价及盘中价历史新高。

当天，交投最活跃的12月合约每盎司上涨28.2美元，收于1822美元的收盘价历史新高，涨幅为1.6%，盘中一度创下1829.7美元的盘中价历史新高。

国际金融服务公司摩根士丹利17日晚下调对全球经济的增长预期，将今年增长预期从4.2%下调至3.9%，将明年增长预期从4.5%下调至3.8%。

美国全国房地产经纪人协会18日公布的报告显示，今年7月份美国旧房销售量相比前一个月继续下滑，显示出美国房地产市场仍处在艰难的调整进程之中。

美国劳工部18日公布的最新报告显示，美国上周首次申请失业救济人数回升至40万关口上方，升幅远超预期，表明就业市场的缓慢复苏依然不稳定。

此外，《华尔街日报》18日报道说，由于担心欧洲主权债务危机可能向美国银行业蔓延，美国联邦和州监管部门将针对欧洲大型银行在美分支机构的审查。

市场分析人士认为，当天公布的多个负面数据加深了投资者对美国经济正滑向二次衰退以及欧洲主权债务危机蔓延加速的担忧，市场风险厌恶情绪加剧，欧美股市再度暴跌，心态趋向保守的投资者大举买入黄金、美元等避险资产。

另外，世界黄金协会当天公布的报告显示，今年第二季度，全球黄金需求量为919.8公吨，合445亿美元，达到全球黄金季度需求量历史第二高位。

当天9月份交货的白银期货价格上涨33.7美分，收于每盎司40.688美元，涨幅为0.8%。10月份交货的白金期货价格每盎司上涨6.9美元，收于1847.7美元，涨幅为0.4%。

二、政治新闻

写作范例

李克强访问香港52小时出席20余场活动

香港2011年8月18日电 “潜力、活力、生命力这三方面的感受，使我对香港未来的发展充满信心！”结束访港行程，国务院副总理李克强发出对这颗东方之珠的感叹。

约52小时的旋风行程，这位年轻领导人出席了20多场活动：听行政长官汇报，走访基层市民；会香港各界代表，知香港社情民意，提出要求，再送给力支持；登国金高楼，观香港金融发展、未来方向……李克强带来的正是中央政府对香港的支持、期盼与祝福。

走、看、听中读香港

16日一下飞机，李克强旋即履行“多走走、多看看、多听听”的承诺：听取特区行政长官曾荫权的香港形势与工作汇报，随后他着便装走访护理安老院和长者地区中心参观，听取了解为支持长者居家安老提供的服务。

在国务院主持多项民生工作，李克强对住房、医改、食品安全等格外关心，首日行程即走进一所公营房屋设施，询问住户单位的面积及对屋村服务是否满意；而在一个中产家庭，他同样关注家庭居住环境以及子女上学的情况。

“他很亲切，毫无架子。”10岁的户主女儿很高兴李叔叔接受自己的水墨画礼物。

晚间的香港特首家宴，竹笙蟹肉炖椰皇、焗酿鲜响螺、杏汁炖官燕，菜单清淡消暑，中西交融，李副总理在这里品读香港美食之都的特色。

“6招36式”力挺香港

17日的国家“十二五”规划与两地经贸金融合作发展论坛无疑是此次李克强访港行的重头戏，他代表中央政府宣布6方面36条支持香港经济社会发展有关政策措施措施，涵盖金融、经贸、交通、旅游、食物和能源供应、医疗服务和教育多方面，从多边、区域经济到粤港合作，从人民币离岸中心建设到在内地推出港股组合ETF（交易所交易基金），从部分内地高校试行免试招收香港学生到保持粮食、肉类等稳定供港……

行政长官曾荫权对措施表示欢迎和感谢，并说这些措施让香港社会各界和普通大众都能受惠，同时有助推动国家的进一步发展，是双赢措施，也巩固了内地与香港的合作基础。而外界普遍认为，这是继CEPA（内地与香港关于建立更紧密经贸关系的安排）后助推香港发展的又一力作。

随后李克强出席的两地经贸签约仪式和财政200亿元人民币国债启动仪式，印证这“6招36式”的丰富内涵。

当天下午，登上金融管理局大楼，穿上红色的股票交易员背心，李克强力挺香港金融中心地位，也为当日的港股带来一抹亮色。

晚间特区政府宴会前，李克强特别接见行政、立法、司法机构负责人，强调保持香港长期繁荣稳定，法治十分重要。“在‘一国两制’下，《基本法》是依法治港的基石。”

港大百年上祝福香港

18日的香港大学陆佑堂，百年校庆典礼的三位致辞者均使用中英双语表达祝福，这其中也包括一位中国国务院副总理。

拥有北京大学教经济学博士学位的李克强，引用了徐立之校长在港大百年校庆前夕致辞中的一句话——“The University of Hong Kong was to be for China and the world”，并用英文说，“现在港大在庆祝第一个百年，我坚信，下一个百年，港大会更好。”

与国学大师饶宗颐叙谈、会见知名大学校长和学者、与学生进行交流，香港媒体称，李克强此举充分体现中央政府对教育的重视和对青年一代的关怀。

青年是未来，是希望。对香港青年的祝福，就是对香港未来的美好祝福和期望。

三、科技新闻

写作范例

世博会见证新中国科技进步

上海2009年8月23日电　新中国即将迎来60华诞。在世博会这个大舞台上，新中国12次参展，并举办了1999年昆明世界园艺博览会，还即将以东道国身份第一次举办综合类世博会——2010年上海世博会，向世界展示中国悠久的历史文化以及改革开放的新形象。

作为世界文明发源地之一，传统文化是中国参展历届世博会的重点内容，特别是在新中国参展的最初几届世博会，由于经济刚刚起步，中国馆仍需仰仗文物、工艺品和轻工用品“撑台面”，科技并非展示的强势项目。

进入上世纪80年代末期，新中国以不断增强的国力作支撑，在世博会舞台上展示了大量堪称世界先进水平的现代科技成果。

1988年澳大利亚布里斯班世博会以“技术时代的娱乐”为主题，位于中心地带的中国馆首次推出了360度环幕电影，有500多万人次的参观者前来观看中国馆放映的《华夏掠影》环幕电影，中国馆成为此次世博会接待观众最多的国家馆。在那次世博会上，中国馆先后被评为“五星级展馆”及“最佳展馆”，这是中国参展世博会以来获得的最高荣誉。

在1992年以“发现的时代”为主题的西班牙塞维利亚世博会上，中国馆不仅展出了“四大发明”等古代科技成就，而且还展出了西昌火箭发射塔模型和长征2号、3号、4号火箭及长征2号捆绑式火箭模型等一批代表中国现代科技成就的展品。这种让中国古代优秀文化与现代高科技成果交相辉映的展示，让中国馆再次被评为“五星级展馆”。

在1993年韩国大田世博会和2000年德国汉诺威世博会上，中国馆以独特的外观和丰富的展览内容，均吸引了当年世博会总参观人数四分之一左右的参观者。其中，在大田世博会上，中国馆展出了航天科技、三峡水利工程；在汉诺威世博会上，中国馆则由信息高速公路、未来航天、环幕电影等科技含量较高的展区组成。

四、社会新闻

写作范例

南方电网遇最枯水情五省区电力严重短缺

2011年8月19日电 大旱，缺电！昨天，记者从南方电网获悉，当前，南方区域持续高温少雨，南方电网五省区电力供应严重短缺。8月份南方电网最大统调负荷11127万千瓦，全网错峰负荷在1000万千瓦左右，8月8日最大错峰负荷达到1171万千瓦。南方电网公司调度通信中心主任汪际峰分析指出，“南方五省区电力严重短缺，已经达到五年来最缺的状态了。”

数据显示，截至8月17日南方电网最大错峰高达1117万千瓦，其中，广东省电力缺口近10%，而广西、贵州甚至因为电力缺口超过20%而发出了红色预警信号。

“发出电力严重不足，是当前电力供应严重短缺的主要原因之一。”汪际峰分析指出，“全网水电装机容量为5627万千瓦，相当于整个南方电网1/3的供应量，但现在仅出力1630万千瓦，足足有63.4%的电力发不出来。”

记者了解到，南方电网全网来水特枯，红水河、乌江流域来水偏枯分别超过8成、7成，均为有水文记录以来的最枯水情。以红水河流域为例，多年平均值为4600立方米/秒，而本月平均水流量仅为690立方米/秒，同比足足下降了85%！“位于红水河上游的龙滩电厂，在上一次有水文记录以来最干枯的1972年时水流量还能达到1060立方米/秒，可是今年的8月，创下最低纪录为559立方米/秒，比上一次历史纪录还要少47%。”汪际峰指出，“可以这么说，我们从未试过在夏季遇到这么干枯的情况！”

此次南方电网遭遇“天荒”，火电也“不给力”，受缺煤、煤质差、机组故障等因素影响，火电机组停运及出力受限较多，广西、云南、贵州共计影响出力1370万千瓦。汪际峰坦言：“换言之，有22.2%的火电没发出来。”

用电需求大幅增长

与此同时，南方电网的用电需求却在大幅增长。8月份以来，全网电量需求同比增长11.5%，其中广东、广西、贵州、云南同比分别增长8.1%、16.5%、20.5%、22.8%。

面对严峻的供电形势，汪际峰表示，南方电网将以“保安全、保居民、保民生、保重要用户”为原则，加强与各省区政府的沟通协调，全力挖掘供电潜力、强化有序用电，确保电网安全稳定运行，尽最大努力将缺电对经济社会的影响降至最低。

目前，广东已经启动省内所有具备发电能力的机组并网发电，并加大燃气机组的发电补贴力度，挖掘发电潜力。汪际峰指出：“我们也希望全社会一起动员起来，节约用电。”

五、法治新闻

写作范例

乱查胎儿性别可追医生刑责

2011年8月16日电　如果有医疗机构和医生违规给孕妇查腹中的胎儿是男还是女，将受到严惩，违规者或单位将面临吊销行医执照、降级、撤职、开除直至追究刑事责任的处罚。医疗保健机构接诊引产孕妇时，应查验计划生育行政部门出具的准予终止妊娠的证明。

今天上午，记者从国家人口计生委、公安部等6部门联合召开的全国集中整治“两非”专项行动电视电话会议上获悉上述消息。

出生人口性别比仍处于高位

国家人口计生委副主任崔丽上午表示，针对出生人口性别比偏高问题，国家人口计生委、公安部、卫生部、国家食品药品监督管理局、总后勤部、卫生部、全国妇联七部门，决定联合开展集中整治“两非”专项行动，“两非”即“非医学需要的胎儿性别鉴定和选择性别的人工终止妊娠行为”。

此次专项行动将于今年8月至2012年3月集中开展，由国家人口计生委牵头，与各成员单位共同成立集中整治“两非”专项行动领导小组，国家人口计生委主任李斌任组长。

国家人口计生委主任李斌介绍，今年国家统计局公布了第六次全国人口普查数据，我国出生人口性别比为118.06。这是“十一五”以来出生人口性别比连续第二年出现下降，表明出生人口性别比升高的势头得到初步遏制。

但是，我国出生人口性别比仍处于高位。“这种状况如果长期持续下去，不利于社会性别平等的推进，不利于男女平等基本国策的贯彻落实，不利于女孩的成长和发展，损害妇女儿童的合法权益，制约家庭的幸福和发展，将给国家长远发展，社会和谐稳定和人民群众的切身利益造成严重影响。”李斌说。

性别比偏高“两非”是直接原因

李斌上午表示，“两非”行为是导致出生人口性别比偏高的直接原因，是我国法律明令禁止的违法行为。本次专项行动，将对医疗保健、人口计生服务机构和终止妊娠药物销售和使用单位进行清查。

李斌表示，无论是哪种机构，无论是公职人员还是个体行医人员，只要实施“两非”行为，必须依法严惩。对涉案的单位和责任人，要依法严肃处理，给予吊销执业资格、降级、撤职、开除直至追究刑事责任的处罚。而对涉案的非法行医机构应立即依法取缔，对非法行医人员追究责任。

此外，对实施“两非”行为的人口计生服务机构和有关责任人，要从严处理，绝不姑息。

李斌表示，国家有关部门还将完善胎儿性别鉴定和终止妊娠登记、孕产期全程服务管理制度，加强对B超使用、终止妊娠药物销售使用、怀孕14周以上实施终止妊娠手术等重点环节的整治。

接诊引产孕妇应查计生证明

卫生部副部长刘谦上午表示，医疗保健机构要在超声诊断室、染色体检测室、药房（库）、妇科、产房等工作场所，设置禁止非医学需要的胎儿性别鉴定和选择性别人工终止妊娠的醒目标志。

对于实施医学需要的胎儿性别鉴定，应当由实施机构的专家组集体审核，应有记录，可以核查。

刘谦表示，医疗保健机构接诊引产孕妇时，应查验计划生育行政部门出具的准予终止妊娠的证明。

在药品集中采购时，不得向未获得施行终止妊娠手术资格的机构，配送终止妊娠药品。

就处罚措施方面，刘谦表示，对涉案的医疗保健机构，一经查实，依法对机构负责人和直接主管人员给予降级、撤职等行政处分，对情节严重的机构吊销《医疗机构执业许可证》。

此外，对进行“两非”行为的直接责任人员，依法给予处罚，情节严重的吊销医师执业证书，直至追究刑事责任。

国家人口计生委副主任崔丽表示，各地要尽快成立当地集中整治“两非”专项行动领导小组，按照这次会议的要求，结合地方实际，执行具体实施方案，尽快启动专项行动。8月31日前，各省区市要制定完成本地专项行动实施方案，并报全国整治“两非”专项行动领导小组办公室。

六、卫生新闻

写作范例

顺天时除顽疾，“冬病夏治”正当时

东北2011年8月5日电　在我国悠久的中医发展史上，老中医根据“春夏养

阳”的原则，提出了“冬病夏治”方法。即利用夏季机体对外界抵抗外邪作用阳气旺盛之际，运用中医传统方法辨证论治，通过内服中药以及在人体的穴位上进行药物敷贴、针灸、拔罐等方法，调节阴阳，使之平衡，从而增强抗病能力，达到防病治病的目的。

王先生20多年来都不敢生吃瓜果，一到夏天，看见别人大吃新鲜水果，大喝清凉饮料，只能在一旁干流口水，因为每次稍微吃点凉的，肚子立刻会感到又疼又胀。王先生听说有冬病顽疾夏天治的方法，于是来到哈尔滨市第二医院中医科咨询。经过详细诊查，被诊断为“虚寒型胃脘痛”。医生采用“冬病夏治”内外兼治的方法，使王先生多年的老顽疾得到明显改观，他终于能吃到新鲜的瓜果了。

中医科赵玉娟主任介绍，“冬病夏治”方法对于一些好发于冬季或在冬季加重的疾病，如反复发作的过敏性鼻炎、支气管哮喘、关节炎等一些免疫功能异常、阳气虚弱的疾病以及消化系统疾病效果明显。“冬病夏治”的时间一般在每年的初伏日（今年7月14日）、中伏日（今年7月24日和8月3日）、末伏日（今年8月13日），共3次，若遇到两个中伏就是4次。夏季非三伏天期间治疗也可达到预防“冬病”发作的效果，只不过在伏天治疗效果更好些。

赵主任表示，现在冬病夏治的人群逐渐增多，一些老病号通过系统的治疗已经祛除了多年的病痛。效果比较好的治疗方法就是采用内外同治，即内服中药加上穴位贴敷。这种穴位敷贴与“三伏贴”还有区别，“三伏贴”只是针对“冬病”，治疗疾病范围较局限。而穴位敷贴治疗适应证更加广泛，效果也更加直接。穴位贴敷疗法，是把药物研磨成细末，用水、醋、酒、蛋清、蜂蜜、植物油等调成糊状，或将中药汤剂熬成膏，或者药末散于膏药上，再直接贴敷穴位，是一种用来治疗疾病的无创痛穴位疗法。穴位敷贴除了能治疗“冬病”，对于痛经、面瘫、颈腰椎病、小儿夜啼等病症疗效也特别显著。

七、娱乐新闻

写作范例

第14届华表奖公布提名名单《飞天》获五项提名

2011年8月19日电 第14届华表奖将于今年8月28日举行，日前，第14届华表奖提名名单公布，由八一电影制片厂出品的电影《飞天》成为大赢家，共获得包括“优秀故事影片”、“优秀电影技术”、“优秀编剧”（柳建伟等）、“优秀导演”（王珈、沈东）、“优秀男演员”（刘之冰）在内的五项提名。

在东京电影节大获好评的电影《钢的琴》，也有“优秀故事影片”、“优秀编剧”（张猛）、“优秀女演员”（秦海璐）、“优秀新人导演”（张猛）四项提名；一举拿下2010年内地票房冠军的《唐山大地震》、众星联袂打造的献礼影片《建国大业》、王学圻等主演的《十月围城》、周润发领衔主演的《孔子》、李连杰领衔主演的《海洋天堂》分获三项提名。另外，《秋之白华》、《山楂树之恋》、《建党伟业》、《赵氏孤儿》等影片也获得优秀故事影片的提名。

在演员方面，王学圻（《十月围城》）、刘之冰（《飞天》）、李雪健（《杨善洲》）、葛优（《赵氏孤儿》）获优秀男演员提名，吕丽萍（《玩酷青春》）、娜仁花（《额吉》）、徐帆（《唐山大地震》）、秦海璐（《钢的琴》）获优秀女演员提名，可谓竞争激烈。据了解，华表奖每两年举行一次，由国家广播电影电视总局主办，是我国电影界的最高荣誉政府奖。

八、体育新闻

写作范例

大运会举重比赛收官 中国队奖牌第一

深圳2011年8月18日体育专电 大运会举重项目18日进行了最后一天的比

赛，15枚金牌的归属尘埃落定。其中，中国队以4金4银的战绩位居奖牌榜首位，紧随其后的是俄罗斯队。

中国、俄罗斯、印尼、泰国、朝鲜、亚美尼亚、埃及、中华台北均有金牌入账，其中中国和俄罗斯均获得4枚金牌，并列第一。从奖牌数来看，中国获得8枚奖牌，俄罗斯收获7枚奖牌，泰国和韩国均获得4枚奖牌。

从奖牌的地区分布来看，中国、印尼、泰国等东亚、东南亚国家和地区在中小级别项目中有较大优势，而俄罗斯、埃及等国则继续保持在大级别项目上的优势地位。

中国队参加了举重比赛15个小项中的13个，取得4金、4银的战绩。其中，女子项目取得3金2银。一批年轻的举重运动员在这次比赛中脱颖而出，女子48公斤的肖鸿宇、女子58公斤级的罗丽琴、女子69公斤级的康月、女子75公斤级的李阳、男子62公斤级的陈眉龙等“90后”选手均有出色表现。

中国队教练李靖文说，这次参赛没有奖牌任务，中国的选手都是有正式学籍的在校大学生，由于其他参赛队派出了不少了其国内一流的运动员，因此比赛的整体水平很高，中国选手在比赛中发挥正常，可以说该拿的奖牌都拿到了。

第十三章

事件新闻、非事件新闻的写作

第一节 事件新闻、非事件新闻写作基本知识

一、事件新闻

1. 事件新闻的含义

事件新闻是指以某个独立的新闻事件为核心而展开的新闻报道，其事物变动的时态是突发性或跃进性的。事件新闻包括大量动态消息、现场特写（新闻素描）等。因具体情况的不同，还可进一步分为突发性事件和可预见性事件。

2. 事件新闻的内容

事件新闻的内容包括以下几方面。

（1）社会政治、经济局势的突变：战争、骚乱、暴动、兵变、政权更迭、政府人事或政策大变动、经济危机等。

（2）重大自然灾害：水灾、旱灾、火灾、风灾、地震、海啸、泥石流等。

（3）重大交通事故或其他意外事故：空难、沉船、撞车、翻车等。

（4）暴发性流行病：瘟疫、肝炎等。

（5）重大刑事案件：杀人、投毒、抢劫等。

（6）对社会各界有较大影响的新发现或新成就：如卫星上天、登月探险、考古新发现，以及自然界新出现的奇观、人们打破历史纪录的行动等。

3. 事件新闻的写作要求

事件新闻的写作要求如下。

（1）清楚明了地记事。尽管对于不同的事件，写作的着眼点不尽相同，但是事件性新闻总要写事，因此，清楚明了地记事，就成了事件新闻的写作要求。

（2）勿做表面文章。采访者应当能够透过事件的表面现象看到其深层的含义，预见事件的影响，并用准确的语言将事件的意义、自己的发现告诉读者。

（3）不要忽视人的要素。读者关注事件，实质上也是关注人。采写事件新闻，不应忽视人的要素。

二、非事件新闻

1. 非事件新闻的含义

非事件新闻是指与事件新闻相区别的新闻报道，即对一段时间或若干空间进而发生的情况、经验或问题等概貌性或阶段性的反映，其时态往往是渐进性的。非事件新闻包括典型报道、深度报道、经验性消息、述评性消息等等。

2. 非事件新闻的特点

非事件新闻的特点如下：

（1）抓渐变中的规律。非事件新闻不以记录突发事件为满足，而是注重事物渐变过程中对某些稍带有规律性内容的揭示。

非事件新闻，一般都具有一定的分析、研究色彩，通常要求有一定的思想或理论深度。

（2）具有新闻性。非事件新闻也如事件新闻一样要求具有新闻性，然而它对新闻时效性的要求没有事件新闻那样严格，不必拘泥于“今天”或“明天”。非事件新闻所报道的内容要新鲜，要有现实针对性，而且是广大读者应知、未知而又渴望知道的。

（3）综合、归纳多个事件或事实。非事件新闻，不像事件新闻那样以一个独立事件为主体，而是综合归纳了多个事件或事实，经此衬托、说明某种新发现、新见解或解决问题的新方式。

（4）写作要找新闻由头，发表要寻报道时机。非事件新闻由于涉及事物的渐变过程，时间跨度一般总是比较大，搞不好，写出来的东西就会“不像新闻”。为了消除这个弊病，一定要在报道时找一个较好的新闻由头。非事件新闻能否发表，要看当时当地的时机是否成熟。非事件新闻的报道时机总是与当前形势，当前人们所关注的“热点”问题有关，抓住了这个点，就易事半功倍。

（5）仍需以写实为主。尽管非事件新闻往往由多种事件通过综合、归纳、概括、提炼而成，比起事件新闻，采访者有更多的主观能动性，然而仍要严格遵守客观叙事的原则。首先，要尊重事实，实事求是，按照事物的本来面目如实报道，不允许任意夸张、曲解事实；其次，要善于“用事实说话”，通过客观叙事的方式来体现采访者所欲表达的某种见解，议论不要太多，而且一定要依托新闻事实。

（6）揭示实质。非事件新闻是一种透视性的新闻报道，它要求通讯员具有较强的政治理论素养与新闻洞察力。就报道本身来说，切不可简单地罗列现象，要通过纵横对比、层层剖析、由表及里的方法揭示事物的实质或新闻背后的新闻。

广义的非事件新闻，包括综合新闻、记者见闻、记者述评、新闻综述、采访札记、工作通讯等多种报道形式。狭义的非事件新闻常常限于消息体裁。

3. 非事件新闻的写作要求

非事件新闻的写作要求如下：

（1）将变化、问题性、新闻性明显地揭示出来。非事件性新闻所报道的一些社会或自然界的现象、问题，往往呈渐变状态，不像事件，特别是突发性事件那样，容易引起人们的注意。因此，非事件新闻的写作，要求采访者通过材料的选择和运用，将变化、问题性、新闻性明显地揭示出来，摆在读者面前。

（2）将散在的事件、现象加以概括和集中。非事件新闻在写作上有必要将散在的事件、现象加以概括和集中。集中的一个有效手段是总体量化——剥去事件的个别外壳，以抽象了的全局性的数字，反映某些社会问题、社会现象的总体态势。

第二节 事件新闻、非事件新闻写作问答

一、非事件新闻与事件新闻的区别

事件新闻关注事物的最新变动，凸显“事件”；非事件新闻报道的是社会问题、社会现象或者某些值得关注的信息等。与事件新闻不同，非事件新闻没有明确的行为主体，没有事件新闻所具备的明晰的时间和空间界限，缺

少具体的发生、发展的过程。

二、事件在新闻报道中的重要性体现在哪些方面

事件在新闻报道中的重要性体现在以下三个方面：

（1）事件本身具有明显的变动特点，易引起读者关注。

（2）凡事件都有其原始的戏剧性，对读者都有吸引力。

（3）事件本身程度不同地都具有典型性的特点，具有典型示范的作用。

三、非事件新闻具有哪些特殊价值

非事件新闻的特殊价值如下：

（1）非事件新闻以消息体裁报道非事件性事物，可进一步拓宽新闻的报道面。

（2）非事件新闻可以促使采访者和媒体不待事件召唤，主动寻找报道题材，也就是说，它有助于发挥媒体的主体意识。

（3）非事件新闻富有趣味性，可以给读者带来精神的愉悦。

（4）非事件新闻可为媒体采制独家新闻创造条件。

第三节 常见事件新闻、非事件新闻类型的写作

一、事件新闻

写作范例

北京一警用直升机坠落密云水库 原因仍在调查

北京2011年8月17日电 针对近期暴雨频发，北京市远郊区县出现人员受困

等情况，17日上午，北京警方警用直升机在密云山区进行搜救训练，9时12分训练结束。返航途中，一架警用直升机突然坠落密云水库水面，机上5名机组成员落水。现已救上1人，确认无生命危险。

北京市公安局新闻发言人字向东表示，目前搜救工作还在进一步进行中，事故原因也正在调查中，将及时向媒体通报相关情况。

事故发生后，中共北京市委书记刘淇、市长郭金龙指示全力做好救援工作，全力搜救机组人员。市委常委、市公安局长傅政华，副市长刘敬民等第一时间赶到现场，调集公安、交通、卫生和密云县委、县政府等相关部门力量及时开展救援及事故处理。目前事故原因正在调查中。

二、非事件新闻

写作范例

三江平原崛起二百座小城镇

哈尔滨2月28日电 近年来，黑龙江省三江平原相继崛起200座小城镇，促进了当地经济的繁荣。

改革开放前，三江平原区域内的20多个县城和30多个国营农场总场场部规模很小，当时流传的顺口溜是："一条马路一盏灯，一个喇叭全城听。"20年来，三江平原地区农村经济的发展和乡镇企业的兴起，使小城镇建设的步伐不断加快，不但县城和农场总场场部的面貌有了根本的变化，就连乡镇和农场分场场部也是座座高楼拔地而起，兴建了一批工厂、商店、市场、医院和学校等。

佳木斯市桦南县土龙镇过去是个只有千余人口的小村子，80年代以来，乡镇企业的异军突起，带动了区域经济和城镇建设的发展，如今这里已成为楼房幢幢、马路宽敞的全国小城镇试点镇。

第十四章

广播、电视、网络新闻的写作

第一节 广播、电视、网络新闻写作基本知识

一、广播新闻

1. 广播新闻的含义

广播新闻，是运用电讯技术传播的新闻报道。在广播中，通过无线电波传送声音的叫做“无线电广播”；通过导线传送声音的叫做“有线广播”。这类新闻传播速度快、范围广。

随着电视的崛起，缺乏画面形象支持的广播受到很大的冲击，失去了不少市场。但是，广播以其不可替代的特点仍与电视、报刊形成了三足鼎立的大众传播媒介。

2. 广播新闻的特点

（1）传播速度快。电台利用电波传递声音，每秒钟行程30万公里，迅速无比。

（2）传播范围广。广播可以翻山越岭，渡江涉河，所能覆盖无所不及。

（3）听觉优先。广播要害的能量通道是作用于人类的听觉。

（4）简短性。很多新闻报道在广播中仅占30到45秒，3分钟的单条新闻广播已经是长报道了。

3. 广播新闻的种类

广播新闻的种类大致有两类：

（1）现场报道。现场报道是集采访、观察、录音、解说于一体的报道形式。

（2）录音报道。录音报道是最能发挥广播的技术特点的新闻报道。比较常见的有四种方式：

①录音新闻。它由现场的背景音响、播音员的解说和现场通讯员的叙述或对当事人的访谈等部分组成，使听众有身临其境的感觉。

②录音通讯。它是报道性和描述性相结合的广播新闻形式。

③录音特写。又称“广播特写”。与文字特写一样，是用突出、集中的手法，“聚焦”式地报道某一特定的新闻事件或新闻人物的广播新闻。

④录音访问。运用通讯员与新闻当事人问答、交谈的方式，反映人们所关心的事件，通讯员一般是以第一人称的称谓出现。

（3）广播评论。广播评论是借助声音、广播媒介来对事物、观点等发表评论的新闻报道形式。

4. 广播新闻的写作格式

广播新闻一般由以下几部分构成。

（1）标题。标题要明确。

（2）作者或通讯员名。注明写稿人。

（3）开头。开头一般以“本站消息”或“本台消息”开头。

（4）正文。正文讲明事件发生的时间、地点及人物。

5. 广播新闻的写作要求

广播新闻的写作要求如下：

（1）要通俗化、口语化。广播是一种作用于听觉的媒体，广播语言要具备可听性，要通俗易懂，朴实无华，念起来顺口，听起来省力。因此，在写广播新闻稿时，用词要普通，避免同音歧解和同义反复。句子要短，不该省的字千万不要省略。

（2）采写要及时。及时性是广播新闻与其他媒介新闻相区分、相竞争的最大特性。广播新闻一般主张采取只抓重点，少作深度挖掘、批判的姿态，充分发挥自己无可比拟的快捷特性。

（3）要有吸引力。在写导语时，要先打招呼，请听众收听，增强吸引力。

（4）要有音响上的特点。广播稿要突出广播的特点，一定要在音响上做文章，如可充分发挥录音讲活、录音新闻、录音通讯、录音访问等体裁的优势。

（5）方便播出。广播新闻的写作和播出一般分别由通讯员和播音员完成。通讯员在写稿时，要注意为播音员创造良好的语言环境，使播音员能够干净利索地表情达意。广播稿件写好后，通讯员应该自己念几遍，看看语感如何，若有佶屈聱牙、文字晦涩的地方，就要加以变通和改正。

二、电视新闻

1. 电视新闻的含义

电视新闻，是运用现代电子技术，通过电视屏幕，形象地向观众传递新闻信息的一种手段，既传播声音又传播图像。通常要经过电视摄像、通讯员采访、镜头设计、拍摄、剪辑、写解说词、配音等程序来完成。其专业性很强。

2. 电视新闻的特点

具体说来，电视新闻有四个鲜明的特点：传送及时、真实可信、形象生动、深入家庭。

3. 电视新闻的分类

根据电视新闻的语言、画面、时效、深度等综合因素，可以将电视新闻分为五类：

（1）录像新闻。录像新闻是目前电视里运用得最多的一种新闻传播方式。

它将事件发生的真实画面和音响、新闻主持人的画外解说、事件当事人的现身说法融为一体，录制在录像带里，然后活灵活现地出现在电视屏幕上。

它的特点是时效性强，现场感强。

（2）现场报道。现场报道是通过直播或者录播的方式，将“此时此地”发生的新闻事件报道出去，也是电视新闻常用的新闻传播方式，尤其是重大的事件多采用这种方式报道。

（3）电视述评。电视述评是一种既报道新闻事实，又对事实加以分析和评价的电视新闻，其性质与报刊述评相仿。

它的时效性可以较录像新闻和现场报道弱，但深度一定要强于前两者。也就是说，它是在一件新闻事实完全或者基本上水落石出以后，进行夹叙夹议的深度报道的电视新闻品种。

电视述评叙述事实，是为评论服务的。它有很强的舆论导向性、启发性和教育性。

（4）电视专题。电视专题是就某一特定的新闻事件或新闻人物展开来进行专题报道，也是电视新闻常用的体裁。

它的特点是比较详尽、生动，篇幅也较长。

专题报道综合运用调度画外音、通讯员自述、当事人访谈、动静态画面等各种手段，为新闻主题服务。

（5）图片新闻。图片新闻是画外音与图片结合起来报道新闻的方式。

4. 电视新闻的写作要求

电视新闻的写作，除了要做到简短明快、反应迅速，完全真实、准确无误，寓理于事、叙述为主的基本要求以外，还要格外注意下列四点：

（1）注意解说词与画面的关系，在精选之后出现在画面上的信息和解说词绝不可以重复。

（2）最新消息的开头、结尾、过渡常常是独白式的，对于人名、数据、结果等要素必须处理得体，文字精确，表达清晰，文图要一致。

（3）撰写电视新闻纪录片的解说词，一定要能阐明画面含义，丰富画面内容，交代思想，烘托气氛，文字要简练、深刻。

三、网络新闻

1. 网络新闻的含义

网络新闻，是指综合运用文字、图片、图像、音响、动画等手段，借助网络平台和网络技术对新近发生的事实所进行的报道。网络新闻具有交互性，其信息量大，传播迅速快捷。

2. 网络新闻的特点

（1）在信息容量上，网络媒体突破了传统媒体对时空的限制，只要点击电脑，就可以发表更为详尽的深度报道和背景资料。

（2）在时效性上，它采用了24小时连轴滚动式的发稿模式，即时播报世界各地的新闻，或对某一新闻作持续的报道。

（3）在传播方式上，它利用网上传播的交互性特征吸引读者的关注，而不再像以往那样依赖于通讯社提供的各种各样的新闻源，或者有赖于通讯员在新闻事件或突发事件发生后赶赴现场作报道。

3. 网络新闻的种类及写作要求

网络新闻分原创新闻和复制新闻两种。

（1）原创新闻。原创新闻才是网络新闻写作研究的对象。其含义包括：

①指独家的、第一手的、网络通讯员自己采访写作的新闻报道。

②指通过重组新闻资源、重新编辑改写的新闻报道。

③指该新闻是利用网络传播的特殊优势，制作出的适合网络信息传播规律，与传统媒体的报道方式、方法在形式上有差别的新闻报道。

在对原创新闻的描述中，实际上提到了内容和形式两层意思。

第一层意思主要讲的是内容：网络新闻从业人员已经越来越清楚地认识到网络媒体以“内容为主”。

在网络新闻的内容中，是否具有以及具有多少富于冲击力与渗透力的原创内容至关重要。一个媒体网站如果仅仅做裁剪工与泥瓦匠，不可能占据网络新闻的制高点。在拥有了一定规模的新闻量之后，必须不断推出自己的原创新闻，才能形成风格，才能赢得受众注意力的市场。

第二层意思主要讲的是形式：网络新闻写作与传统媒体写作在形式上有三点不同，它更强调即时滚动式写作，它是一种超文本写作，又是一种互动写作。

由于写作方式的变化，网络原创新闻应该在表现新闻的手段、方法、形式上与传统新闻有所不同，或者是一种新的结构，或者是一种新的文体。

（2）复制新闻。复制新闻是指从传统媒体上复制来的新闻。各个新闻网站把传统媒体的新闻搬上了网络，然后大家再彼此搬来搬去。

现在的网络新闻竞争，在某种意义上说，是看谁家的网站新闻搬运得快、全、多。

复制新闻谈不上写作，因为它奉行的是“拿来主义”，它更多涉及的是网络编辑技巧。其制作过程如下：

编辑从网上报纸的内容中寻找新闻；

具有新闻价值的稿件被挑选出来；

通常新闻不作改动，只是把长段打开，多划分几段；

改写标题，多为实题，包含新闻基本要素，单行题。

搜索本条新闻的相关链接，敲入与此新闻相关的关键字，搜索出相关的新闻，在发送该条新闻的同时，也完成了对它自身的“合并同类项”的归类。

复制新闻只是网络媒体初创时的一种形态，在今后的发展中也只能是网络新闻中的一部分内容。如果只有复制，或者复制新闻比例占得过多，就会直接影响到网站的生存。

第二节 广播、电视、网络新闻写作问答

一、写作广播新闻在方法上应注意哪些问题

由于媒介的不同，广播与报纸的报道在手段和方式上存在着很大的差异，但在其写作上，广播新闻的写作与报刊新闻的写作没有原则区别，只是应在方法上注意以下几点：

1. 形象具体

这应适用于任何新闻，但广播新闻要求更加严格。广播不大适宜播送理论较深、篇幅较长的文章（因为听众没有充分的时间思考），也不适宜搞连续性报道（因为听众难于保证次次收听），因此，广播新闻中要用更多形象具体的事实来说明问题；同时，听众收听广播同看报纸还有区别，看报纸一般是坐下来一字一句地阅读，听广播时则往往手下还要干别的事，精神不是很专注，这样，形象具体的事实才能够引起听众的兴趣。这正如鲁迅所说：“诉于耳的方法，和诉于目的时候是全然两样的。所谓听众者，凡事都没有读者似的留心。简洁的文字，有着穿透读者的心胸的力量，然而在听众的头里，都毫不相干地过去了。听众者，是从赘辩之中，拾取兴趣和理解的。”

2. 行文流畅

若报纸是一个面的话，那么广播就是一条线，因此，广播新闻的行文应该开门见山，环环紧扣，使人听了很容易就听懂了。根据这一要求，报纸上

常用的提问式、描述式、引语式导语和不便于听的怪导语、延续性导语以及插叙、倒叙等手法，都不适宜在广播中使用。

3. 表现粗放

广播新闻除少数情况外，多数比报纸上的新闻表现得粗放一些。比如某些事件的详细过程，某些详细的数字，某些详细的经验，某些详尽的分析和论证等，都可比报纸简略些。这主要不是为了节省字数，而是为了便于听，便于记。

4. 篇幅短小

一次新闻广播，只能一条条按顺序收听，不能中途进行选择，而多数听众都希望在有限的时间内听到更多的消息，因此，篇幅短小便成为广播新闻的又一特征。

5. 迅速及时

无线电波的传播速度为每秒30万公里，绕地球七圈半，因此，广播的传播速度比当今任何一种新闻工具都快。无论是专业的还是业余的广播通讯员，都必须时刻注意广播的这一长处，努力提高广播新闻的时效性。广播新闻如果落于报纸之后，那就在相当程度上失去了存在的意义。

6. 适当重复

广播不留痕迹，不便查找，因此必须有适当的重复。这包括三种情况，一是整个广播节目的重复。适合各方面听众不同时间的需要。二是部分内容的重复。比如，为报道某个事物的背景材料，如果时间不是相隔较久，报纸上不宜重复使用。与之相比，广播就很有优势，相隔几月、几周甚至几天后仍可重复。广播没有时间回忆，每一件事都要讲完整，过去用过的某些材料，只要需要，复用一下是有益的。当然，复用时可以一次比一次简略。三是部分词语的重复。比如报道某个工厂，报纸上出现一次厂名即可，广播中则应多出现几次，以便让大家听得清，记得住。

二、广播新闻的语言应具备哪些特点

广播，是传统三大传播媒介之一。通过广播报道新闻，是新闻传播活动的重要组成部分。与其他新闻的最大区别是语言的不同。因此，为报刊读者写的东西不能原封不动地拿到广播中来，必须经过文字加工，使它由适合于看变成适合于听。根据这一原则，广播新闻的语言除了同样需要准确、朴实、简洁、通俗以外，还应强调或补充说明如下几点：

1. 通俗口语

报纸上的新闻要求通俗，但不一定要求口语，广播则要求两者兼而有之。也可以说，广播新闻语言要求通俗到口语化的程度，这是广播语言的基本要求。因此，当提笔写广播稿的时候，应该注意多使用口语。

2. 简洁明快

广播一瞬即逝，没有充分的思索时间，更不能停下来反复研究，因此它的语言一定要干净利索，简洁明确，一听就懂。不可以在一句话中堆砌很多概念和词语，倒装句等有碍于听的句法句式，是应该避免出现的。

3. 生动优美

为了便于听，广播的语言还要求多样的句式、形象的比喻和音律的协调。汉语的音乐感很强，写广播稿时，应该充分地运用好这个条件。

第三节 常见广播、电视、网络新闻类型的写作

一、广播新闻

写作范例

联合国官员和专家对新都中学人口教育工作十分赞赏

本站消息：新都中学人口教育教师吴天海今天在他的办公室里，拿着一本厚厚的笔记本告诉本站记者：联合国官员和专家对新都中学五年多来的人口教育工作十分赞赏。人口教育是贯彻“计划生产”基本国策的战略措施。

早在七十年代初，周总理就倡导在中学生中进行人口教育。1980年3月，根据我国政府与联合国人口活动基金会签订的中学人口教育项目协定，新都中学被列为全国十所试点中学之一。五年多来，这所中学已经有1200多名高中学生系统接受了人口科学基础知识和人口政策教育。去年底，学生写的5份专论被提交联合国教科文组织亚太区教育处。1984年3月17日，联合国教科文组织人口教育顾问沙尔马博士来新都中学视察，他作了这样的评价："我对你们卓有成效的人口教育表示十分赞赏。"

去年10月16日。联合国人口活动基金审评小组全面审评新都中学人口教育工作后，一致表示满意。当审评小组成员海迪·斯温德尔斯女士听了几位学生用英语汇报学习人口教育知识的体会后，高兴地说："我要把你们写的心得带回纽约，让我的女儿拿到学校去念，使他们更好地了解你们。"

今年3月，联合国人口活动基金审评小组在给联合国的审评报告中写到："政府官员、教员和学生的高度主动性是非凡的。""那些教师和学生将人口教育的信息传递到他们的村庄，例如，劝说他们的亲属遵循一对夫妇一个孩子的政策。"

今年9月23日。联合国计划开发署驻华代表孔雷风委托他的夫人访问新都中学后，称赞这个学校的人口教育搞得好，写下了热情洋溢的题词："向新都中学学习。"

二、电视新闻

写作范例

《中国之路》解说词

人们也许记得：过去我们曾害怕市场经济发展，也曾苦于市场经济不能发展。因为怕，不敢发展，商品就自然少了；商品少，经济发展因此缓慢，生活也就必然要苦。苦和怕的循环，是中国延续几千年的小生产方式和小农经济思想的必然产物。

但是，我们为什么要苦？为什么要怕？为什么不能从苦和怕的恶性循环中冲杀出来？首要的问题，还是在于有没有思想的解放和解放的勇气！怕市场经济，说穿，无非是怕所谓“资本主义”！其实，市场经济是没有国界的，既不姓“资”，也不姓“社”。它在自身发展中开拓世界，也在世界竞争中选择强者。资本主义之所以是资本主义，不是因为有了市场经济。社会主义之所以是社会主义，也不是因为没有市场经济。两者之间的根本区别，是社会基本制度问题。一个曾经在历史上走在世界前列的民族，怕市场经济，难道就不怕落后？不怕挨打？不怕被开除“球籍”？

这不能不使人沉思。这不能不使人奋起。

历史在哪里沉思，道路就从哪里开拓。

邓小平同志庄严宣告：“我们的现代化建设，必须从中国的实际出发，把马克思列宁主义的普遍真理同我国的具体实际结合起来，走自己的道路，建设有中国特色的社会主义。”

这就是东方的宣言，中华民族面对世界与未来的一个伟大宣言。

中国社会主义现代化的航船，终于扬起风帆，驶出那个停泊已久的港口，又以一往无前的雄姿出现了！邓小平作为改革开放的总设计师，牢牢地把握着舵轮，在社会的海图上，也在历史的长河中，划出一条富有特色的航道——中国之路。

行进在这条航道上，我们是新世纪的开拓者！开拓，要有旗帜。我们的旗帜，就是一个中心——经济建设，两个基本点——坚持四项基本原则，坚持改革开放政策。这面旗帜，是我们党的基本路线，一条从起点到目标的时代航线！

伟大的宣言必然产生伟大的行动。

伟大的行动必然开拓伟大的事业。

经济发展，总要力争隔几年上一个台阶。

第一步，用10年左右时间解决温饱问题。

第二步，到本世纪末达到小康水平。

第三步，到下世纪中叶基本实现现代化。

中国，创造过古代辉煌。万里长城，就是中华民族镌刻在大地上永不磨灭的形象。

中国，也必定再度辉煌。东方宣言，从此揭开一个彪炳于世界文明史册的伟大事业的新的序幕！

这是共和国的第30个冬天。“三十而立”，预示着共和国的又一个春天，正挟着漫天风雪，从地平线上朝着自己的人民走来。

在同一时间的不同空间里，共和国的最高层会议和最基层会议都在进行着同一个内容——改革。在同一内容的不同会议上，共和国的最高领导者和普通劳动者都在关注着同一个问题——未来。面对关于国运兴衰的抉择，党心和民心又交汇一起。一场伟大变革的序幕就这样被拉开了！人们从这里隐隐听到的，是那滚动的春雷和澎湃的潮声。

这一方土，是令人瞩目的。这一方人，也是永驻史册的。这里，是第一位农民出身的皇帝的故乡。这里，又是第一个发起联产承包的地方。

历史性的两个“第一”，从这块过去贫瘠的土地上先后生长出来，延伸着一个历史追求，一种与命运抗争的精神和力量！

三、网络新闻

写作范例

日本“3·11”地震及海啸灾害已造成约1.54万人死亡

东京2011年6月11日电 日本警察厅11日公布数据显示，日本“3·11”地震及海啸灾害迄今已造成约1.54万人死亡，八千多人失踪，仍有9万多灾民居住在避难所。

日本警察厅说，截至6月10日，这次地震及海啸灾害已造成15405人死亡，8095人失踪。虽然地震和海啸已过去3个月，但计划建设的5.25万户临时住房目前仅完成约2.83万户，由于临时住房数量不足、地点不利于通勤等原因，仍有9万多名灾民居住于避难所。

在民生方面，据日本国土交通省等部门公布的数据，目前在宫城、岩手